林下晓拾

——一个乡镇党委书记社会治理的实践探索与理论思考

刘晓林 著

中国书籍出版社
China Book Press

图书在版编目（CIP）数据

林下晓拾 / 刘晓林著. -- 北京：中国书籍出版社，2021.8

ISBN 978-7-5068-8638-3

Ⅰ.①林… Ⅱ.①刘… Ⅲ.①社会科学－文集 Ⅳ.①C53

中国版本图书馆 CIP 数据核字(2021)第 171677 号

林下晓拾

刘晓林　著

责任编辑	王　淼
责任印刷	孙马飞　马　芝
封面设计	刘　熹
出版发行	中国书籍出版社
地　　址	北京市丰台区三路居路 97 号（邮编：100073）
电　　话	（010）52257143（总编室）　　（010）52257140（发行部）
电子邮箱	eo@chinabp.com.cn
经　　销	全国新华书店
印　　刷	保定市铭泰达印刷有限公司
开　　本	787 毫米×1092 毫米　1/16
字　　数	303 千字
印　　张	21.25
版　　次	2021 年 8 月第 1 版
印　　次	2021 年 8 月第 1 次印刷
书　　号	ISBN 978-7-5068-8638-3
定　　价	78.00 元

版权所有　翻印必究

序 一
一种乡村社会治理的"资治通鉴"

刘建华

在人类社会历史中,农耕文明于中国而言是一个特别悠久的文明,古代中国实际上是乡村的中国。王权稳定最重要的基础就是普天治下的丰衣足食。一方面,要通过乡村获得赋税以维持各级政府机器的正常运转;另一方面,要把朝廷触角深入乡村实现社会、经济、军事和政治稳定。历史上的文景之治、贞观之治和康乾盛世等治世,主要得益于老百姓的休养生息、粮食丰产。中国共产党领导的土地革命和新民主主义革命,也是着力于解决农民的吃饭问题,作为改革开放先声的小岗村包产到户实践,也是旨在吃饱肚子。所有这些,都是切中了中国社会的最根本问题,抓住了乡村这个最核心领域,扭住了农村农业农民这三个最关键命脉。我们可以负责任地说,乡村社会治理好了,乡村振兴也就指日可待,中华民族伟大复兴的中国梦也就一定能够实现。

2017年,习近平总书记在党的十九大报告中指出,农业农村农民问题是关系国计民生的根本性问题,必须始终把解决好"三农"问题作为全党工作的重中之重……实施乡村振兴战略。2020年,党的第十九届五中全会提出,要"优先发展农业农村,全面推进乡村振兴。坚持把解决好'三农'问题作为全党工作重中之重,走中国特色社会主义乡村振兴道路，全面实施乡村振兴战略"。中国特色社会主义乡村振兴道路怎么走？习近平总书记在2017年中央农村工作会议上提出了七条"之路"，即必须重塑城乡关系，走城乡融合发展之路；必须巩固和完善农村基本经营制度，走共同富裕之路；必须深化农业供给侧结构性改革，走质量兴农之路；必须坚持人与自然和谐共生，走乡村绿色发展之路；必须传承发展提升农耕文明，走乡村文化兴盛之路；必须创新乡村治理体系，走乡村善治之路；必须打好精准脱贫攻坚战，走中国特色减贫之路。

在这个七条"之路"中，乡村善治之路是所有路径中的"牛鼻子"，2019年中共中央办公厅和国务院办公厅印发的《关于加强和改进乡村治理的指导意见》再次强调了这点。抓住了乡村治理体系这个关键，就能使政府、企业、老百姓各识其责、各担其职、各履其任、各彰其绩，在现代乡村治理体系的规约下，整合社会各界资源，充分发挥政策、制度、技术、资本、人才和土地的潜能，使乡村社会走上适合自己的产业发展道路，彻底摆脱贫困，共同走向富裕，确保经济社会稳定发展。

我国幅员辽阔，全国有2800多个县、41636个乡镇，各个乡镇的风土人情与现实情况千差万别，尽管可以有大致相同的治理体系架构，但是在治理能力治理方法方面却因经济、文化、民族、历史习惯的不同，很难有大一统的标准做法，这就需要乡镇管理者在具体工作中根据情况进行不断调适不断摸索不断总结，使乡村社会治理能够达到预期目标。在我国这么多的乡镇干部当中，尤其是乡镇党委书记、乡长这些关键少数的具体实践中，他们会接触到经济、政治、文化、社会、生态文明等几乎所有问题。可以说，这些乡镇党委书记就是在管理一个个的"袖珍国家"，他们治下的乡村社会，会因主要一把手的执政理念和治理能力的不同而异彩纷呈，有些甚至大相径庭。在这些优秀的乡镇治理者当中，涌现出很多德才兼备且具有较高理论水平的同志，他们具有别人所难以企及的治理经验，在执政之余，会不断思考，对丰富的实践材料进行总结提升，加以学术化理论化，成为乡村社会治理的理论性普遍规律和实践性操作指南。这些乡镇"一把手"的理论总结和探索，是乡村社会治理理论体系的重要构成，对党中央提出的乡村振兴发展战略将会起到重大推动作用。

刘晓林同志就是这众多乡镇"一把手"中善于思考的典型代表。他数十年在这个岗位上默默奉献，不求高迁，不求闻达，不求发财，不求享乐，而是以清正廉洁、一心为民的"初心"致力于乡村经济社会发展，带领老百姓致富，做一个让群众满意的党的好干部。多年来，他在江西省莲花县荷塘、闪石、神泉等乡镇的一线工作实践中，笔耕不辍，推出工作总结、考察报告、学习心得、理论征文等各类文章，形成洋洋大观20多万字的《林下晓拾》文集。这部文集以他自己姓名中的晓林两字拆开命名，"林下"大概是指其大部分的工作是在乡下林间，亦明其不忘乡村不忘农民之志；"晓拾"点明了晓林同志的勤勉进取精神和为百姓服务的起早贪黑作风。当然，"拾"字又征喻其不疾不徐、闲适悠然的人生观和不阿谀奉承、钻营官场的一种傲骨。纵观《林下晓拾》一书，主要有三个鲜明特色。

一是实践气息浓郁。在"乡镇偶感""一线偶思""阜外偶拾""报刊偶记"等篇什里，无一不是晓林同志亲身实践的经历和总结。有党建和思想政治工作的实践，有产业发展的实践，有扶贫工作的实践，有出差学习调研的实践，有与村干部交往的实践。在《把准脉搏、对症下药　做实做活农村思想政治工作》一文中，作者对荷塘乡党委抓农村思想政治工作的做法进行了总结提炼，从加强自身建设提高工作方法、顺应民心抓好廉洁、强化宗旨意识为群众办好事办实事、壮大经济减轻农民负担展开论述，文中提到的村民用春联反映干群紧张关系、拖欠工资、干部要求调离、企业建设和产业发展等，都真实可信，展示了一种思想政治工作方法的新路径。在《感受上海》一文中，作者把在上海参观学习的所知所感所想全面表达出来："深入社区，走访科室，列席会议，积极参与街道工作，学习上海基层运作；查文件、读报刊、看电视、了解上海及长三角信息；广交朋友、建立友好关系；听讲座，同教授、专家面对面；看展览，与科技零接触。登东方明珠、看浦江巨变；走外滩长廊，观洋场灯火，行南北高架，望摩天丛林，游青浦古镇，探水乡文化……我贪婪地呼吸上海的空气，抓住一切机会阅读上海，感受上海。"作者把上海比作一本书，认为自己在三个月的时间内不可能读完这本书，但却急迫地自问："我将从上海学些什么？带回些什么？"字里行间跳跃出一个随时随地都要融入实践、了解实践、解剖实践的实干家形象。

二是涉及领域广泛。《林下晓拾》一书，涉及区域、行业、部门，题材十分广泛，看似各自独立成章互不相关，但却有内在的逻辑关系。这些文章都归聚于作者为人民服务这一思想旗帜麾下。正是基于这种强烈的责任感，作者在不同乡镇和部门的工作中，都会以一种主体性的责任去观察思考工作中的得失，不论什么领域的问题和现象，他衡量的标准是：是否有利于经济社会发展，是否有利于人民幸福，是否对得起自己作为党的基层干部所肩负的使命。有了这个精神主线，他的实践总结与理论思考就都有了逻辑关联，共同构筑其关于乡村社会治理的基本理论思考。有关于种植业的，如《着力做好神泉果业发展文章》；有关于煤炭产业的，如《关于加快莲花县煤炭产业安全发展的思考》；有关于财税工作的，如《浅析乡镇财税征管中存在的问题及对策》；有关于户籍工作的，如《关于当前户籍制度改革对社会抚养费征收工作的影响及对策》；有关于卫生工作的，如《莲花县乡镇卫生事业发展现状、存在的问题、原因分析及建议》；有关于招商工作的，如《莲花县为外来企业创造宽松环境》；有关于扶贫工作的，如《莲花县健康扶贫变"拖贫"为"脱贫"》。此外，还有更多关于全县工作、关于域外省区县先进工作经验的总结介绍，可以说，《林下晓拾》为我们生动展现了一位乡镇"一把手"多方面的实践经历和心路历程,是不可多得的资政资料。

三是理论思考深远。纵观全书,尽管都是实践工作的梳理总结分析,但几乎每篇文章都有严肃而深远的理论思考。在多年的工作实践中,作者似乎不甘于做一般的领导干部,似乎不甘于仅仅撰写纯粹工作总结式的文字材料,而是不断地钻研中央精神政策,不断地学习马克思主义理论,有意识地在其文章中尽量体现学术高度与理论厚度。在《如何让党旗在农村高高飘扬——神泉乡农村基层党组织建设的困惑与探索》一文中,他指出:"改革开放以来,一大批先进乡(镇)、村的辉煌业绩振奋人心,他们的成功经验可以总结出十条、百条,但最可贵的一条是把党建工作和经济建设有机结合起来。"接着,他仅书写成功经验和做法,而是把一些实践中的问题与困惑展示出来。而后,他认为"该乡党组织建设中存在的这些问题,究其原因,既有历史的,也有现实的,既有主观的,也有客观的,既有外部的,也有内部的。"在此基础上,他提出了解决问题的三个建议。这些建议思考既有深厚的理论源泉,又有自己的个性特色,有利于实际工作的解决和改进。在《莲花县产业转型初探》一文中,作者以富有前瞻性的理论视角指出,"资源问题也就成为制约发展的最大瓶颈,莲花的发展也渐显后劲乏力的迹象。同时,受国家宏观政策趋紧的影响,对年产3万吨以下的煤矿予以关闭,关井压产造成了大量农民工失业,并导致经济出现短暂萧条,各类矛盾纠纷也随之而起,这就要求我们重新审视县情,探索出一条更符合县情和民情的发展道路。加快产业转型,调优产业结构,走科学发展道路势在必行。"纵观全书,类似的理论思考光芒随处可见,不一一赘述。

晓林先生是我永新师范的师兄,又是我家乡神泉的"父母官",他和我相识于远在上饶的共同好友刘晓芳、周光清夫妇。晓林先生半年前以书稿示我,嘱为之序。我无德能,不敢应之。但先生意极恳切,不忍相拒。半年来，我三番五次展读，却难捉管提笔。先生今又赠雄文《神泉往事》于我，阅后感其于神泉情谊至深，孰不自量力妄为之序，期《林下晓拾》能够为吾邑吾省乃至全国乡镇领导干部在乡村社会治理实践工作中发挥"鉴于往事，有资于治道"之作用，故以《资治通鉴》寄望矣。

是为序！

2021 年 1 月 17 日于京华广渠园

刘建华，中国新闻出版研究院传媒研究所执行所长、研究员。中国社科院哲学所文化研究博士后，中国人民大学新闻学院传媒经济学博士。中央国家机关书法家协会会员，中国记协新媒体专业委员会委员，中华诗词学会会员，新华社《瞭望》智库首批入驻专家，国家社科基金评审专家。出版学术著作《对外文化贸易研究》《传媒国际贸易与文化差异规避》《舆情消长与边疆社会稳定》等近 30 部，《一本书学会新闻采写》系列丛书主编，《中国传媒融合创新研究报告》《中国传媒社会责任研究报告》年度蓝皮书主编，在《人民日报》《光明日报》《现代传播》《国际新闻界》《编辑之友》等核心媒体发表论文 120 余篇。主持和参与国家及省部级课题 70 余项，多篇论文被《新华文摘》、人大报刊复印资料《新闻与传播》等媒体多次全文转载。研究方向为新闻舆情理论、媒体融合、书法符号传播、传媒经济与文化产业。

序 二

融于工作　与民同行

——刘晓林《林下晓拾》阅读札记

李水兰

人应该如何活着？人怎样活着才有意义？这是人之为人的终极诉求。成为真正意义上的人也是成就自我的必经途径。

要想成就自我必须活好当下。过去只能追忆，未来还未可知，切实的做法就是过好每一个今天，让每一个今天有意义，活着就有意义。孔子认为人生的最高境界是做个圣人，但圣人境界难以企及，现实中我们可以努力并坚持做个君子达致求圣目的："圣人，吾不得而见之矣！得见君子者，斯可矣。""善人，吾不得而见之矣！得见有恒者，斯可矣。亡而为有，虚而为盈，约而为泰，难乎有恒矣！"[①]张载则是把终极至上的理想境界和经世致用的现实目标结合起来，推向成就自我的最高目标："为天地立心，为生民立命，为往圣继绝学，为万世开太平。"王阳明的"知行合一"也是注重人的生命意义必须通过实践来实现。

当今时代，我们都处在追求成就自我的洪峰浪潮中，尤其是面临

---

① 《论语·述而》。

大灾大难，如 2020 年新冠肺炎疫情的严重冲击，能创造"世所罕见的经济快速发展奇迹和社会长期稳定奇迹"。①这是无数个体成就自我的最佳现实诠释。医生、工人、农民、教师、公务员、商人等各行各业显然是"纪律性最强、组织素养最高、使命感最强的人群"。②而这群人中每一个个体不是只有 2020 年才具备这样的素养，也不是一天一年就成长为高大伟岸的形象。这些个体从生而为人开始，就接受了家庭、学校、社会的教育，受到了传统以及榜样的熏陶，在理想与现实、精神与生存的长期打磨中找到了成就自我的途径，并坚持不懈努力实践的结果。

通读刘晓林同志的《林下晓拾》，虽然是他从政以来的工作总结、工作随笔或工作札记，但很容易看出作者在不懈追求理想境界的同时，在现实中持续努力成就自我。这种成就自我的途径具中国人群共性中的个性，群体中的个体。正是无数个体践行现实中"凡"的境界，成就了每一个今天，才得以成就每一个自我。具体来讲，刘晓林同志是通过融于工作、与民同行来成就自我的。

一、融于工作

刘晓林同志自 1987 年 7 月从永新师范毕业以来，从事了 8 年教育工作，1995 年 7 月改行从政至今。33 年的工作经历和他之前的学习经历是他宝贵的人生履历。他践行"以文载道"的文学传统，用传统散文的形式记录自己的工作经历和学习经历，把自己的成长经历转变成文字，用以抒情、言志、明理、表意。此外，汇篇成集《林下晓拾》，把 25 年的从政经历、思路、方法与过程记录、发表并收编成册。

透过他的散文，他崇尚"父子笃、兄弟睦、夫妻和"的和谐观念溢于言表。这种和谐观念在《林下晓拾》中体现在他从政的工作作风

---

① 党的十九届四中全会《决定》。
②《中国：一个伪装成国家的文明（深度）》，《财经盘点》，2021-01-14。

上：一个乡镇，一个单位乃至整个县应该上下、内外相互协调、齐心合力"干实事、讲实话、报实数"，直面存在的问题，深究问题产生的原因，提供整改的措施或建议。如《关于省卫计委列为"警示"县存在的主要问题、原因分析及整改建议》《关于加快莲花县煤炭产业安全发展的思考》《关于当前户籍制度改革对社会抚养费征收工作的影响及对策》等都体现了解决问题的全局观和和谐观。

这种和谐观念也内化为他的工作状态：无论他在乡镇还是在县城，无论他是一般干部还是领导干部，他与工作是融为一体的。如"乡镇偶感"记录他在乡镇工作时，做实做活农村思想政治工作、党建工作，着力做好神泉乡果业发展，探究乡镇财税征管中存在的问题及对策和科学建房观深植农村，调查并思考莲花县产业转型和莲花物流业发展；在县安监局、煤监局、人口和计生委、卫生和计划生育委员会任职时写就的"一线偶思"，揭示了很多残留问题和不足不实问题，分析了背后潜藏的各种原因，提出了很多切实有效的对策。这种无畏无惧、担当实干、仗义执言，实事求是，只有全身心投入工作，与工作融为一体，深入一线去调查研究才能达致。只有无我的工作状态才能不偏不倚、无私无欲，才能干实事、说实话，才能收拾烂摊子，才能开设新局面。

融于工作使《林下晓拾》不仅仅是一个从政者的工作随笔、工作总结，更多的是让人学习基层工作的方法，借鉴从政工作的经验。更为可贵的是，融于工作能让人无论处于何种境地，面临何种困难，都能迎难而上，攻坚克难，让每一个今天绽放光彩，成就人之不愧为人！因为职业无高低贵贱之分，能挣大钱或当大官是因为个人素质和能力过硬，但不是每个人都能实现的，也没有捷径可走。如果无论从事什么职业，无论处于逆境顺境，都能融"天道与人道""理想与现实"于一体，立足当下，把手头上的工作做得有声有色，无愧于心，无愧于民，就是成就真正意义上的人，那是意义非凡的！

二、与民同行

纵观刘晓林同志的从政经历，他之所以能成长为老百姓眼中的好领导，领导眼中的好干部，得益于他的工作法宝：与民同行。

他的工作法宝不是一蹴而就的，一是组织的有意培养；二是他的虚心求学，勤勉努力；三是他在什么样的位，谋什么样的政，不逾矩不越权的组织协调能力；四是他本身的家国情怀，宏观上紧跟国家目标，微观上以民生为宗旨，敢于为民请命，为民谋幸福。

2004年3—6月，组织上派时任莲花县荷塘乡党委副书记刘晓林同志在上海静安区大宁路街道办事处挂职锻炼，分别随分管党建、民政、劳动、计生、综治、城管、经济的领导跟班学习。他像海绵吸水般潜下心来学习，他把周末参观的"百年中国看上海"写成《感受上海》，把周日跟班学习的大宁街道办事处的先进经验及自己的体会和建议写成《我看大宁运作——在闸北区大宁路街道办事处挂职调查报告》。他对大宁街道办事处解决社会矛盾的方法和效率倍加推崇：善于"抓小、抓早、抓源头、抓苗头"，将矛盾解决在萌芽状态，"民有呼声，我必有应"。结合后来他在湖北参观学习到的新农村建设的经验。他开启并创造了自己的新农村建设路径：紧紧围绕中央"二十字"方针，以经济发展为核心，以促进农民增收致富为目的；"要舍得投入，要整合涉农资金，要全方位募集资金，要通过招商引资，把新农村点包装成项目去打造"；争取政府加大投入，不能像撒胡椒面，"撒了几年，打造出亮点是很少的"；调动农民积极性，"没有农民参与的新农村点，是很难建成效的，即使建成了，也管不了长久，发挥不了效益"；"要持之以恒做下去，坚持用5—10年甚至更多的时间来打造，让新农村建设与生态旅游开发相结合、与扶贫开发相结合、与历史文化保护相结合，让新农村建得起来，农民富得起来，老百姓得到实惠，政府得到税收"。

序言

　　任职莲花县卫生和计划生育委员会主任期间，刘晓林同志主动请示和相关部门外出学习考察其他县级公立医院综合改革情况，结合本县实际，不久出台了《莲花县县级公立医院综合改革》方案。赴云南省广南县学习联慈医疗扶贫考察，深刻剖析莲花县被省卫计委列为"警示"县存在的主要问题，分析其原因并提出整改建议，认真思考卫生与计生工作，直面莲花县乡镇卫生事业发展现状、存在的问题。他用医保资金杠杆撬动莲花县医疗卫生事业发展，实现国家卫计委的医改目标"小病不出村，常见病不出乡，大病不出县"；畅通莲花县药具发放渠道；村卫计服务室建设打出"组合拳"，逐步解决了服务群众生病住院"最后一公里"的问题。

　　他为广大民众提供及时、有效、优惠的医疗卫生服务，切实减轻老百姓的就医负担，努力避免产生更多的"因病致贫、因病返贫"家庭，为莲花县县健康扶贫脱贫攻坚送来了及时雨。他体察基层工作者的生活疾苦和工作困境，为他们四处呐喊、各方求助、谋求保障，乡镇计生员津贴从原来每人每月60元，提高到每人每月220元，稳定了基层计卫队伍，充分调动了基层计生队伍的工作积极性；参照教育系统全额保障，追加财政拨款、预算，按照实有编制数全额保障医务人员的工资待遇，稳定了人才队伍，促进了医疗卫生事业发展；解决了离退休人员退休待遇……

　　2019年8月刘晓林同志任莲花县工信局党委书记、局长，从莲花县工业经济指标排名江西省倒数第一接手。他依旧与民同行，牢记习近平总书记的话"工业是我们的立国之本，只有工业强才能实现国家强"；"在加快革命老区高质量发展上作示范，在推动中部地区崛起上勇争先"。他正走在工业强县的征程上，谋大势，谋全局，谋民生，谋就业，谋发展……

　　坚信，"人民至上"，与民同行会令他披荆斩棘。

三、成就自我

"人作为个体作为肉体的存在总是有限的、短暂的、速朽的。然而人作为'群体'和'类'的生存则是'生生不息'的、永恒的、不朽的。"① 对身后不朽之名的追求,是中国从古至今仁人志士超越个体生命的共同诉求。古代提出"三不朽"的解决方案,例如《左传·襄公二十四年》:"太上有立德,其次有立功,其次有立言,虽久不废,此之谓不朽。"并指出个体生命达到"三不朽"的途径是通过在群体存在的无限中实现的,如孔颖达疏:"立德,谓创制垂法,博施济众……立功,谓拯厄除难,功济于时;立言,谓言得其要,理足可传。"现代诗歌中也有印证:"有的人活着他已经死了;有的人死了他还活着……"(臧克家《有的人》)

从"三不朽"的角度凝视刘晓林同志的工作经历和《林下晓拾》,他勤勉努力、精益求精、迎难而上地融于工作和与民同行很容易让人理解。正如随着自己的学习经历越来越丰富,自己的工作经历越来越丰满以及自己不懈追求中的沉淀与思索,他领悟到"人之碌,性之惰"一样。他也领悟到了:自己的肉体生命是有限的,要让自己的价值长一点久一点,必须超越自我,寻找不朽的途径。所以,他努力协调上下、左右抱团,忘我地投入工作,成为收拾烂摊子的"专业户",这不仅仅有组织上的信任,他本身也想通过追求群体价值来实现个体价值达到"立功";他四处取经,寻求解决困境的方法,并大刀阔斧地为民办实事做好事谋幸福,这是他"立德"的表现;他把自己的工作总结和工作札记结集成册,把自己的成长经历随记成几十篇散文,这是他"立言"的标志。

著书立说不是他标榜自己做了多少实事有多少实绩,也不是他多么想追求功名利禄,凭他一贯的实干作风,更不是他在卖弄自己多有

---

① 王一木:《儒家生命哲学研究》,浙江人民出版社 2018 年版,第 6 页。

才华。而是他像所有的中国仁人志士一样，他开始明生死，他想在有限的、短暂的、速朽的个体生命中寻求超越自我的解决方案。终于，他领悟到了"三不朽"的传统路径，或者，他是无意识中实践着"三不朽"的途径。

跻身在追求群体不朽的洪流中，又有多少人能真正不朽呢？但至少，我们可以在坚持不懈地追求中超越自我，成为真正意义上的人，足矣！

李水兰，1974年9月生，江西莲花人。文艺学研究生，文学硕士。江西省文艺评论家协会会员。江西省作家协会会员。著有《审美现代性视野中的杜维明新儒学思想研究》《柔兰评论》。多次在《名作欣赏》《报刊海燕》《人民政协报》《创作评谭》《安徽文学》《作家新视野》《电影评介》等报刊发表评论文章。1994年开始在《师范教育》《中师语文报》等省级以上报刊发表散文。

序 三

偶有所得以成言

——读《林下晓拾》

陈维东

  2017年刘晓林先生的文集《林下晓拾》整理成册，嘱我为序，我麻起胆子信手涂鸦一篇。近四年过去了，这些年里他又有了许多新的想法和新的文章，特意对原书进一步增删、修改成册，又邀我作序。明知文才难胜，却也不好推脱，只能诚惶诚恐再在我所作原序基础上画蛇添足一番，不足之处还望方家指正。
  "岁月不居，时节如流"，蓦然回首竟和刘晓林先生相识十多年了，不得不感叹光阴之匆匆、世事之苍苍。这十多年来他转战多个部门的领导岗位，而我也从学生成为一名自由文艺工作者，周遭一切都在改变，但我每次回到莲花都要见上一面、闲聊一番的联系没有改变。他是一位年长而严谨、自律的党政基层领导，我是一名年轻而闲散、自由的普通百姓，两者之间可以说毫无业务关联，却能保持着这样良好的互动，也算是比较少见的现象和值得珍惜的情谊了。
  刘晓林先生，作为一名典型的知识型基层公务员，自他学生时代就开始创作，至今仍保持着行文著述的习惯。他从学校毕业之后，就从事教师工作，后转任基层领导干部，先后在莲花县荷塘乡、闪石乡、神泉乡以及县安全监督局、煤炭安全监督管理局、人口计划生育委员会、卫生与计划生育委员会、卫生健康委员会、工业和信息化局任职,其间还到上海挂职锻炼,拥有丰富的基层管理和多岗位管理经验。他把这些丰富的历程和所在岗位上的感悟写成文字,或发表在报刊或作为讲话内容,我想对基层工作者而言无疑具有很现实的参考价值。而其与时俱进的学习精神、笔耕不辍的纪录意识,值得我们每个人学习。

古人云:"偶有所得,乐以忘言",刘晓林先生的这本《林下晓拾》,恰是以一个"偶"字贯穿全书,可谓是"偶有所得以成言"。

"人生何处不相逢?"人生处处是"偶然",一个"偶"字实在是让人思绪万千、意境横生。徐志摩说:"你是天空中的云,偶然间投射在我的波心",我想,这些文字正是刘晓林先生所俘获到的"偶然投射在他波心的云"吧。这个"偶"字实在妙呀!何必设计前程?前程自有花开。风吹过,拾起几瓣飘落的花瓣,亦是偶有所得。这或许也是他在工作中的体悟和生命的境界吧。

这本《林下晓拾》,具体分为"乡镇偶感""一线偶思""阜外偶拾""案头偶成""报刊偶记"等五大篇章,比前版多了"案头偶成"。主要收录了刘晓林先生在工作之余撰写的文稿、讲演稿,也收录了部分报刊公开发表的与其工作密切相关的报道。应该说都是难能可贵的一线基层工作资料,绝大多数还是其在工作中对所遇到的问题的思索和寻找解决问题的方式方法的探索。具体内容,我就不再赘述,还请各位看官直入正文。

党的十九大,描绘了决胜全面建成小康社会、夺取新时代中国特色社会主义伟大胜利的宏伟蓝图。习近平总书记在报告中强调"不忘初心、牢记使命"和坚定"道路自信""理论自信""制度自信""文化自信",我想刘晓林先生围绕工作实际的创作正是"不忘初心、牢记使命"的具体实践和"四个自信"的具体表现。

2020年是全面脱贫建成小康社会之年,今年喜逢是中国共产党成立一百周年。2021年2月25日,"全国脱贫攻坚总结表彰大会"在人民大会堂隆重召开,习近平总书记正式宣告"脱贫攻坚战取得了全面胜利",并发出了"全面实施乡村振兴"的号召。欣逢盛世,走在实现民族复兴的新时代,站在这样一个重要的历史节点,刘晓林先生他的这些不乏工作心得、人生感悟和着眼未来思索的"偶思""偶得"汇聚成集，既是对其工作生涯的整理，更是其工作经验的总结，也是一个为幸福奋斗的普通百姓对梦想的未来的希冀。

习近平总书记在2018年的新年贺词中说："幸福都是奋斗出来的。"2021年的新年贺词中，习总书记再次强调："大道不孤，天下一家""征途漫漫，惟有奋斗。"于国家于民族而言，这就是实现梦想的宣言。而刘晓林先生作为一位革命老区的乡村基层干部，积极践行总书记的号召，既是为自己的幸福奋斗，更在为党的事业、国家的事业和民族的事业而奋斗。

子曰："发愤忘食，乐以忘忧。"刘晓林先生紧贴基层工作实际，密切关注乡村并注重基层领导工作的方式方法，以"勤"为政，在工作之余发愤著述，以"偶"成言。其所思所得所言，对于我国社会主义新农村管理有较高的参考价值，尤其是对于长期扎根边远山区乡村工作的领导干部而言是不可多得的学习材料。

衷心地希望这本来自最基层的"政思""偶得"能够给大家以启发，给后来人以指导，成为上层建筑了解基层干部思想、工作的一个渠道，为建设有中国特色的社会主义和全面实现中华民族伟大复兴的"中国梦"作出应有的贡献。是为序。

二〇二一年三月十六日于北京

陈维东，词人、编剧，莲花县坊楼村人，中国音乐家协会会员、中国音协新兴文艺群体委员会委员以及中国文艺志愿者协会会员、中国音乐文学学会理事，中共江西省委宣传部"四个一批"人才，系国务院参事室、中央文史研究馆主办的国家音乐文化工程《百年乐府》编辑和中国音协主办刊物《词刊》特约编辑。先后出版了《为梦想放歌》《追梦新时代》两本音乐专辑，曾受邀为央视《艺术人生》《文化视点》《音乐公开课》等节目嘉宾。

其作品曾登上2016年央视春晚、2017年和2018年中国文联"百花迎春"、2019年央视春晚特别节目，先后入选中宣部第四批、第六批"中国梦"展播歌曲及中宣部"新中国成立七十周年100首爱国歌曲"。先后九个项目获中国文联扶持，六首歌曲及歌剧剧本《西施与范蠡》获国家艺术基金。

主要作品有：民族歌剧《扶贫路上》（2020年中宣部重点剧目，合作作词）、民族音乐纪实剧《家园》（2020年文旅部重点剧目，任编剧、作词）、民族管弦音乐会《新国门畅想》（作词、撰稿）以及歌曲《美丽中国走起来》（合作）、《最美的约定》（全国"脱贫攻坚"主题歌，大型政论片《摆脱贫困日》主题歌）、《追着未来出发》（第十四届全国运动会会歌）、《最美中国人》《把福带回家》《晒秋》《追梦人的脚步》等。

序 四

晓迎秋露一枝新

刘新龙

  记得，与晓林君相识于 2001 年夏天，那时他在荷塘乡担任乡党委组织委员，刚刚荣获全市优秀党员的称号。在荷塘乡采访时获知这一消息后，我立即向乡党委书记提出要采访刘晓林。晓林君给我的第一印象很好，他是一个健谈的人，也是一个很有思想抱负的人，倾听他谈话更像是一个学习的机会，让我获益匪浅。很快，我采写的关于他的专访稿子《让党旗在山乡飘扬——记全市优秀党务工作者刘晓林》就在《萍乡日报》二版头条刊出。

  从此以后，不善于交朋结友的我就这样一直与晓林君保持着很好的朋友关系。他写了什么材料，我基本上是第一个读者。我们这种友情并没有随着他职务的不断升迁而发生变化，这对于一个从政者来说，实在是难能可贵的，这或许也可以从一定程度上解释说，他只是一个只会做事，而且能成事的实干家！却在个人仕途上不善钻营的一个朴实的基层干部。我们要的就是这样干部！

  晓林君从教八年，正是在这默默无闻的教书育人生涯中，养成了淡泊名利、从容洒脱的书生性格，这为他走向领导岗位带来了或多或少的负面作用。随后，他先后在县招商局、对外经济协作办、荷塘乡、闪石乡、神泉乡、安监局、煤监局、计生委、卫计委、卫健委、工信局等部门工作，1998年2—5月担任莲花县政府驻广东办事处主任，2004年3—6月在上海闸北区大宁街道挂职锻炼，2005年作为当时全县相当年轻的正科级干部在闪石乡担任乡长，如今已经担任过8个单位的主要领导，尤其是作为主官领导，他为人厚重、处事本分，勇于担当、敢于谋事，他主政过的每个单位都做得风生水起、有声有色，他单位和本人先后获得上级有关部门的奖励不胜枚举，得到了基层干部群众的一致好评。

最主要让我刮目相看的是，作为一个整天被公务缠身的基层主要领导干部，晓林君还十分注重人文修养，喜欢阅读文学、理论书籍，爱好各种文体的写作。他几十年如一日践行终身学习的理念，把学习当作自己生活工作中的一件大事，使学习伴随着自己整个工作、生活历程，通过学习提升自己的素质和能力。而最重要的是晓林君还经常根据工作实际撰写许多调研文章，这些文章不仅具有一定的针对性、指导性，而且具有一定的文艺品位，这实在是值得尊敬的。他的许多文章比如《认真只为国策别样红》《关于当前户籍制度改革对社会抚养费征收工作的影响及对策》《如何让党旗在农村高高飘扬》《四大工程让健康莲花更美丽》等几十篇理论文章、调研报告先后在《光明日报》《中国人口报》《江西人口报》《萍乡日报》《江西人口》《健康江西》《工作与研究》等报刊大篇幅刊出，有许多文章写在多年之前，其某些观点在现在来看依然有一定的前瞻性。我相信，晓林君的这些文章对于基层领导干部或许会有一定的启发和借鉴作用。

作为文联负责人，也许是职业的习惯，也许是自己爱好书籍的缘故，这些年来，我非常渴望身边熟悉的骨干作者将作品结集出版。前些年，在和晓林聊天时，得知他竟然亲手执笔写了那么多的理论文章，而且基本上都在刊物上发表过，我就动员他能够将这些文章结集出版，既给他本人这些年来的所思所想一个归纳小结，也让他的同仁们从中有所感悟，有所借鉴。但是，晓林君出于种种考虑，一直没有答应。

其时，我已经将他的作品，包括他作为主要领导工作过的单位在报刊上发表的新闻稿件都收集整理好了，书名就叫做《林下晓拾》。但是由于晓林君的过于谨慎，此事一再搁浅。今年，恰逢中国共产党建党100周年，连续看到晓林君发来的系列散文、随笔，让我耳目一新。听说他写的散文随笔有十多万字了，这实在让人惊喜不已，这实在是难能可贵。于是在我的一再动员下，晓林君终于同意了在原有的基础上加上了"案头偶成"一章，主要刊发他的一些调研文章、讲稿。而且我们又联系刘建华博士、李水兰文艺评论家、著名词作家陈维东先生为他的作品集作序。于是，有了这本增订版的《林下晓拾》集子的问世。

我始终认为，一个人能够有勇气将自己的作品结集出版，实在是难能可贵的。但愿在接下来的日子里，晓林君不仅能够在他的工作中如鱼得水、如虎添翼，还会一如既往地把自己的工作感悟行之于笔墨、付之于文字，使实践和理论交相辉映、相得益彰。作为县文联主席，期待着晓林君的散文集也尽快整理出版，为我县的文艺园地添砖加瓦、增光添彩。

刘新龙，笔名木西，男，1995年毕业于江西师范大学中文系。2007年至今担任莲花县文联主席。江西省作协会员。自1993年开始先后在《人民日报》《光明日报》《江西日报》《通俗小说报》《小说月刊》《创作评谭》《星火》等报刊发表各种文章近两千篇，偶有作品获奖。

目 录

序言 1

序一：一种乡村社会治理的"资治通鉴" / 刘建华 1
序二：融于工作　与民同行
　　——刘晓林《林下晓拾》阅读札记 / 李水兰 7
序三：偶有所得以成言
　　——读《林下晓拾》/ 陈维东 14
序四：晓迎秋露一枝新 / 刘新龙 18

乡镇偶感 1

把准脉搏　对症下药
做实做活农村思想政治工作
　　——荷塘乡党委抓农村思想政治工作的做法 3
如何让党旗在农村高高飘扬
　　——神泉乡农村基层党组织建设的困惑与探索 9
立足优势　注重引导
着力做好神泉果业发展文章
　　——关于神泉乡果业发展的调查与思考 14

1

莲花县产业转型初探……………………………………………20
坚持科学发展、推动城市转型…………………………………26
关于莲花物流业发展的调查与思考……………………………30
让科学建房观深植农村
　——莲花县农村建房存在的主要问题及对策………………34
浅析乡镇财税征管中存在的问题及对策………………………37
浅谈新时代做好乡镇工作的几点思考
　——在新任乡镇党政主要领导学习培训班上的讲课提纲…45

一线偶思…………………………………………………………57

安全生产无小事　尽职监管有保障
　——莲花县煤矿安全监督管理局工作纪实…………………59
关于我县煤矿企业生产经营环境的思考………………………64
关于加快莲花县煤炭产业安全发展的思考……………………70
莲花县矿山应急救援现状、存在的问题及建议………………76
关于卫生与计生工作的几点思考………………………………79
莲花县乡镇卫生事业发展现状、存在的问题、原因分析及建议……84
以医改为契机　加快支付方式改革
用医保资金杠杆撬动我县医疗卫生事业发展
　——关于莲花县新型农村合作医疗工作情况的调研报告…92
莲花县畅通药具发放渠道………………………………………100
村卫计服务室建设打出"组合拳"……………………………102
关于调整医保政策后乡、村两级医疗卫生机构的现状调查…105
我县工业园区经济综合考核排名靠后原因分析及其对策……113

关于《深入实施工业强县战略推动新兴倍增工业高质量发展的若干意见》的起草说明……………………………………123
关于《莲花县产业转型升级示范园区建设方案》的起草说明……129
关于实施工业强县战略推动新兴产业倍增实现工业高质量发展的几点思考
——在2020年科干、青干班的讲稿提纲………………………132

阜外偶拾……………………………………………………143

感受上海………………………………………………………145
我看大宁运作
——在闸北区大宁路街道办事处挂职调查报告………………161
赴湖北参观新农村建设考察报告………………………………175
赴南昌市新建区和湖南省茶陵县学习考察县级公立医院综合改革情况汇报………………………………………………………182
赴云南省广南县学习联慈医疗扶贫考察报告…………………197
关于赴赣州市于都县、会昌县学习考察健康扶贫工作报告……203

案头偶成……………………………………………………213

实施良策诚招商　广栽梧桐引凤来
莲花县招商引资势头强劲…………………………………215
设立举报电话　建立处罚制度
莲花县为外来企业创造宽松环境…………………………217

转换经营机制　狠抓内部管理

莲花县长运公司效益连年上台阶……………………………………218

引凤筑巢为乡亲

——记省对外合作系统先进工作者贺莲缘………………………220

莲花县科技人才聚首献策……………………………………………223

科学规范农村建房　加快新农村建设步伐…………………………224

冲破禁锢　砥砺前行

莲花县医药卫生体制改革实现新突破………………………………227

莲花县设驻外联络点提升区域协作水平……………………………232

四大工程让"健康莲花"美丽绽放…………………………………233

特区老区心连心　精准扶贫结硕果

——宝安区与莲花县开展卫生计生区域协作纪实………………235

"一村一品"助增收　教育扶贫增后劲　保障健康筑基石

莲花县追逐幸福路上不让贫困户掉队………………………………237

莲花县创新药具发放服务管理模式…………………………………240

莲花县60个村卫生计生服务室建设开工……………………………241

莲花夯实农村卫生计生服务基础

实现"小病和计生基本服务不出村"目标………………………242

莲花县启动药具宣传服务月活动……………………………………243

联慈医疗扶贫工程示范县项目落户莲花县…………………………244

莲花县给贫困群众送健康希望………………………………………245

莲花县扎实开展生育状况抽样调查工作……………………………247

莲花县健康扶贫变"拖贫"为"脱贫"……………………………248

我县为什么会选择联慈医疗扶贫工程项目

——在"联慈医疗扶贫工程示范县"授牌援助仪式暨江西省部分市县精准医疗扶贫工作座谈会上的发言……………………………251

附录：报刊偶记 ································ 257

让党旗在山乡飘扬
——记全市优秀党务工作者刘晓林 ············ 259
闪石乡为民惠民力促和谐发展 ···················· 262
开明开放促边陲山乡发展
神泉乡开放型经济驶上快车道 ···················· 264
立足实情求特色　因地制宜重实效
神泉乡打造生态新农村 ···························· 266
科学规划　整洁村容　文明乡风
神泉乡描绘新农村美丽画卷 ······················· 268
一个基地一幅画
——莲花县神泉乡发展"一村一品"现代农业纪实 ···· 270
上下联动引项目　内外并举抓项目
神泉乡项目建设促大发展 ························· 273
一位村支书的民情笔记
——记神泉乡五洲村党支部书记周武珍 ········· 275
打造"三大"平台　促进和谐发展
神泉乡齐奏项目建设凯歌 ························· 279
工业增后劲　农业添活力
神泉乡工农互补促发展 ···························· 281
建好队伍　打好基础
莲花县提升基层医疗服务水平 ···················· 283
推进医院改革　完善医保体系
健康莲花大步走来 ································· 284
贫困户医疗费报销比例达 90%
莲花构筑"4+1"保障线 ·························· 286

5

一次成功的学习借鉴
——莲花县成功引入"联慈医疗扶贫"模式……………………287
为贫困户撑起"健康保护伞"
——莲花县为3万余名建档立卡贫困人员签约家庭医生可享受健康体检 疾病咨询 上门随访等一系列服务……………………291
莲花县再推扶贫新举措 所有医疗机构都被设为定点
建档立卡贫困户可"先诊疗后付费"……………………………294
工业担纲,筑起跨越发展脊梁
——莲花县工业经济高质量发展纪实……………………………296
莲花县:"空压机之都"的打造实践与探索……………………301

后记……………………………………………………………………305

乡镇偶感

把准脉搏　对症下药

做实做活农村思想政治工作

——荷塘乡党委抓农村思想政治工作的做法

新的历史条件下，如何做好农村农民的思想政治工作，这是摆在我们每个农村基层干部面前的新课题。我对在荷塘乡三年的工作实践加以总结，认为荷塘乡经济的快速发展，社会各项事业的全面进步，关键在于做实做活了思想政治工作这篇文章，下面谈一下我乡抓农村思想政治工作的一些做法，仅供参考。

1999年以来，荷塘乡党政班子在市委"包乡扶村"工作组的大力帮助下，把加强农村思想政治工作作为密切党群、干群关系的重要内容来抓，取得明显成效，实现了乡镇经济的较快发展。1999年财政收入完成113万元，同比增长10%，位居全县第三名；2000年财政收入119.46万元，位居全县第二名。今年提前一个月完成全年财政收入任务，居全县前列。届初确定的"十件民心工程"的奋斗目标已基本得到实现，招商引资成绩喜人，全乡各项事业蓬勃发展。昔日全县有名的"上访"乡成了小事不出村、大事不出乡的太平乡。

一、加强自身建设，注意工作方法是做好农村思想政治工作的关键

农村基层组织是党和群众紧密相连的桥梁与纽带，是党在农村全部工作和战斗力的基础。前几年，由于忽视了党委的自身建设，尤其是少数乡村干部工作作风粗暴,方法简单,造成干群关系紧张,曾发生村民砸乡党委、政府的牌子,公粮、教育附加、统筹粮等国家任务难以完成,个别村民竟然将反映干群关系紧张的内容写成春联张贴;乡干部、老师的工资拖欠严重,乡政府负债累累,多数乡干部要求调离。

1999年,新一届党委政府班子上任后,在市委工作组的大力帮助和精心指导下,有针对性地把影响党群、干群关系的难点问题列入乡党委、政府的重要议事日程,摆在突出位置,通过三年多的思想作风整顿,不断强化素质,转变作风,乡党委政府一个新的形象展现在荷塘人民的面前。一是强化了党的组织原则和组织纪律,开展了健康向上的思想交流和思想斗争活动,提高了班子的凝聚力和战斗力。三年来,该乡党委坚持集体与个人分工负责的原则和"集体领导、民主集中、个别酝酿、会议决定"的决策机制,凡涉及重要工作任务部署、干部任免处理、重要经济项目上马、重要物资采购、重要问题的研究决定、较大数额资金的使用和关系到广大群众切身利益等方面的重要问题,做到在充分酝酿和科学讨论的前提下,由乡党委或党政联席会议集体讨论决定,确保决策的正确性、科学性和可行性。班子成员之间坚持过好双重组织生活,自觉接受党内外群众监督,认真开好每次民主生活会,积极开展批评和自我批评,使整个班子成员思想同心、目标同向、工作同步、风险共担、奖惩同享。二是关心、爱护干部,提高班子的向心力。现在荷塘乡的干部、教师、村四大头的工资、奖金、下乡补助基本上做到了逐月发放,逐月兑现,而且每项工作都有具体要求,奖惩措施,充分调动了全乡干部、教师、村四大头的积极性,彻底改变了过去拖欠工资的现象。有些干部感叹地说:"现在乡领导这样关心体贴我们,我们没有理由不努力工作。"三是坚持用邓小平理论和江总书记"三个代表"重要思想武装乡村干部头脑,增强做好思想政治工作的能力。坚持把内强素质、外塑形象作为自身建设的一个关键环节来抓,通过在全体乡干部中开展"讲学、评学、考学"

活动，促进了良好学风形成，提高了乡干部的理论素质和业务能力。四是结合县委的"三学一改"开展了思想作风整顿活动。新班子上任后，针对干部办事拖拉、组织纪律松懈、集体主义和增收节支观念淡化等问题，组织乡干部联系自己思想工作实际，开展了3次为期一个月思想作风整顿和"党员六带头"争先创优活动，要求全乡50岁以下的党员带头执行党和国家各项政策，尤其要带头执行土地承包、农民负担、计划生育政策；带头勤劳致富，带领群众共同富裕；带头学科技、用科技；带头完成国家各项任务（公粮、教育附加、乡统筹等）；带头修水利、抗洪抢险；带头扶贫济困、学雷锋、树新风、移风易俗；与此同时，还建立健全党员联系户制度，要求50岁以下有致富能力的党员每人帮扶3~5户特困户，并将"六带头"与"联系户"工作完成情况作为年终党员民主评议的主要内容，通过开展"党员六带头"争先创优活动，有力促进了各项工作的开展。五是落实包村责任制，面对面做好党员、群众的思想政治工作。自新一届班子上任后，制定并坚持了班子成员联系村和包"重点对象"制度，要求每个班子成员年内参加村里"三会"和"民主公开日"活动，即每月参加村支部委员会和党员大会，每年参加一次村领导班子民主生活会，每月26日都要到所联系的村参加"民主公开日"活动，通过开展对党员干部的思想教育整顿，促进了乡、村党员干部与群众关系的融洽，及时发现并解决村干部、党员思想上和日常工作中存在的问题，有效解决了少数农村党员信仰宗教的问题。

二、时刻顺应民心，切实抓好廉洁从政是做好农村思想政治工作的核心

在思想政治工作的实践中，把树立乡党委、政府说法形象问题作为一个切入点来抓，时刻关注民心，把握民心，顺应民心，通过散"热点"，释"疑点"，排"难点"，使思想政治工作不断深入。一是从

管好"一双筷子、一辆车子、一张发票"入手,在全乡党员干部中开展了廉洁自律"三不准"活动,即一不准利用公款吃请,来客一律在乡政府食堂用膳,二不准公车私用,三不准私开收费发票。严格预算外资金管理,彻底改变了过去人人是会计,个人是出纳人的现象。以"三不准"为主要内容的廉洁自律活动开展以来,仅招待费一项每年就节约开支近4万元,乡政府所在地的2个餐馆受此影响而关闭。二是全面推行政务、村务公开制度,营造良好的民主氛围。乡、村都分别设立了政务和村务公开专栏,凡涉及全乡的企业承包、工程招标、行政费用支出等重大问题,均实行公开制度,对乡、村干部形成了有力的制度约束和舆论约束,增强了公开勤政透明度,减少了不廉洁现象的发生,也消除了群众对乡村干部的疑虑和误解。三是狠抓了村级财务清理。乡党委、政府从珊西村群众因财务问题曾告状到国务院信访办的事件受到启发,村级财务不清理,群众不明白,干部就不清白,工作打不开局面。2000年2—4月,乡党委针对全乡村级财务混乱的现状,集中2个月时间在全乡范围内开展了村级财务专项治理活动。并运用财务清理成果调整了部分村级班子,群众拍手称快。

三、强化宗旨意识,全力为群众办好事办实事是做好农村思想政治工作的基础

新形势下,做好农村思想政治工作必须真心实意服务群众,造福群众,把广大群众反映最强烈、最为关注的热点问题解决好,才能有效地密切党群、干群关系,也是做好农村思想政治工作的关键所在。一是着力搞好示范服务实体。为切实改进领导方式,1999年下半年,在市委"包村扶村"工作组的帮助下,组织引导干部创办了3个示范服务经济实体和4个示范服务基地,分流乡机关干部16名,做给农民看,带着农民干,帮助农民富,有效地解决了农民在市场经济条件下不知、不会、不适应干的问题。通过创办示范服务,不仅带动全乡22

户种养专业户,而且减轻了农民负担。二是加强基础设施建设。现在实现乡道全部水泥化,70%的村道已修建了水泥路,集镇建设已初具规模,新建和改善了全乡的中小学校,70%的村通了有线电视,实现了村村通广播和电话,新一届班子确定的"十件民心工程"已全部实现。三是提供多层次服务。坚持以党校为阵地,在加强政治理论教育的同时,注重搞好农村实用技术的培训。分别从市、县聘请专家、教授到现场进行实用技术指导服务,乡农村站定期编发简报,搞好农业生产的产前、产后服务,并结合全县"三学一改"活动,组织开展了理论、科技、政策等下乡活动和班子成员与特困户"1+1"脱贫活动,千方百计帮助群众解决一家一户难以解决的问题。广大农民亲眼看到党和政府为他们办实事、办好事,体会到党和政府的温暖,他们以实际行动给予回报。垒九公路改造中涉及拆迁98户,拆迁面积达5000平方米,2000年12月,我们仅用3天就完成了有史以来的大拆迁。四是认真做好信访工作。设立了书记、乡长信访接待日,每月16日为书记(乡长)接待群众的固定日期,认真处理群众来信来访,及时听取群众意见和呼声,及时把矛盾化解在萌芽状态。自1999年以来,全乡未发一起集体上访或越级上访的事件。

四、发展壮大经济,切实减轻农民负担是做好农村思想政治工作的根本

思想政治工作是经济工作和其他工作的"生命线",加强和改进思想政治工作,其根本出发点和最终点是推动经济的逐步繁荣和农民生活水平的不断提高。对老百姓来说,减轻了农民的负担、增加了收入,关心和体贴农民的疾苦比什么大道理都强,农民朋友最讲实际。因此,近年来,该乡始终坚持思想政治工作围绕经济建设为这个中心去开展,为经济建设这个中心来服务,使两者统一,防止和克服"空对空""两张皮"的现象。

该乡紧紧依托资源优势,积极拓宽融资渠道,大力发展壮大经济。1999年以来,抓住在市委包乡扶村工作组的支持下多方争取资金兴建了一个年发电量400万度的曙光电站,兴办个体养加工企业120多家;通过招商引资,兴办了一个产值80万元的大型机砖厂,60万元的耐磨材料厂,130万元的大型精选矿厂,投资200万元的严塘铁矿、路边铁矿和投资100万元桐罗丘煤矿相继动工投产,使全乡煤炭年产量上升到7万吨,铁矿石年产量达2万吨,并发展户办、联户办铁矿10余户,安排本乡写作劳动力2035人,农民人均增收达100元。由于加快了经济发展,过去诸多由物质利益引发的矛盾迅速得以化解,群众精神振奋,基本达到了"政遂民意民心顺",乡、村组织的凝聚力、号召力、战斗力得到进一步增强。

2001年12月1日《莲花组工信息》专版

如何让党旗在农村高高飘扬

——神泉乡农村基层党组织建设的困惑与探索

改革开放以来,一大批先进乡(镇)、村的辉煌业绩振奋人心,他们的成功经验可以总结出十条、百条,但最可贵的一条是把党建工作和经济建设有机结合起来。笔者作为一个乡镇党务工作者,对所在乡的农村基层党组织建设作了深入细致的调研,现提出以下几点不成熟的看法,以期达到抛砖引玉的作用。

一、当前神泉乡农村基层党组织存在的主要问题和原因

神泉乡是个贫困乡,该乡的基层党组织建设在改革开放以来有了很大的改观,大部分村级党员干部能紧跟改革发展大潮流,开拓创新,锐意进取,把新农村建设和经济工作打理得井井有条。神泉乡党组织建设工作既有亮点,也有不尽如人意之处。

问题之一:农村党员的年龄和文化结构失衡。据调查,该乡党员年龄在60岁以上的占46%,35岁以下的仅占7.7%,初中以下文化程度的占79.9%,大专以上文化程度的占5.5%,村里几乎没有本科学历的党员。

问题之二:农村党员的党性和宗旨观念淡化。有的党员忘记了自己是一名党员,混同于一般群众,不敢承认自己的党员身份,不敢担当党员的角色。

问题之三：农村党员的致富思想和能力落后。由于农村党员年龄偏大、文化偏低、思想僵化、眼界不宽，缺乏开拓精神和创新意识。自家只能解决温饱，不能带领大家致富。

目前，该乡党组织建设中存在的这些问题，究其原因，既有历史的，也有现实的，既有主观的，也有客观的，既有外部的，也有内部的。归纳起来主要有以下几方面：

一是党员干部的组织建设观念不强。一方面，有的村干部干了几十年，产生"恋槽"思想，对发展新党员、培养接班人不够重视。另一方面，有文化的青年人大部分到外面打工去了，发展新党员、培养干部后备军成了无源之水。因此，导致有的村连续几年没有发展一个党员，村里班子年年老面孔，工作老套路，面貌老样子。

二是党员干部的先锋模范作用不强。目前，部分党员的"三种意识"（党员意识、党员的主体意识、党员的执政意识）逐渐淡薄，有的党员反映说：当村干部完不成任务，上级不"饶"你，不给群众办事，老百姓不"理"你，一旦触及群众个人利益，有人告"死"你。有的说：农村矛盾多，干部累，上压下挤活遭罪，当干部没意思。在这些思想的影响下，一些村干部工作消极，敷衍塞责，不思进取。

三是党员干部带领大家致富的能力不强。在农村党员干部中，大部分农民党员自身思想、文化等素质低，加上观念陈旧，意识传统，致富能力较弱，造成生活困难，像这样的党员干部自己都不能致富怎能带领大家奔小康。

二、关于加强农村基层党组织建设的建议

针对当前农村基层党组织建设存在的问题，结合农村基层党组织建设中的实际情况，笔者认为要加强农村党组织建设，应该要做好三方面工作。

1.健全四项机制，加大发展党员工作力度，努力改善农村基层党

员队伍结构。一要健全培养机制,敞开入口,拓宽渠道,广泛吸纳优秀人才。积极引导农村中的先进分子靠近党组织,加快入党积极分子培养步伐,切实解决农村发展党员源头不足的问题。努力把优秀青年农民、回乡大中专毕业生、青年退伍军人和创业能人积极发展为党员,为党组织注入新的生机和活力,着力改善基层党员队伍的结构。二要强化培训机制,切实提高基层农村党员的综合素质。要积极发挥县、乡两级党校的阵地作用,定期组织发展对象和党员参加培训学习,不断提高他们的党性和修养;充分发挥县乡农业科技培训的功能,通过农技培训,增强他们的致富本领,提高他们的综合素质。三要健全保障机制,切实解除党员后顾之忧。由于我国广大农村仍处于社会主义初级阶段,经济欠发达,社会保障体系不完善,致使许多农村党员干部一旦离开工作岗位就面临着更大的压力和困境。鉴于此,根据实际情况要适当提高村干部的工资福利待遇,并采取办理保险金的办法,解决他们的后顾之忧;加大保障力度,对于那些缺少发展资金的贫困党员、曾为农村工作做出了贡献的老党员,采取协调专项贷款、党费救济、党员强弱联合办法,帮助他们尽快脱贫致富,让老党员不寒心,中年党员有信心,青年党员有决心;强化激励机制,对工作突出且取得优异成绩的党员要在精神和物质上给予双重奖励。四要健全退党机制,疏通出口,动态管理党员,实现党员双向流动。通过开展党员先进性教育,加强农民党员思想作风和组织纪律整顿,区分不同情况,研究具体办法,把那些已不具备先进性,或不愿留在党员的党员及时办理退党手续,以保持农民党员队伍的先进性和纯洁性。

  2. 加强思想教育,增强责任意识,提升农村党组织战斗力。当前,要充分利用好第三批深入学习科学发展观的有利时机,进一步加强对基层党员的教育力度,经常性地开展对基层农村党员的思想政治教育活动,并健全保持共产党员先进性教育活动长效机制,进一步巩固活动取得的成效,提高党员的党员意识和主体意识,不断增强党员的自豪感和荣誉感。此外，要免费给农村党员提供党报、党刊等涉党教材和书籍，为党员学习搭建平台。进一步转变工作职能，更新工作观念，强化执政意识。坚定不移地把基层党组织的工作重心放在"执政政策、发展经济、服务百姓、保持稳定"上。在工作指导上，实现由主要靠行政命令推动工作向示范引导、提供服务方面的转变；在抓经济工作上，实现由靠罚、靠压、简单从事向说服教育、民主协商、依靠法律方面转变。以"一切为了农民，为了一切农民"为立足点和出发点，把对上对下负责一致起来，千方百计为农民增加收入，减轻农民负担，使农民得到实惠，真正做到"保一村平安，富一村百姓"。

3. 紧扣发展中心，提高学员"双带"能力，推动新农村建设。一要大力实施"双培"工程。通过各种有效途径，真正把党员培养成致富能手，把致富能手培养成党员，使党员真正成为社会的先进阶层，成为"三个代表"的忠诚实践者。二要在发展理念上实现转变。农村基层党组织和广大党员干部必须解放思想，树立新的"双带"发展理念（党员干部带头创业致富、带领群众致富）。党员干部带头致富也有充足的理由。俗话说：村看村，户看户，群众看干部。党员干部自己不先富起来，怎么号召别人致富，凭什么带领群众致富？共产党人只有先解放自己，才能解放老百姓，怎么解放，就是把自己从贫困线上解放出来；再说，"三个代表"怎么落实？第一，办了企业，多纳税，就代表了最广大人民的利益；第二，有工厂、有设备、有技术就了先进生产力；第三，企业文化、工厂文化生根在农村就是先进文化，办起了工厂，自然就代表先进文化。干部办了企业，群众心里就有了定心丸，而且也能密切联系群众，也具有了带领群众致富的本领，新的"双带"发展理论才能实现。三要在发展目标上重新定位。围绕新农村建设的要求，村级党组织应结合实际，制定近期和长远发展规划，合理确定发展目标、发展速度，研究落实加快发展的具体措施。四要在发展思路上拓展空间。思路决定出路。神泉乡资源丰富，优势明显，各村党组织要发挥优势，以新的领导方式方法经营农业、经营农民和经营农村，做好"一村一品"工程。在经营农业上，要大力推进主辅换位战略，加快产业化进程，走出一条发展科技、特色、效益农业的路子；在经营农民上，要大力推进合作经济组织和劳务输出，提高农民的组织化程度，走出一条深度开发利用农村劳动力资源的路子；在经营农村上，要大力实施农村城镇化建设，积极引导农民向"一户一宅"迈步，节约和保护耕地，提高土地利用率，促进农村大变样，走出一条农村城镇一体化发展路子。

2007年10月《工作与研究（乡镇街领导论坛）》

立足优势　注重引导

着力做好神泉果业发展文章

——关于神泉乡果业发展的调查与思考

一、神泉果业发展的现状及优势

（一）神泉乡果业基本情况

神泉乡位于湘赣两省三县交界地段，国土总面积 122.5 平方公里，其中林地面积 13 万亩，具有优越的生态环境和丰富的山地资源。近几年来，乡党委、政府因地制宜，合理引导，大做果业文章，果业种植农户和种植面积不断增加，并逐渐形成了"一村一品"、各具特色的发展格局，产生了良好的辐射带动作用。目前全乡共有果业面积 4000 余亩，人均果业收入达 200 元，神泉已逐渐成为周边地区颇具名气的果业之乡。

（二）神泉乡发展果业的优势

1. 天然的气候优势

神泉乡为中亚热带季风性气候区，气候温和，光照充足，雨量充沛，四季分明，年平均气温 17.5℃，年降雨量在 1600～1700 毫米，年日照在 1697.4 小时，无霜期 284 天，良好的气候条件适宜种植各种果树。

2. 优质的土壤优势

神泉乡境内土地属红壤酸性土质，地段属丘陵低坡，酸性 PH 值在 6.5～7.3，团粒结构良好，腐殖质好，属冲积性土壤层，土层深厚，土壤细化，疏松肥沃，透水和保温性能较好，适应种植常绿、落叶等各种果树。

3. 传统的种植优势

由于具备优越的地理和气候条件，自20世纪五六十年代以来，村民就有种植果树的习惯，虽然种植面积不大，但村民大多对果业生产保持了浓厚的兴趣。20世纪80年代以来，在坪里园艺场的带动下，村民种植果树发家致富的热情进一步激发出来，很多村民都自发种果造园，对发展果业有了更深一步的认识。近几年来，在可观的经济收入的刺激和政府大力宣扬"植树造果"的引导下，越来越多的农民投身果业、发展果业，并因此培养造就出了一大批果树种植大户，在全乡形成了较深厚的群众基础。据初步统计，全乡果业种植户达到200多户，从业人员达1200余人。通过不断的发展壮大，果业已逐渐成为神泉乡的农业优势产业。

4. 技术保障优势

原坪里园艺场在20世纪90年代曾种植柑橘3000余亩，是赣西主要的柑橘生产基地，先后与江西农大园艺学院、省农科园、吉安地区果业办建立了合作关系。各地专家、教授曾多次来到园艺场传授技术和指导工作，带来了许多先进的技术和经验，培育了一大批果业种植乡土人才。这批乡土人才较好地掌握了幼育繁育、苗木嫁接、果树栽培、生产管理和防病灭虫等方面技术。其他果农虽然没有直接接受专家指导，但在生产过程中也普遍重视果树生产和管理。他们一方面注重在生产中积累经验，另一方面善于向外地学习，从20世纪90年代开始，珊田、竹湖等村的果农就自发到赣州、湖南等地的生产和科研单位考察学习，引进了一些新品种、新技术。

二、神泉果业发展中存在的困难和问题

经过30多年的摸索和发展，神泉乡的果业取得了较好的成效，但

在发展过程中仍然存在不少困难和问题，主要表现有：

1. 干群思想保守，果业发展思路不宽。乡村两级政府在引导百姓发展果业的思想不够解放，思路不够宽阔，点子不够多。很多乡村干部没有树立科学发展观，认为发展果业周期长、见效慢，靠天吃饭，风险较大，不如搞矿产开采和蔬菜种植效益快，而且一般在任期见不到政绩，因此发展果业的积极性不高。部分群众也认为果业生产的收益没有外出务工明显和快捷，他们宁可闲置土地，也不愿利用土地发展果业，更有甚者在转让土地经营权的时候漫天要价，导致想扩大规模的果农租种不起，无形中阻碍果业的发展。

2. 生产不集中，难以组建产、供、销带动力强的龙头企业。受当前条件的影响，全乡的果业以小基地和家庭分散种植为主，大面积的农庄、果园不多，难以形成规模、集中发展，更谈不上建立辐射力强、带动力大的龙头企业。比如全乡共种植三华李1370亩，但分别分布在珊田、桃岭和坪里等多个村，难以集中有效地进行管护，不但产量上不去，而且产出的果实品质不一、优劣差距较大，难以统一用来生产加工，果业经济效益大打折扣。

3. 资金扶持力度不够，发展果业融资困难。一是果农自身资金有限。在果园的前期开发过程中，土地整理、树苗种植需要投入较多的资金，大部分果农感觉力不从心，而果园的日常管理每亩需200～300元，更让果农难以承受。据调查，当前全乡70%的果园生产投入每亩不到300元。二是商业信贷困难。由于近10年农村信用社开展支农贷款过程中，部分农户不还贷丧失信用，导致农村信用社开展支农信贷的积极性不高。来自就业、农业等部门的小额信贷名额有限、资金较少，不能解决果农的资金需求。三是政府的奖励扶助制度没能普遍建立起来，目前开展起来的少数几项资金扶助也是杯水车薪，就连果业示范园都得不到有效的资金扶持。

4. 果业协会建制不完善，难以有效发挥作用。当前，神泉乡果业要想突破瓶颈，走出一条更宽阔的道路，"联小成大、抱团发展"是一条捷径，如何联？怎样抱？这就需要一个中介结构，成立果业协会，以在产销上统一调度，形成合力。而当前我乡的果农之间正缺乏这样相互交流沟通的平台，不但没能形成合力，反而在市场开拓、销售价格上相互挤压，形成恶性竞争。

5.科技信息服务力度不够，果农利益没有保障。目前乡级技术服务组织基本处于网断人散的境况，果业技术干部严重青黄不接，难以为果农提供产、供、销等方面的技术信息服务。比如，坪里园艺场在2000年将冻死的橘树改种了200亩美国布郎李，由于技术服务跟不上，虽树苗长势旺盛，但产量总不尽如人意，与预期相差甚远。其次，由于缺乏信息服务，相当一部分果农生产盲目性大，对市场的把握不准，产销不对路，对优质生产的认识更是不到位，仍停留在数量效益层面，经济效益没有保障。

三、加快发展神泉果业的建议

为进一步做好神泉乡的果业文章，我们一方面要充分尊重群众的生产自主权，引导农民放开手脚在市场经济中走出一条更具竞争力和潜力的果业发展道路，另一方面要强化政府科技、信息、金融等方面服务，加快产业化进程，以进一步把果业优势做大做强，促进农民增收致富。

1.进一步转变发展理念。今后要充分运用各种行之有效的宣传手段，广泛深入地宣传发展果业的重要性和可行性，坚定全乡发展果业的信心。同时，推动广大干群进一步解放思想，树立科学发展观，摒弃只求短期效益、不看长远发展的思维，建立大发展理念，即通过发展果业辐射引带生态农业、旅游观光农业和效益农业的发展；通过发展果业带动运输、贮存、包装、材料、加工及服务业的共同发展，在全乡形成一业带多业、一产带多产的大发展格局。

2. 进一步加大科技推广力度。一是加强对果农的技术培训，逐步建立乡、村、园、户四级果业技术推广网络；配备好果树技术员，切实保障每村都有专业人员提供技术支持。二是坚持高标准建园。根据梯田的坡度，做好水土保持工程，大力推行"三大一篓"（大穴、大肥、大苗、营养篓假植）。三是积极推广保花保果、合理整形修剪、科学施肥用水以及综合防治病虫害、防冻等一系列先进实用技术。四是鼓励果农因地制宜，开展多种经营，在合理种植经济作物的同时，大力发展畜禽、水产养殖，引导果农朝禽—果—庄园，猪—果—庄园立体开发模式方向发展；积极引导果农走生态农家乐、观光旅游农业方向发展。

3. 进一步加大产业化推进力度。产业化是连接生产、加工和销售，重点解决果农销售难的重要举措，也是果业生产上档次、上水平的关键。今后要把培育龙头企业，延长果业产业链条，提高果业经济作为果业强乡的重要举措。通过招商引资，吸引更多的客商落户神泉，围绕产前、产中、产后投资兴业、创建实体，实施果业可持续发展。一是要抓好果业的基地建设，通过市场手段，推动大基地兼并小基地、小果园，形成两至三家面积达5000亩的大基地，开展标准化生产，一头连农户、一头连企业，努力提高果品的产量和质量。二是要努力培育龙头企业，力争水果年产量达到1500万公斤规模时创办一家果脯、果汁加工厂，努力帮助果农消化生产成果，提高果品附加值。三是要抓好果业销售队伍及销售网络的建设，组建果业流通协会。一方面帮助果农在流通领域开拓市场，另一方面积极反馈市场信息，引导果农按照市场需求调整生产。

4. 进一步强化发展果业的组织力度。一是成立乡果业工作领导小组办公室，稳定果业工作机构、工作队伍，发挥好其领导组织和技术服务作用。二是建立健全考核和监督机制，把果业开发实绩列入村级考评内容，建立目标责任制，要求每个班子成员挂连片200亩以上的果业基地1个，乡干部挂连片50亩以上的果园1个，村干部结对帮扶50户果农，做到责任到人。三是建立健全果业发展服务体系，重新组建果业服务站并制定目标责任，严格考核。对在果业工作中做出突出贡献的技术人员大张旗鼓地予以表彰奖励，对在果业开发中做出优秀成绩的干部给予提拔重用，对工作推动不力的给予批评。

5. 进一步加大政策和资金扶持力度。一是乡政财每年拿出3万～5万元设立专项扶持基金用于奖励果业种植户，以5亩为底线，50亩以下予以30元/亩奖励；50亩以上予以20元/亩奖励；新增果园面积达100亩的奖励2000元、200亩奖励3000元、300亩奖励4000元、400亩奖励5000元、500亩奖励10000元（以当年建园种植果树且成活率达80%为准）。二是加大政策倾斜力度，在小额信贷、农资供应、技术培训、和销售流通等方面给予优先优质服务。三是采取合法入股、集资等形式吸引民间资金进入果园，对没有资金的农户可以采取土地和劳动力入股的形式间接扩大基地规模。四是开展银企合作，重建农村特别是果农的信用体系，推动农村信用社与果农之间的资金对接。

2009年第3期《工作与研究（乡镇街领导论坛）》

莲花县产业转型初探

莲花县地处赣西边陲，四周山水环绕，属山区小县，地理环境优越，铁矿石、粉石英、石灰石和煤等矿产资源储量十分丰富，煤炭资源更是遍布该县的各个角落，是全国百个煤炭县之一。依托得天独厚的自然资源优势，近年来，我县立足优势，在资源上做足了文章，推动了县域经济较快的发展，人民生活也得到了有效改善，同时造就出了一大批农民老板，其中大部分因煤发家，成为了真正的"煤老板""黑色专家"，莲花也就成为小有名气的"煤城"。但是，这么多年来我们肆意索取和挥霍了大量资源，造成全县煤炭等资源储量大幅下降，变为资源枯竭性城市，资源问题也就成为制约发展的最大瓶颈，莲花的发展也渐显后劲乏力的迹象。同时，受国家宏观政策趋紧的影响，对年产3万吨以下的煤矿予以关闭，关井压产造成了大量农民工失业，并导致经济出现短暂萧条，各类矛盾纠纷也随之而起，这就要求我们重新审视县情，探索出一条更符合县情和民情的发展道路。加快产业转型，调优产业结构，走科学发展道路势在必行。现笔者就莲花产业转型提出个人的一些看法，仅供参考。

一、莲花县产业现状

改革开放以来，莲花县立足实际，顺应时代潮流，进行了大刀阔斧的改革，在发展上更是进行了一系列卓有成效的创新，发展环境得到了有效的改善，全县逐步形成了特定的产业集群，产业结构主要存在以下特点：

1. 资源型产业多。莲花县资源种类多、储量大，这为发展资源型产业提供了优越的先天条件，并且开采资源能获暴利，导致大家争先朝地掘金，而政府受实绩看数字、发展看GDP增量的误导，前些年在一定程度上默认了民间对资源掠夺式的采挖，并没有采取积极有效的措施引导资源开采朝有序化、规模化发展，这集中体现的在煤炭和铁矿石的开采上，全县大大小小的铁矿和煤矿近1000家。近些年，政府虽然看到了弊端，采取了许多措施进行集中整顿、关闭和打击，但因覆盖面大，朝夕难改，资源性企业和非法生产仍然大量存在，资源性产业仍是全县的主导产业，占财政收入的三分之一。

2. 粗放型产业多。莲花县工业园作为该县的工业主阵地，近年来通过不断改善基础设施，逐步完善和强化了功能，吸引和集聚一大批项目落户该地，同时在我县不断加大招商引资和项目建设力度的催化下，工业园很好的承接了发达地区产业梯度转移，许多在外的企业都转移到本地发展，逐步形成了县域五大支柱产业，即特种材料、机械电子、医药食品、建材矿产和制衣制鞋，这些产业的兴起和壮大推动了全县经济的快速发展，并成为全县的重要财源。但是综观整个工业园，我们并没有形成很系统、很完善的产业化，大多企业依旧各自为政，彼此关联度不大，劳动力不密集，资源难于集中被利用。由于没有龙头企业的引导，这些企业市场竞争力不大，处于"小打小闹"之势，没能产生良好的效益。

3. "双高"型产业多。莲花经济的发展较大程度上依托传统产业的支撑，集中体现在建材矿产产业上，全县各类水泥厂、石灰厂、煤厂等"黑""白""灰"企业数量多、分布广。由于这类产业规模不大，技术工艺粗糙，环保能力弱，不但消耗了大量能源，并且给环境造成了极大的污染，即使新兴的特种材料产业也给环境造成了不小的影响，"高能耗、高污染"产业在支撑全县经济的同时，也带来糟糕的社会效益、环境效益和能源效益。

4. 服务性产业效益低。我县的第三产业较一产、二产落后许多，是我县发展的一个短板。主要表现在：一是城市服务功能较弱。餐饮业落后，小饮食店遍布全县，而上档次的大酒店、大宾馆却很少或几乎没有；零售业紊乱，整个县城到处都有小杂货店、小摊点，但是都存在小而杂的特点，没能形成规模经营；物流业滞后，受城市容量、经济总量和区位的影响，全县物流业目前虽然发展到了7家，但因为规范不到位，没能形成一种特定产业。二是城市服务功能较乱。我县现有行业可谓包罗万象，但是由于没能进行合理规划，犹如一盘散沙撒在整个莲城，混淆视听。例如我县的商业重区——金三角，包含了各类超市、小卖店、杂货店、药店、书店、酒店、网吧和歌厅等多种行业，但是由于没能按照经营规模、性质进行功能区分，不但看上去散乱，同时给市民消费带来很多麻烦。除了金三角，其他各条商业街道更是如此，鱼目混珠，大煞风景，给整个城市带来一种混乱的感觉，严重影响了城市的品位。

二、产业转型对策

随着经济的纵深发展，莲花产业现状的劣势愈发显现，如何实施转型，促进发展？笔者认为要从以下方面下功夫：

1. 解放思想，包装项目，加快打造产业多元化格局。以深入开展三项创建活动为契机，加大政府宣传引导力度，在全县范围内大力倡导全民创业，以创业带动就业、推动发展，形成人人思创业、谋创业、争创业的良好局面，使创业劲风吹遍莲花各地，吹进百姓心头。有了创业的观念，我们要丰富创业内容和载体，引导好广大群众走科学创业的道路，着力打破单一的资源型产业格局。在积极做好关井压产，引导资源开采朝有序化、规模化开采的同时，吸纳民间资金发展生态旅游观光业，努力做好山、水、民俗文化文章。前些年，本县农民利用资源尤其是煤炭资源赚足了资金，百万身家的人大有人在（据不完全统计达 2100 人之多），但由于受政策影响，经营资源之路被断，而他们自身素质又不高，聚集在他们身上的资金也就大量闲置在银行（全县银行现金存储达 24 亿元）。立足这一实情，我们要深入解放思想，由政府牵头，包装一批发展前景好、社会效益好的生态旅游观光项目发标给"失业"的农民老板开发。如：琴亭的玉壶山、花塘官厅、路口的古民居群、闪石的石城洞和神泉的神泉湖、棋盘山、高洲的高天岩、荷塘的寒山省级森林公园和莲花一支枪纪念馆等自然风景、文化古迹和红色圣地都可以通过商业包装宣传的方法，由民间人士投资开发，这样既解决了政府融资难的问题，也盘活了闲置的民间资金和"失业"的农民老板，更是改变了全县旅游开发忽冷忽热的面貌。同时，我们可以引导有一定经济实力的农民大力发展规模种养业和"农家乐"模式乡村生态游，以此带动辐射广大农民发展种养业，加快农民增收步伐。

2. 立足实际，招商引资，做强工业文章。坚持从改善工业园的基础设施上入手，继续加大力度做强做大园区阵地，充分做好做实"筑巢"工作，以强化吸引和集聚项目的功能。坚持招商引资战略不变，有效承接东部地区产业梯度转移，并积极融入长株潭经济圈，有针对性、有选择性的引进一批技术含量高、发展前景好、环境污染小的高新项目落户本县，同时不断强化跟踪服务，做好"放水养鱼"工作，对引进的项目要在资金、政策上给予最大支持和帮助，使项目能立足、能发展、快发展。坚持以市场为导向，积极培育市场竞争力强、辐射带动力强的龙头企业。我们可以去引进一些带动力强、发展后劲足的项目，以它们为牵引，把本有的一些相关产业联合起来做大做强，通过"抱团"发展，形成产销一条线、资源高度共享、劳动力高度密集的产业化格局。

3. 因企制宜，多措并举，加快传统产业转型。传统产业虽然污染大、能耗高，但它们却是全县的主要经济支柱，因此我们要想方设法提升和改造传统产业。一是引导企业自主创新，研发新产品，提高产品质量，同时要不断改良技艺和设备，降低能耗、减少污染，切实提高企业"硬"实力。二是积极引进新设备、新技术，新人才，并组织企业员工学习新技术、新管理方法，以全新的姿态经营企业，提高企业的"软"实力。三是扶强帮大，坚决按政策关停一些规模小、污染大、社会效益小的"黑、灰、白"色企业，同时不遗余力帮助一些潜力大、能改造提升的传统企业做大做强，提高企业综合实力。通过扩编整合，使全县煤炭实现规模开采，年产量力争达到200万吨；通过技术革新，把粗糙的石灰精制成新型环保建筑材料，以求得更大效益；通过引进新设备、新技术，把我县现有水泥生产设备改换为旋窑式生产设备，切实把传统产业改造成活力四射的"朝阳"产业。

4. 提升服务档次，做活第三产业，加快城市转型步伐。按照现代城市建设发展的要求，不断完善和明确城市服务功能，提高城市品位，切实增强我县在周边县市的吸引力，以增加人流和物流带动城市繁荣。一是调整城市产业发展方向，着力将我县建设的重点逐渐由一、二产向三产转移，重点做活餐饮、零售、物流、娱乐休闲、家政服务等服务行业和房地产业。在金融危机下，如何扩大需促进产业转型，我认为首先要将复礼、坊楼、坪里三所农村高中撤并到莲花中学，将职高和实验中学改为二中和三中，这样就全县读高中的学生和教高中的老师读集中在县城；其次要增加房贷（对在财政口发工资的行政事业干部、教师及工勤人员，家在乡下，每人发放10万~20万贷款，使他们每户在县城购买一套商品房），刺激房地产产业快速升温，同时也可增加县城的居民人口，带动县城的人气；三要加大对物业管理的扶持力度，我县虽为山区小县，但固有的乡土风情和革命老区色彩却是我们的一大特色，我们可以抓住这一特色，结合现代城市的文化特征，打造成我县既土又洋的城市风味，既可以让厌烦了充满竞争与压力的现代人群躲进我们的小楼享受真正的人生，又可以成为山乡之人感受现代气息的绝好去处。二是立体建设，构建功能小区。本着提升城市品位和完善服务功能的原则，将我县的服务行业按性质划分为多个功能小区，正确定位服务功能，逐步打造功能明显、特色明显的商贸区、餐饮区、文化区和娱乐区等，形成特定的行业区。

2009年第6期《工作与研究（乡镇街领导论坛）》

坚持科学发展、推动城市转型

萍乡被列为全国首批资源性枯竭城市转型试点城市，作为山区乡镇如何策应城市转型战略推动乡域经济发展，这是当前乃至今后一段时期一项重要的工作。结合我乡实情，我想从以下三个方面谈点个人粗浅认识，仅供参考，不妥之处，敬请批评指正。

一、立足神泉果业优势，调优产业结构，促进农业经济转型

神泉乡位于湘赣两省三县交界地段，国土总面积122.5平方公里，其中林地面积13万亩，具有优越的生态环境和丰富的山地资源。近几年来，乡党委、政府因地制宜，合理引导，大做果业文章，果业种植农户和种植面积不断增加，并逐渐形成了"一村一品"、各具特色的发展格局，产生了良好的辐射带动作用。目前全乡共有果业面积4000余亩，人均果业收入达200元，神泉已逐渐成为周边地区颇具名气的果业之乡。立足这一优势，我乡要继续解放思想，本着富民增收的原则，引导全乡人民坚定朝着果业道路不改变，并不断拓宽发展。一是要进一步转变发展理念。推动干部群众树立科学发展观，摒弃只求短期利益、不看长远发展的思维，建立大发展理念，通过发展果业辐射引带生态农业、旅游观光农业和效益农业的发展，在全乡形成一业带多业、一产带多产的大发展格局。二是要加大产业化推进力度。通过市场手段，推动大基地兼并小基地、小果园，努力形成3家面积达5000亩的大基地，并以大基地为基础，着力培育龙头企业，延长果业产业

链,切实提高果业经济。同时抓好果业销售队伍及销售网络的建设,组建果业流通协会,帮助果农开拓市场。三是要进一步加大政策和资金的扶持力度。每年乡财政可安排3万~5万元设立专项扶持资金用于奖励果业种植户,同时在小额信贷、农资供应、技术培训和销售流通等方面给予优先优质服务,充分调动群众发展果业的积极性。

二、对接"长株潭",主攻项目建设,促进工业经济转型

坚持项目建设重中之重位置不动摇,举全乡之力开展招商引资工作。一是异地招商引项目。我们将充分利用莲花在外创业知名人士的优势组织招商引资小分队积极"走出去,请进来"努力捕捉市场信息,选准商机,主动出击沿海经济发达地区招商选资,有效承接东部沿海地区产业梯度转移,同时可灵活采用企业总部和加工生产基地分离的方式,把劳动力密集型产品外发到本乡农户当中,有效利用好我乡充裕的劳动力资源。二是"筑巢引凤"建项目。从广东、浙江等沿海城市以及"长株潭"经济发展和招商引资的实效来看,无一不从"筑巢引凤"培育工业园作为主抓手,因此,在工业园区建设方面,我认为要进一步解放思想,在县区这一层面,要集中全县财力,充分发挥部门和相关乡镇的优势,组建工业园或新区建设投资有限公司的形式,坚持高品位规划设计,坚持投资形式多元化、灵活化建筑方式,根据客商的需要或根据产业的布局来构建企业创业平台,着力提升工业园建设的品位和档次,增加园区的吸引力。在引进项目和企业方面,对客商要进一步放活,不能要求过死,把投资期限可适当放宽,以期达到以商招商的目的;在乡镇这一层面,配合全县建设好基础性设施的基础上,统筹资金为企业定向代建厂房,为企业尽快落地创造有利条件。三是放宽政策上项目。对于有意在我乡投资办厂的客商,我们可以最大限度优惠供地或是以厂房租赁的方式快速引进客商,同时对引

进的企业我们强化跟踪服务，在资金和政策上给予最大支持和帮助。

三、提升服务档次，做活第三产业，促进社会转型

第一，立足边际和交通区位优势，做活边贸经济文章。我乡地处湘赣两省三县交接地，319国道贯穿全乡，当前又有衡茶吉铁路和吉衡高速从神泉穿境而过、火车站和服务区双双落户辖区的大好机遇，区位优势十分明显，商贸前景广阔。依托界化垅边界商贸频繁和交通枢纽的优势，努力把界化垅经济新区打造成湘赣边界地区经济活跃、物流畅通的工业重镇和功能完善、环境优美的宜居城镇。致力将新区的面积从现在的2平方公里左右扩展到10平方公里，发展方向遵循铁路和高速公路的规划，重点向段家坊和三板桥方向发展。整个新区分为四个功能区：一是工业区，即边贸大酒店和鑫盛实业公司一带。给予优惠政策，将乡内和县内其他地方招商引资企业统一落户其中；二是商贸区，即现在的界化垅老街一带。仿照县城金三角的模式，采取以地换市场和出售临街铺位的经营方式引进资金打造一条商业步行街、一个边际贸易市场，将神泉现有的每周两个逢墟日调整一个至界化垅，进一步活跃商贸；三是仓储物流区，以火车站和高速公路服务区为主要载体，引进外来资金建设大型铁矿、煤炭、工业生产品、农林产品物流仓储企业，把界化垅区域打造成集仓储、物流于一体的赣湘边界商品集散中心；四是行政服务区，目前派出所、交警队、法庭、林业检查站等单位已陆续搬至界化垅，根据远景规划，将乡政府搬至界化垅，向上争取将三板桥乡和坪里合并，成为界化垅镇，形成综合行政服务区。同时，随着经济的发展，界化垅的居住人口必将越来越多，要引进房地产商开发商业住房，或将周边富余土地进行拍卖吸引周边农民进镇。第二，立足神泉湖和棋盘山旅游资源，做优旅游兴乡文章。依托棋盘山革命圣地，致力弘扬革命精神，着力将神泉有机融入安源—三湾—井冈山红色精品旅游线。认真做好神泉湖等新兴旅游

景点的开发建设，继续做好景区宾馆建设和配套设施建设，大力推介休闲度假旅游。把自然风光和生态观光农业结合起来打造，形成亮点。突出玄塘水库杨梅基地和珊田果业基地效应，带动发展一批品类繁多、风格迥异、特色不一的农业基地，形成越来越多的农业观光旅游点。以红色、绿色旅游带旺古色旅游。界化垅曾有"小南京"之誉，钱钟书的名著《围城》中就描绘过界化垅的风土人情，我们要充分利用好这些历史遗留的精髓文化，在开发新镇之中添加古韵，增加城镇文化底蕴，以吸引更多眼球关注神泉，促进神泉乡社会经济的和谐发展。

2009 年 9 月

关于莲花物流业发展的调查与思考

在现代化大生产快速发展的今天，物流作为一种产业已成功成为世界现代流通流域的重要组成部分，它是由运输、装卸、仓储、包装、货代、流通加工、服务分销、物流信息和邮政服务领域组成的复合型产业。现代物流业具有很强的产业关联度和带动效应，它几乎涵盖了第三产业的所有领域和部门，是国民经济的综合性和支柱性产业之一，对区域经济发展具有重要的促进作用。

一、莲花物流业的现状

随着改革开放和对外贸易的发展，我县的物流业已悄然兴起，据笔者调查了解，目前全县已有物流公司8家，分别是：明清货运、新昌物流、长莲托运、骏捷快运、鑫昌物流、永发货运、通达快运。随着这些年的发展壮大，这些物流公司也有了一定的基础，对促进我县的招商引资和经济快速发展起了不可替代的作用，但是总的来看，整体水平不高，特别是物流系统各环节的衔接较差，城市物流经营分散，物流布局不尽合理，物流企业横向联合薄弱，缺少规模化和社会化的物流核心。具体来说，我县的物流业呈现以下几个特征：

1.格局凌乱。据调查，现有的8家物流公司零零散散分散在县城各交通要道，其中城北区4个（新昌物流、长莲托运、骏捷快运、东方快运）、康达东路1个（鑫昌物流）、二环路1个（明清货运）、老南门街1个（永发货运）、城南1个（通达快运）。这样的格局，不但使相关资源得不到共享，更是给企业收发货物带来了不便，同时又受货运时间限制,有时半夜下货带来的噪声严重影响了居民的睡眠质量,干扰了居民的正常生活,广大居民怨声载道。

2. 规模偏小。这些物流公司大都是临街租一到两个门面房,运输车辆都在 2 辆左右,工作人员也就几个,都没有上规模的装卸场、仓储室、运输车队,承接、装卸、仓储都在门面房前,现代办公软件更是没有,物流能力相对较弱,未能成大气候。

3. 运线单调。受限于自身的规模,现有物流公司运线比较单调,目前只开通了莲花至萍乡、吉安、南昌、长沙、株洲、邵东、佛山、东莞、广州等线路,其中也只有规模较大的明清货运才走广东一带,其余大都是省内或邻省湖南的专线,如需与其他地方发生业务关系,则需转运,这不仅增加了成本,而且还延误了时间,物流效率相对偏低。

4. 对接企业不够。由于现有的物流公司规模偏小、信息掌握偏慢、承运能力较弱,难以实现与大企业有效对接,即使发生业务来往,物流成本也大大超出了企业的预算,迫使企业另辟蹊径。同时,部分物流公司还存在失信于企业的现象,导致企业不敢与他们发生业务关系,损害了互相的利益。

二、莲花物流业的发展对策

为进一步改善我县的招商和投资环境,促进我县经济更好更快发展,个人认为,我们要从以下几方面着手,加快推进我县物流业的发展。

1. 转变观念。观念决定思路,思路决定出路。我们要充分认识到,一个地方的物流业的发展快与慢、好与坏直接作用于该地区的经济发展,在很大程度上,物流业的兴衰决定了该地区的经济状况,物流业是一个地方经济的"晴雨表"和"检验表"。当务之急,我们要切实提高对物流这一新兴产业的认识,并逐渐转变观念、解放思想,把发展现代物流业当作经济发展的一个新增长点来抓，更要把它作为我县当前及今后一项重要工作来抓好落实，这一理念要在全县广大干群中迅速建立起来。

2. 科学规划。和其他县区相比，我县物流虽然程度低，起步晚，规模小，但前途无限，大有作为。作为政府，应督促相关部门着手对我县物流数据进行统计，为政府科学决策提供有效依据，同时可广泛借鉴外地成功发展经验，科学制定好物流发展规划。此外，要制定相应政策促进物流业的发展，引导物流业朝规模化、集约化、组织化和信息化方向发展。首先，要高起点规划我县的物流业。政府应该要着眼于今后50年甚至更长的时间，立足商城物流、园区物流和边贸物流三大块来确立我县物流业的发展方向。其次，要结合目前实际，组建物流中心。我们应该由政府牵头，在临近县城的319国道旁规划一块50亩土地（从长远角度看不能少于200亩）用于建立一个现代物流中心，物流中心的建立可以由政府直接出面或是制作成项目吸引老板承建。建立物流中心可以取得以下几个方面的效果：一是提升城市品位，物流中心的建立可以把散乱在县城各个地方的物流公司集中在一起，使得城市显得更有秩序，更有层次；二是方便企业，使企业转运货物更加方便，并且最大限度减少运输成本，这是建立物流中心最直接也是最根本的原因；三是确保税收不流失，物流业的集中，更加便于各种税收的征管；四是规范社会管理，能有效减小县城交通和社会治安压力，并减少县城噪声，物流公司夜晚作业扰民现象可以得到改善；五是促进第三产业的发展，物流中心的建立，必将辐射带动其内部的保安业、保洁业、汽车修理业、零售业、餐饮业、短途客运及交通运输业等的发展。

3. 重抓投入。首先要加快整合现有物流资源，使现有的8家物流企业全部进入物流中心，对物流条件比较先进、物质资源比较充足、物流基础比较扎实的明清物流等企业在相应的政策、土地、资金、待遇等方面给予一定倾斜和扶持，鼓励现有企业借梯登高，做大做强。其次要建立物流信息平台，实现网络互通、信息共享，提高物流效率和服务质量。

4.培育人才。任何产业的发展离不开人才，新兴的物流业更是如此。要通过举办培训班、向外派员学习、招聘物流管理人才等有效措施，在我县发展和培育一大批物流管理方面的人才，为我县物流业的发展提供坚强的智力保障。

2010年第6期《工作与研究（实践与思考）》

让科学建房观深植农村

——莲花县农村建房存在的主要问题及对策

近年来,随着农村经济的迅速发展,莲花县农村发生了翻天的变化,农民生活也得到了极大改善。逐渐富裕起来的农村居民对家庭居住条件日益要求完善,一幢幢"庄园式、别墅式、豪宅式"的私人住房拔地而起,致使农村土地资源尤其是耕地资源日益锐减,农村建房问题也就成为当前亟须解决的重点、难点问题。针对这一现状,笔者就该县农村建房进行了深入调查,个人认为当前农村建房的主要问题及原因有以下几个方面:

1.国有土地观念淡薄,土地私有化严重。农村实行家庭承包联产责任制以来,一些农民对土地联产承包责任制政策理解不深,混淆了土地所有权和土地使用权的区别,不少农民存在着"谁耕种、谁所有"的观念,认为自己的承包地、自留地想拿来种田就种田,想拿来建房就建房,还有的私下将自己的承包田、自留地有偿转让给他人建房,土地私用现象普遍。

2.土地监管乏力,农村建房管理不够规范。目前,仍有不少的农民建房处于放任自由的状态,依旧把建房当作是与政府无关的个人行为。农户建房不写申请,不经批准擅自动工,或是先建再报批,乱占乱用,多占少报的现象时有发生。同时一些人钻政府部门对土地管理的空子,非法囤积垄断土地,造成政府对土地管理出现"黑洞",给政府统一规划带来阻力。

3.农村建房缺乏统一规划,民房坐落无序。农户建房在选址和建筑规模上存在着很大的随意性,建房选址多数在自家的自留地、承包地或交通较为便利的村道两侧见缝插针,呈现出星罗棋布、分散杂乱的状态,同时楼房设计高矮不一,大小不等,凹凸不平,不但造成视觉混乱,影响村容,而且也给新农村建设规划和拆迁增加了难度。

4.禁止占田建房措施不实,"非典"村日益增多。一些农户为了用水和行路方便或受民间"风水"等封建迷信思想的影响,建房习惯沿公路两旁而建,损毁了不少良田好地,同时造成村庄外溢,框架拉大,形成了越来越多的"路边村"和"空心村"。

5.受传统建房观念的影响,一户多宅现象普遍存在。随着农民老板日益增多,多建房、建好房的攀比之风渐已盛行,一户多宅现象增多,闲置房也随之增加,既浪费了土地资源,也导致资金流向错误。

6.受经济利益驱使,乱批土地现象禁而不止。当前,乡镇财税任务日益增加,而经济增长相对缓慢,财源出现严重不足,为了缓解财税压力,一些乡镇就在土地上大做文章,置国家政策于不顾,乱批土地,吃起了"土地饭",把土地当成了"摇钱树",造成了土地大量流失。

为推进农村建房走上规范化、科学化、制度化道路,加快该县新农村建设步伐,笔者认为应该做好以下几个方面的工作:

1.加大土地政策宣传力度,切实提高农民土地国有意识。随着新中国的成立,尤其是20世纪80年代分田"单干"以来,中国农民在土地使用上有了越来越多的自主权,这也让农民渐渐滋生了土地"私有"意识。这就要求我们政府要加强对国家土地政策的宣传力度,使广大农民朋友能认清土地属性,明确国家才是土地的真正所有者。

2.加大土地监管力度,规范农村建房行为。一是做好做通农民朋友的思想工作。从病根上下药,改变农民朋友固有的建房观念,让他们理解建房不单属于个人行为,更需符合政策、履行合法程序;二是在土地管理上要加大力度。笔者认为，政府要始终保持对土地的绝对控制，任何土地经营行为都应该直接或间接由政府来操控，减少土地流失渠道。

3. 科学布局，合理规划农村建房。规划农村建房成为新农村建设和农民改善居住条件的共同需要。遵照科学发展和打破城乡二元结构的要求，当前，政府要把农村整体规划向城市看齐靠拢，并结合各村实情，统筹规划，引导兴建民房集群，确保农村建房鳞次栉比、纵横有序。

4. 加强占用耕地建房的查处力度，切实保护耕地资源。近年来，由于政府疏于管理，加上农民种田意识的转变，大量农田被毁建房，农村耕地资源逐年减少，政府应该把严禁占用耕地这一政策落到实处，在加大对违规建房查处的同时，出台更多切实可行的举措来保护现有耕地；广大农民应该把保护耕地作为自身行为，努力做保护耕地和抵制破坏耕地行为的带头人。

5. 大力倡导"一户一宅"模式，促进农村建房合理化。积极推行"一户一宅"建房模式，具体做到：一是在审批建房申请之前，对申请建房户进行实地调查，如发现有旧房的必须拆旧建新，不予新批；二是具体规定建房面积，对超标房制定相关政策予以处罚，同时引导农民建房使用新型建筑材料，以求农村建房和谐统一；三是严格实行建房管理"两证一书"制度，加强对农民住房的管理；四是引导村民正确使用"剩钱"。积极为农民朋友创造发展条件，提供创业平台，帮助他们正确使用资金和利用财富再生财富。

6. 积极改革现有乡镇财税体制，促使乡镇回归正位。土地作为"第二财政"不是大多数乡镇的初衷，政府应该改革现有的乡镇财税的体制，使乡镇从征税的主体位置回到协税的位置，这样乡镇才不至于为了完成艰巨的财税任务而从土地上掘金。

2008 年 2 月 莲花县委《科学发展观》汇编

浅析乡镇财税征管中存在的问题及对策

一、乡镇财税征管中存在的主要问题

（一）"买卖税款"这风盛行

税收是由国家依法进行征收，公民和法人依法缴纳的一种经济行为，从经济学角度说，国家向个人提供服务，其报酬就是税收；相应地，个人得到国家服务，税收就是他支付的价格。在很大程度上，纳税行为及纳税多少，不再仅仅取决于政府的权力和偏好，而是取决于个人从政府支出中享受到的利益的大小。

目前，一些地方出现买卖税收现象，实际上亵渎了政府与纳税人之间的法律与经济关系。在这种黑市交易当中，买者是税收短缺的地方，即需求方；卖者是税收剩余的地方，是供给方。买税者按买税总额的一定比例返还给卖税者，好处落入了卖税者的腰包。

据调查，这种私下的买卖税收市场非常活跃，交易非常普通，从事这种交易人员众多，在一些经济发达的大城市都有专门人员。由于这种交易成本小，双方受益大、买卖税收入已经成为一些地方年度税收的重要来源，有的乡镇占到四分之一甚至更多。有的乡镇政府暗地作出规定，对外税者（负责买税者）给予重奖、提拔、重用，对引（买）的税收在返还上也作出具体规定，真正做到了黑市交易"有法可依"。

黑市的税收交易极大扰乱了正常的税收秩序，危及统一的税收管理，造成税收干部腐败，也给买税地方的收入带来有水分的数据。更为严重的是造成一些地方投机的坏作风——不是依靠功夫发展地方经济,增加财源。

(二)"过头税"征收普遍

依法征税,依章计征,是税收管理基本准则。然而,近几年来,相当一部分乡镇,迫于上级的行政压力或从局部利益甚至个人"政绩"出发,置国家税法于不顾,寅吃卯粮,向纳税人计征"过头税"。也就是说,一些地方为达到眼前的利益,采取行政命令的方式,强行征收纳税还未形成的税款,有的地方甚至指导以后几年的税款都提前收了,从而造成了一系列的恶劣影响,一是收"过头税"破坏了依法治税收政策的根本原则,与依法治国的大政方略也是背道而驰的。税务机关在什么时间,什么环节,对什么对象,课征多少税收,税法法规条例中都有详细明确的规定。作为执法机关,必须严格履行国家赋予的职责,不能有丝毫的含糊。这是税务工作一项铁的纪律,谁违犯了这一条纪律,谁就必须承担相应的责任。二是收"过头税"必然会加重纳税人的负担,影响他们的生产经营活动,不利于地方经济的健康发展。三是收"过头税"必然形成国家财政收入的虚假现象,从而干扰国家宏观经济调控。税收是国家经济的"晴雨表",税收数据是国家的宏观经济政策,从而造成不良的后果。

(三)"养税思想"存在不少

一些税源充足的乡镇存在"养税"思想,把当年部分税源留到下年去征,或者放着一些税源不收了事留一手,以缓解下年税收压力。

(四)"垫税"严重,乡镇财政运转难

一些乡镇为完成县级下达的财政收入任务"垫税"比较严重,乡镇所有资金围绕财税任务转,中央财政下拨的各项专项资金难以落实到户、落实到项目上,干部教师工资拖欠比较严重。

(五)"砍税"之风流行

时下,购买一件商品,必先"砍价",几乎达到不"砍"不成交的地步。"因为不砍"似乎就被骗。于是"砍"风日盛。不知何时,

"砍"风竟然刮到税头上，大有逢税必"砍"之垫。比如张三开业头一天，税务机关（地税）核定月税 12.88 元。此兄看罢，照头就"砍"10 元，情况如上街买菜。李四经营运输（三轮），税务机关征收其车船使用税 72 元。此君听罢，拦腰就"砍"36 元，形似集市买鞋。甲企业应缴所得税等 5.22 万元，老总得知，掐尾就"砍"5 万元。若酒店结账某领导为"招商引资"大笔一挥，对税连根就"砍"，停征一到三年。势比乱收集资。

"砍"税使税款流失，税收征管显得很不严肃，使财政匮乏，经济失衡。

二、原因分析

（一）经济基础薄弱，税源不足

财政是国民经济的综合反映，财政的困难归根到底是经济的困难，欠发达地区乡镇财税征收不力，从根本上分析还是经济发展不快、税源不足。就目前莲花县乡镇经济现状来看：一是一产比重大、经济基础差、财源单一，全县 15 个乡镇，其中 50% 的乡镇靠煤矿、铁矿石、石灰石、水泥等原始产业，50% 的乡镇仅靠农业四税。二是农业产业结构调整跟不上市场变化，农产品"卖难"问题突出，农业效益低，农民增收缓慢。三是不少乡镇工商税收主体的乡镇企业发展状况不佳。一方面盲目上项目，经营管理不善等原因使大批乡镇冒烟的小高炉都垮了；另一方面受国家产业政策 环保政策 安全政策的限制，大批小煤窑都先后关闭。以荷塘乡为例，仅煤炭一项，2002 年同期比 2001 年煤产量下降 4 万吨，财政缺口达 49 万元。

（二）乡镇财政管理体制不顺

1994 年以来，我县结合乡镇实行分税制财政管理体制，对于增强乡镇财力，调动发展经济，培植财源，增收节支的积极性起了重要作用。但在十几年的运行中，也还存在不少问题影响经济的发展。一是征管机构不配套，乡镇财政、国税、地税三个机构"各随其主"，特别是国税、地税实行垂直管理，在收入计划安排，任务下达时，往往出现县政府、主管部门、乡镇政府"三个任务""三张皮"问题。乡镇为落实其收入任务，只得与国税、地税机构讨价还价，工作协调难度大。而县委、县政府把乡镇财政收入作为考核乡镇的重要指标。把国税、地税、财税三家任务直接分解下达到乡镇。而垂直管理国税、地税部门，与县政府考核挂钩不紧，出现"税务部门轻收税，乡镇人员忙税收"的局面，具体表现为：一方面，作为税收征管主体的税务部门压力不大，征税主动性不强，征收力度难到位，税收流失严重，另一方面，乡镇迫于财税任务的硬性指标在当前乡镇经济不发达，税源与税收任务相差较大的情况下，整日忙于税收征管，没有精力发展经济，培植新的税源。二是财税任务下达人为因素较大。由于地区经济之间发展不平衡，一些经济发达地方的税源充裕，税收征收有余，存在税收需求。为完成税收任务，引税和垫税是一个不得已的办法。以我县某乡为例，全乡个体工商户71户，其中煤球厂6家，上规模碾米加工厂2家，个体小商店59家，饭店4家，国有集体企业7家，其中林场2家，电站4家，招商引资企业11家，小煤井41家，大小车辆63辆。全乡做到应收尽收，地税58万，国税40万元，财政48万元，而县下财税总任务为230万元，差欠84万元。差欠部分只有通过各种渠道垫付。垫款的来源一是干部工资；二是上级转移支付；三是项目资金；四是计生、土地等罚没款。造成的后果是干部工资拖欠严重，项目资金难以落实到位，转移支付转移用途。农民负担越来越重，经济没有发展，税源不足财税任务却年年加，乡镇财税收入任务如不再实事求是核定，再任凭领导意志转，困难将越来越大，难以正常运转。引发的矛盾将越来越严重。

（三）税法宣传不够，群众纳税意识淡薄，执法不严

税法宣传的重要性是不言而喻的，国家还特定每年4月为税法宣

传月,以宣传税法。可是,在税法宣传的方式上,我们往往限于形式,造成口号多,行动少,形式多样,内容寥寥。宣传效果不大,甚至产生误导。纳税人虽然知道纳税是应尽的义务,可是大部分纳税人却不真正领会"依法纳税"的实质。有些纳税人甚至把税额当成商品的价格,与税务机关讨价还价。更有些人甚至税费不分与税官软缠硬磨,消极抵抗。

当前,一些收费部门在征收相关费用时,往往采用"高要价、低征收"的手段,即将应缴费额人为故意核大,然后让缴费人"砍去一定数额后再做,让人让利"的错觉,从而达到欺骗缴费人,让其顺利缴费的目的。此不良现象,近来税务机关,税务人员当中也时有发生。受此影响,越来越多的纳税人认为税是可以"商量"的,可以随意"砍",使税法显现得很不严肃,对"跑、冒、漏、抗"税行为执法不严。由于执法环境差,对抗税行为很多是不了了之。

(四)养税思想严重

乡镇财政基数一般定三年,税源好的乡镇往往存在养税思想,其根源养税思想严重:一是怕增加财政收入基数。乡镇负责人认为,只要完成政策一变,收入基数大要吃亏;二是人情观念重,有的征管人员讲人情而丧失原则,拿税收政策做私交易,经不起好话和小恩小惠引诱;有的乡镇领导为关系户讲情,指示征管人员对个别纳税人少收一些税,做个税收人情。行政干预因素较多,一些领导干部利用养税刺激招商引资,一部分领导干部认为税征多了招商引资受影响,于是向外来投资者许诺尽量少征税,拿税收政策做交易,扩大招商引资实绩。当税管人员到企业收税时,有的外地老板干脆说找某某县领导,说是他引我进来的。

三、缓解乡镇财税征收困难的对策

(一)发展经济,壮大财源。这是解决乡镇财税征收困难,

振兴乡镇财政的根本途径

一是大力推进农业产业化进程，巩固基础财源。以市场为导向，以科技为依托，选择具有本地特色、产品有市场有潜力的农业产业进行基础化建设，规模化生产。积极培植龙头企业，发展农副产品精深加工，创立有较强市场竞争大力的农产品品牌。同时发展一批营销大户，中介流通组织，以带动农户生产，帮助农民增收。

二是加快发展非公有制经济，壮大主体财源。广泛出售、兼并、租赁等方式对乡镇骨干企业进行必要扶植和发展一批私营大户，使其做大做强。并大力招商引资，积极吸引县外、境外国外客商收购、嫁接乡镇企业，投资水，荒山荒坡等农业资源开发。

三是加快小城镇建设，开发后续财源和新兴财源。重点建设县市所在地城镇和区域中心镇，发挥聚集功能和辐射功能。规划建设好城镇工业小区，改革户籍制度，壮大城镇人口，发展第三产业，培植一批经济大乡大镇。

（二）完善新一轮乡镇财政体制、实事求是核定乡镇财税收入任务

根据调查研究汇总的情况和各乡镇的经济实力，人均财力，财源及发展后劲，坚持财权与事权相结合，简便易行的原则。从2003年起对乡镇实行"划分税种、核定收支、应收尽收，短收扣减，实事求是，自求平衡"的新一轮乡镇财政管理体制。

一是要实事求是，因地制宜，核定财政收入任务基数，国税、地税、财政三家组成调研组，对所有的纳税户进行登记造册，核定税收后汇总，实事求是对各乡镇财政收入做作个评估。按评估上下浮动10%下达财税任务，一经确定要做到应收尽收，只有这样才能解决税收缺口问题，才能杜绝"黑税"交易、垫税和征收"过头税"现象发生。

二是确定财税收入任务与管理权限，不能把任务、责任、压力全让乡镇扛。国税管理部门负责国税任务、地税负责地税收入任务，乡镇农

财所负责农业四税征收。在体制执行中，税务机关对各乡镇税收征管必须指定专人负责，每月必须提供乡镇收入报表，财政部门有权对税收的征纳、划解进行监督，乡（镇）若出现控税或人为混库的，除将所得收入全额上划县级外，还相应扣减支出基数。

（三）加大税法宣传力度，增强纳税户纳税意识，提高征管人员整体素质，消除"砍税"和"养税"思想

一是加大税法宣传力度，要通过广播、电视、墙报、致纳税户一封信等各种形式宣传新《征管法》要向纳税户讲解纳税申报制度，依法缴税，违法抗税受到何种惩处等知识。按法律程序申请法院执行，使"砍税"行为得到严惩。要对财税征管人员和代征员进行业务知识培训，要持证上岗、着装上岗、依法办事，全面提高征管人员的整体素质。

二是加大对领导干部的税法知识的宣传，提高领导干部依法行政的能力。对税收征管少一些行政干预，多一些热情服务，在招商引资工作中，与外商洽谈合同、业务时，不能把减免税收作为引进外商优惠条件。

（四）加强税收征管，堵塞、冒、滴，确保财政收入的稳定增长

乡镇财政要把加强税收征管作为财源建设的一项后续工作来抓。要切实掌握税源的分布情况，增减变化的特点和规律，建立税源档案和协税、护税网络，堵塞跑、冒、滴、漏，要协助税务部门坚持依法治税，强化税务稽查，杜绝"人情税"和各种人为的流失；国税、地税、财政、银行四家应联动抓税，对企业纳税户来说，银行、国税全国联网；地税在同区域只要缴了税，就认可，至于属于哪个乡镇，由乡镇去操作。作为乡镇来说，只要负责抓好农业四税就可以了。国税、地税任务，乡镇可以协助国、地税部门征收；银行全国联网，纳税户的抗税拒缴行为可以通过银行代扣代缴。这就要求所有纳税人要凭户

口册、身份证填写存单，姓名一定要真实，这样对堵塞税源漏洞，加强税收征管有很大的促进作用；在四家联动抓税的情况下，加强税务稽查不显得位置突出、重要。只有这样这种偷、漏、骗、抗税行为才能得到有效的制止，税收才会走上法制化管理轨道。

（五）加强发票管理、促进财税征管

一是要规范、整顿发票印制市场。取缔、打击非法印制发票厂家。对现金收入凭单、收据卖方市场进行全面清理整顿。二是加强财务审计力度，对白条、收据现金收入凭单等票据予以补缴税金，单位分管财务领导要负一定的经济责任。三是国税、地税、财政、纪检、监察等部门要通力协作，使发票管理，单位各项收支出票据走上正规化、制度化、管理轨道。大力推行有奖发票活动，奖励一批消费者，只有这样，才会有力地促使纳税户自觉缴税，消费者购买商品自觉索要税务发票。税收征管的难度会自然减少。

2002 年 10 月

浅谈新时代做好乡镇工作的几点思考

——在新任乡镇党政主要领导学习培训班上的讲课提纲

乡镇政府位于我国政权体系的基础环节，承担着管理辖区内乡村各项政治、经济、文化和社会事务的职责，在经济建设的最前沿、农村工作的第一线，为宣传党的路线方针，促进地方经济发展、提供社会公共服务、维护农村社会稳定、发展基层民主政治发挥了巨大作用。但是随着改革开放的深入和市场经济的发展，尤其是新时代社会治理和新型冠状病毒肺炎疫情，中美关系以及国内外经济发展环境的变化，乡镇面临的形势与局面也发生了深刻变化，对做好乡镇工作提出了许多新的课题与挑战。

一、新时代乡镇工作面临的新挑战

当前，乡镇工作面临的矛盾较多，主要体现在以下几个方面：一是信仰问题。二是山林纠纷权属问题。三是空巢老人养老与留守儿童上学难问题。四是邻里与邻村问题以及信访突出问题（社会治理）。五是经济发展问题（招商引资、财税收入、总部经济、项目建设、规上工业企业）。六是耕地撂荒问题。七是人情世故债务问题（乡风治理）。八是文化生活需求问题。九是生态治理（乡村环境）问题。十是贫困户返贫问题。

以上这些问题归纳起来，主要体现在三个方面：

（一）新时代乡镇工作重点有新变化

脱贫攻坚胜利完成后，乡镇工作重心转移到乡村振兴上来，乡镇工作职能、乡镇工作评价体系也相应要有调整，各级党政组织应引起高度关注，进一步增强产业振兴、项目建设，发展经济的能力。

（二）新时代农民需求有新变化

社会治理不断出现新动态，干部素质面临新的挑战。随着改革开放，脱贫攻坚，农民富了，观念也发生了改革，尤其是互联网的普及，对乡镇干部的要求也越来越高。与此相对应，乡镇干部应当增强互联网意识，提升服务群众的能力，转变工作方式方法。要适应新形势、新常态，新使命，新任务，转型定位、调整心态、转变角色、搞好服务。

（三）新时代乡镇工作目标有新变化

"十四五"规划和2035年远景目标纲要落地后，乡镇工作目标和要求也更高了，各项民生支出压力将越来越大。乡镇干部面临的工作责任不断增强，工作压力也明显增大。当前多数乡镇干部都有一个共同体会就是"芝麻大的官儿，巴掌大的权力，无限大的责任"。上面千条线，下面一针穿，乡镇工作千头万绪，纷繁复杂，上级部门的行政命令、工作任务、考核指标最终都要层层下压落到乡镇头上。党建、经济（招商引资、项目建设）、文化、教育、卫健、司法、交通、税收、防汛救灾、森林防火等多项任务要保质保量按时完成之外，诸如维稳、安全、信访等工作更是增加了乡镇干部的工作量。"属地管理"下的权责不对称成为影响乡镇工作的一大难题。

当前，疫情防控和疫苗接种也是乡镇干部面临的一项重要工作。

二、不负重托，履行乡镇任职新要求

（一）新时代乡镇政府的主要职责与任务

乡镇政府属于国家行政机关。我国现行的地方行政管理层级设置大多是四级制，即省级、地级、县级、乡级。乡政府就是最基层的国家行政机关，行使本行政区的行政管理职能。

乡镇政府的主要职责包括以下几部分：

1.执行乡本级人民代表大会决议以及上级国家行政机关的决定和命令。

2.执行全乡的社会和经济发展计划、预算，管理本乡内的经济、教育、科技、文化、卫健、体育事业和财政、民政、治安、人民调解、安全生产监督管理、移民开发等行政工作。

3.保护社会主义的全民所有财产和劳动群众集体所有财产，保护公民私人所有的合法财产，维护社会秩序，保障公民的人身权利、民主权利和其他权利。保护各种经济组织的合法权益。

4.贯彻执行党和国家的民族宗教政策，保障少数民族的权利和尊重少数民族的风俗习惯，尊重民族宗教信仰。

5.保障宪法和法律赋予妇女的男女平等、婚姻自由等各项权利。

6.办理上级人民政府交办的其他事项。

乡镇政府的职责和工作任务也具有鲜明的时代特征，不同的历史时期，有着不同的职责和任务。

2010年6月13日，我在神泉乡担任党委书记时，撰写了《着力提升"五种能力"，推动农村科学发展》一文，在文中我根据多年的农村工作经验，认为乡镇干部的主要职责应为"执行政策，发展经济，服务百姓，促保稳定"。农村所有的工作均应围绕这四句话着力提升"执行政策、发展经济、统筹协调、服务群众、民主管理"五种能力去开展工作。

（二）习近平强调年轻干部要提高这七种能力

"经风雨、见世面，真刀真枪锤炼能力，以过硬本领展现作为、不辱使命。"

2020年10月10日，2020年秋季学期中央党校（国家行政学院）中青年干部培训班在中央党校开班。习近平总书记在讲话中提到一条很重要的经验，勉励年轻干部提高七种能力，勇于直面问题，想干事、能干事、干成事，不断解决问题、破解难题。

央视网《联播＋》栏目梳理了习近平总书记当时讲话要点，我摘录下来，下面我们一起学习体会。

一条很重要的经验

党的十八大以来，党和国家事业取得历史性成就、发生历史性变革，其中一条很重要的经验就是坚持问题导向，把解决实际问题作为打开工作局面的突破口。

提高七种能力

1.政治能力

○要把握正确政治方向，坚持中国共产党领导和我国社会主义制度。

○要不断提高政治敏锐性和政治鉴别力，观察分析形势首先要把握政治因素，特别是要能够透过现象看本质，做到眼睛亮、见事早、行动快。

○要自觉加强政治历练，增强政治自制力，始终做政治上的"明白人""老实人"。

○要注重提高马克思主义理论水平，学深悟透，融会贯通，掌握辩证唯物主义和历史唯物主义，掌握贯穿其中的马克思主义立场观点方法，掌握中国化的马克思主义，做马克思主义的坚定信仰者、忠实实践者。

2.调查研究能力

○调查研究要经常化。

○要坚持到群众中去、到实践中去，倾听基层干部群众所想所急所盼，了解和掌握真实情况，不能走马观花、蜻蜓点水，一得自矜、以偏概全。

○对调研得来的大量材料和情况，要认真研究分析，由此及彼、由表及里。

○对经过充分研究、比较成熟的调研成果，要及时上升为决策部署，转化为具体措施；对尚未研究透彻的调研成果，要更深入地听取意见，完善后再付诸实施；对已经形成举措、落实落地的，要及时跟踪评估，视情况调整优化。

3.科学决策能力

○做到科学决策，首先要有战略眼光，看得远、想得深。

○要深入研究、综合分析，看事情是否值得做、是否符合实际等，全面权衡，科学决断。

4.改革攻坚能力

○要把干事热情和科学精神结合起来，使出台的各项改革举措符合客观规律、符合工作需要、符合群众利益。

○改革攻坚要有正确方法，坚持创新思维，跟着问题走、奔着问题去，准确识变、科学应变、主动求变，在把握规律的基础上实现变革创新。

○要尊重群众首创精神，把加强顶层设计和坚持问计于民统一起来，从生动鲜活的基层实践中汲取智慧。

○要注重增强系统性、整体性、协同性，使各项改革举措相互配合、相互促进、相得益彰。

5.应急处突能力

○要增强风险意识，下好先手棋、打好主动仗，做好随时应对各种风险挑战的准备。

○要努力成为所在工作领域的行家里手，不断提高应急处突的见识和胆识，对可能发生的各种风险挑战，要做到心中有数、分类施策、精准拆弹，有效掌控局势、化解危机。

○要紧密结合应对风险实践，查找工作和体制机制上的漏洞，及时予以完善。

6.群众工作能力

○要坚持从群众中来、到群众中去，真正成为群众的贴心人。

○要心中有群众，时刻把群众安危冷暖放在心上，认真落实党中央各项惠民政策，把小事当作大事来办，切实解决群众"急难愁盼"的问题。

○要落实党中央关于逐步实现全体人民共同富裕的要求，带领群众艰苦奋斗、勤劳致富，在收入、就业、教育、社保、医保、医药卫生、住房等方面不断取得实实在在的成果。

○要注意宣传群众、教育群众，用群众喜闻乐见、易于接受的方法开展工作，提高群众思想觉悟，让他们心热起来、行动起来。

○要自觉运用法治思维和法治方式深化改革、推动发展、化解矛盾，维护社会公平正义。

7.抓落实能力

○干事业不能做样子，必须脚踏实地，抓工作落实要以上率下、真抓实干。

○干事业就要有钉钉子精神，抓铁有痕、踏石留印，稳扎稳打向前走，过了一山再登一峰，跨过一沟再越一壑，不断通过化解难题开创工作新局面。

（三）新时代乡镇领导干部应具备七种基本素质（这是我总结出来的）

一是要树立正确的从政"官"念。

随着中央反腐倡廉的持续深入、制度化、常态化，一批批大官小官相继落马。在拍手称快的同时，也不禁让人沉思，究竟是何原因，让这么多大小干部蜕化变质，前"腐"后继？通过分析，不难发现，虽然他们走向贪腐的"果"各有不同，但产生蜕变的"因"却都一样，那就是思想"官"念出现了不同程度的问题，这也一再警示党员干部，要树立正确"官念"。

不同的"官"念有着不同的归宿。如果是为了光宗耀祖，或为了个人名利，终究会有"牢狱之灾"，只不过是时间早晚的问题。只有"立党为公，执政为民"才是正道。才是践行了初心使命。才会被人民所称颂。

二是要树立终身学习的理念。

乡镇干部处在最基层，相比较而言，条件最苦、任务最重、责任最大，正因为这样，大家都忙于事务，往往忽略了学习。而学习却是更新思想观念、改进工作方法、转变工作作风、提高工作效率、提升自身素质和能力的重要途径。要抓住集中学习的机会，认真听讲、冷静思考分析、积极讨论交流，充分融入大学习、大讨论的氛围，并及时撰写心得体会文章，巩固学习效果。在工作之余，要创造自主学习和条件，充分利用闲暇时间，加强对党的政论政策、法律法规和业务知识的学习，加强对工作方式方法、工作艺术的学习，练就一身过硬的本领，适应时代发展的潮流，做基层工作的明白人、能干人。

重点学习《毛泽东选集》《邓小平文选》《江泽民文选》《胡锦涛文选》《习近平新时代中国特色社会主义思想学习纲要》《中国共产党简史》等书籍，在学深、弄懂、悟透上下功夫、寻方法，找路径。

三是要有宽广包容的胸怀。

心胸宽广是一个领导干部的基本素质。从古至今教育启迪一个人要心胸宽广的至理名言比较多，诸如"将军额上能跑马，宰相肚里能撑船""计利当计天下利，求名应求万世名""能容毁誉风中过，坐看烟云笔底穿"等等。领导干部如果没有宽广的心胸，必然离群索居，脱离群众，成为孤家寡人。

历史上关于心胸狭窄最著名的例子恐怕是周瑜了，《三国演义》中的周瑜是个少年英才，但他却心胸狭窄，嫉妒诸葛亮的才华，气得吐血三次，将死之时，还无法摆脱嫉妒心理，感慨"既生瑜，何生亮"！

在当代的领导干部中也或多或少存在心胸不够宽广，目光过于狭隘的现象。某些领导干部嫉妒下属贤能，将强于自己的下属视为威胁，想方设法排斥甚至打击，这种领导干部使平庸者得意，贤能者受气，德才兼备者不得不拂袖而去。还有些心胸狭窄的领导干部将工作中与自己意见不合，哪怕是稍有不合或一时不合者，视为对手，一概仇视和排斥，以势压人，有些甚至千方百计整人，搞得干群关系紧张，领导班子不团结，使党和人民的事业受损失。

　　心胸宽广也是领导干部良好道德和人格修养的体现。美国总统林肯曾试图跟他的政敌交朋友，引起一位官员不满，他认为林肯应该利用权力消灭他们。对此，林肯则十分温和地说："当他们变成我的朋友时，难道我不是在消灭我的敌人吗？"只有拥有一颗对异己的包容心，对陌生的包容心，对不如己者的包容心，才能充分发挥领导干部的管理职能，使"智者尽其谋，勇者竭其力，仁者播其惠，信者效其忠"！

　　四是要有为民服务的情怀。

　　古时候民间流传着"当官不为民做主，不如回家卖红薯"。

　　"我将无我，不负人民"。2019年3月22日，习近平在意大利罗马访问意大利众议院，行程临近结束时，"70后"的意大利众议长菲科突然抛出这句话。"您当选中国国家主席的时候，是一种什么样的心情？"听到众人的笑声，菲科补充道："因为我本人当选众议长已经很激动了，而中国这么大，您作为世界上如此重要国家的一位领袖，您是怎么想的？"

　　习近平主席的目光沉静而充满力量，他说，这么大一个国家，责任非常重、工作非常艰巨。我将无我，不负人民。我愿意做到一个"无我"的状态，为中国的发展奉献自己。

　　稍作停顿，他继续讲道，一个举重运动员，最开始只能举起50公斤的杠铃，经过训练，最后可以举起250公斤。我相信可以通过我的努力、通过全中国13亿多人民勠力同心来担起这副重担，把国家建设好。我有这份自信，中国人民有这份自信。

　　中国共产党根基在人民、血脉在人民，人民群众中蕴含着丰富的智慧和无限的创造力。以"十四五"规划编制为例，有关方面从网友的100多万条留言中整理出1000余条建议,生动诠释了以人民为中心的发展思想。民有所呼,政有所应。我们之所以能够不断激发人民群众的积极性、主动性、创造性,正是因为我们党把人民对美好生活的向往作为矢志不渝的目标。

以史为镜,我们从中可以看到,赢民心就是赢得了源源不断的力量和动力。在中国共产党成长的历程中,正是因为做到了以人民群众为中心,永远把人民群众的利益放在首位,中国共产党才能一步步走到现在。在百年波澜壮阔的历史进程中,在披荆斩棘的百年来,我们党实现了一个又一个"不可能",创造了一个又一个难以置信的奇迹,从"汶川大地震"中的冲锋一线,到2020年年初抗击新型冠状病毒肺炎疫情的一线,无不体现着中国共产党把人民放在中心的初心。因此,乡镇领导干部更要做到急民之所急,解民之所需,将百姓的冷暖安危放在心上,坚持当"老百姓的官",才能真正做到"为官一任,造福一方"。

"衙斋卧听萧萧竹,疑是民间疾苦声。些小吾曹州县吏,一枝一叶总关情。"作为乡镇领导干部,要多到乡下走走,到农户家坐坐,在与人民群众"唠嗑"的过程中,深入收集群众的所思所想,真正做到深入群众,问需于民。把人民群众反映的一点一滴都放在心上,及时解决、及时反馈。真正做到思想上尊重群众、工作上依靠群众、生活上贴近群众、发展上凝聚群众。做勤学苦练的"一盏灯"、做调查研究的"一面旗"、做温暖人民的"一团火"、做踏实做事的"一头牛"严格要求自己,切实做到为民服务。

五是要养成调查研究的习惯。

"没有调查,没有发言权"。1930年5月,毛泽东为了反对当时红军中存在的教条主义思想,专门写了《反对本本主义》一文,提出了这一著名论断。

养成调查研究的习惯是时代的需要,是干部队伍党性锻炼的源泉和基本功。调查研究工作做好了,抓规划,出思路,落实乡村振兴就有了基本保证，做决策就不会脱离实际，就不会偏离方向。

我从政多年，担任单位主管多年，不论到哪个乡镇、部门，都是从调查研究着手，找出存在问题、原因分析、解决对策及建议。我工作的历程就是一个不断解决问题的过程。今年已汇编成册的《林下晓拾》一书即将由中国书籍出版社出版发行，敬请征订参考。

六是要推行民主科学决策。

正确决策是保证党和国家各项事业顺利开展的重要前提。建立健全科学民主决策制度，是实行民主集中制的重要环节，是发展社会主义民主政治的客观要求，是新形势下加强党的执政能力建设和加强政府自身建设的重要任务。各级党委、各级政府部门要认真贯彻落实中央精神，不断完善科学民主决策体制、机制和制度，提高决策的水平和质量。

切忌勿搞"一言堂"、个人说了算"家长制"作风。

七是要践行一以贯之落实之风。

2012年11月29日，习近平总书记在参观《复兴之路》展览时指出："实现中华民族伟大复兴是一项光荣而艰巨的事业，需要一代又一代中国人共同为之努力。空谈误国，实干兴邦。"习总书记再次突出强调"空谈误国，实干兴邦"，具有鲜明的时代意义，也表明了新一代中国领导集体引领全国人民走复兴之路，建设富强国家的信心和决心。从我们党百年的发展历程来看，之所以能够不断取得伟大成就，靠的就是把宏伟目标、路线方针和脚踏实地、埋头苦干紧密结合起来，一步一个脚印扎扎实实抓落实。

要让抓落实成为乡镇领导的一种习惯，一种品质！

三、担当实干，创造乡镇工作新作为

我在乡镇工作13年，担任过组织委员、常务副乡长、政法副书记、党群副书记、乡长、党委书记等职，乡镇所涉及的工作都分管过。经过长期的实践锻炼和理论学习，我认为在乡镇担任主要领导工作应该具有"人民至上（人民就是江山，为人民服务是我党的宗旨），以人为本（工作方法）、纪律严格（依法行政，依法依规办事，解决人民内部矛盾）、开拓创新、环境良好（生态、工作、生活环境）、注重结果（确保稳定，执行好，完成好上级各项工作任务，让百姓满意，是工作是否落实的具体体现）"的工作理念。

"上面千根线，下面一根针"乡镇工作千头万绪，作为乡镇主要领导应围绕乡镇工作职责和任务，重点要抓以下几个方面的工作：

一是抓党建，带队伍。

抓党建是乡镇主要领导的主责主业（也是组织振兴，人才振兴两个方面的重要内容），抓好党建，打造一支忠诚、干净、担当！想干事、能干事、干成事、不出事的干部队伍。

二是抓规划，出思路。

主要是抓全乡经济社会发展整体规划，结合乡镇区域实际，形成特色，制定具有前瞻性，创造性，可实现的预期目标，制定思路，引领发展。

三是抓协调，促合力。

主要抓上下间的统筹协调，辖区内部门，村与村之间统筹协调，班子之间，干部之间的统筹协调，确保政令畅通，形成工作合力。

四是抓经济，保民生。

主要抓招商引资，项目建设，总部经济，财税收入，确保各项民生支出（重点是乡村产业振兴，发展符合本地实际的产业，围绕主导产业，做好"延链，强链，补链"文章。以我县工业经济为例来展开讲"加快产业发展促进乡镇经济发展"的重要性的认识）。

五是抓安全，保稳定。

主要指企业安全生产，信访和矛盾纠纷调解，食品安全，环保与城乡环境整治（也是乡村文化振兴和生态振兴的重要内容）。

六是抓廉政，树形象。

持之以恒抓乡村两级干部的廉政教育，促保干部不出事！干净做人做事！（也是组织振兴，人才振兴建设的必然要求）

七是抓落实，见成效。

一要把认识统一到抓落实上。习近平总书记曾强调过"为政贵在行"的理念。邓小平同志也多次强调，凡事都"要落在实处"，要求"开会、讲话、写文章都要着眼于解决问题"。抓落实是领导工作中一个极为重要的环节，是党史学习教育活动的根本要求，也是衡量党员领导干部世界观正确与否和党性强不强的一个重要标志。

二要把能力体现到抓落实上。抓落实，是我们党执政能力的重要体现，也是对各级领导干部工作能力的重要检验。

三要把作风转变到抓落实上。作风是否真正转变，关键看是不是抓了工作落实，是不是取得了工作实效。各级干部都要真正沉下心，沉在一线，沉在基层，深入群众开展调查研究，及时了解新情况、解决新问题。

四要把导向确立到抓落实上。抓落实，建立科学管用的制度和机制很重要。要制定强有力的组织措施、考核措施、激励措施，健全人人负责、层层负责、环环相扣、科学合理的工作责任制。要科学分解责任，把目标任务落实到岗位、量化到个人。要以抓落实作为考察和选用干部的重要依据，完善干部考核评价机制，褒奖那些埋头苦干、狠抓落实的干部，调整那些只尚空谈、不干实事的干部，惩处那些因不干实事、不抓落实而给事业造成严重损失的干部，营造重实干、抓落实、强执行的浓厚氛围。

以上所讲的这些，只是个人长期在基层工作实践和理论学习的一些粗浅的认识和体会，仅供参考，敬请批评指正。谢谢！

刘晓林
2021 年 7 月

一线偶思

思問炙一

安全生产无小事　尽职监管有保障

——莲花县煤矿安全监督管理局工作纪实

今年以来，县煤监局在县委、县政府的正确领导和上级主管部门的大力支持下，认真贯彻省、市煤监工作会议精神，始终秉持以人为本、生命至上的理念，以服务煤矿，确保安全，促进地方经济和社会平安平稳为宗旨，以建立健全煤矿安全监管体制机制为抓手，坚持依法监管、全程监管、有效监管、科学监管，忠实地履行煤矿监管工作者责任重于泰山的崇高职责，以赤诚和奉献谱写了一曲曲煤矿安全生产、民生幸福祥和的乐章。

一、监管队伍综合素质有效提升

打铁还需自身硬，为了建立一支高素质的煤矿安监队伍，今年以来，县煤监局不断完善学习制度，规范学习内容、时间，采取集中与自学为主方式，着力强化队伍建设。一是提高煤监干部业务水平。该局坚持工作日召开早班会，及时传达学习国家、省、市局煤监系统工作会议精神，同时组织学习《煤矿安全规程》等三本书，特别是颁布实施《煤矿矿长保护矿工生命安全七条规定》后，组织全体人员集中系统学习并邀请有关专家进行讲解，要求监管干部熟记，并灵活运用，增强了煤监干部履行新职能的能力和业务水平。二是提高煤监干部执法水平。该局结合专业化监管队伍建设，坚持每周五学习《安全生产法》等煤矿安全生产有关法律法规，同时积极参加省市局组织的各类行政执法资格等业务培训,让所有监管干部取得执法资格,持证上岗,培养干部自觉树立学法、遵法、依法监管理念,全面提高安监干部职工的安全意识和执法水平。三是提高煤监干部综合素养。组织学习甘祖昌和龚全珍先进事迹,撰写心得体会,同时下发《中国梦》《致加西亚的信》和于丹的《论语心得》等书籍,不断提高监管人员综合素质和道德修养。

二、安全文化建设扎实推进

一是立足培训抓教育。加大安全法规、安全知识的普及和事故警示等宣传教育的力度,对全县煤矿企业负责人、安全生产技术员、从业人员和特种作业人员,有计划、有步骤地进行安全知识培训,千方百计提高管理人员的安全素质和特殊工种的持证上岗率,提高从业人员的安全意识、科学防范意识和法律意识,为全县煤矿安全生产构筑一道牢固严防壁垒。今年以来,共开展煤矿从业人员培训工作32期,培训1580人次;从市局请来专家,举办了莲花县煤矿"站栏"式管理、《七条规定》宣贯班,共培训200余人,举办全县职业危害防治法规宣贯班,组织辖区煤矿主要负责人、技术员和职业健康管理人员学习职业病防治基础知识和相关法律法规,共培训150余人。二是围绕"四个一"抓宣传教育。即发放一份宣传单、立好一块温馨提示牌、设计一个宣传栏、建好一个体系,以"强化安全基础,推动安全发展"为主题,开展安全生产宣传咨询日活动,设置了1个宣传板报、1个咨询台,并发放宣传手册200余本、宣传单1000余份,向前来咨询的人员讲解宣传了关于煤矿安全生产工作的相关知识,普及安全知识,提高全社会对煤矿安全生产的公认度。三是结合考试抓教育。在营造了良好的舆论氛围同时,该局对煤矿从业人员进行了"七项规定""站栏"式管理考试,并向辖区煤矿下发煤矿专业书籍,强化了全员安全意识,确保了辖区煤矿特种作业人员的配备基本能满足煤矿企业井下作业的需要，提高了煤矿从业人员的安全意识，增强了从业人员的自我保护能力，使煤矿安全管理工作逐步走上制度化、规范化的轨道。

三、安全生产责任制重抓落实

该局从"三落实"着手，将全年工作任务分解下达到各分管领导和相关股室，逐级落实煤矿安全生产工作责任，将安全生产责任环环相扣，构建了"地方政府负总责，监管部门各司其职，企业是第一责任人"的责任体系，建立健全监管责任网络，确保了煤矿安全生产工作各项措施落到实处。一是组织落实。局里成立了由局长刘晓林任组长，副局长刘镇、段国华为副组长，各股室、队、中心负责人为成员的煤矿安全生产领导小组，统一思想，统一认识，以良好的精神状态和求真务实的工作作风，全力抓好全县煤矿安全生产工作，为各项工作顺利开展提供了有力的组织保证。二是制度落实。第一，落实安全大检查制度，在日常检查和突击检查的基础上，实行分片现场安全检查和安全督查联合执法模式，定期进行分片交叉大检查。第二，坚持安全例会制度，坚持召开安全生产工作例会，传达省、市煤矿安全生产会议精神，并对上月的工作进行总结及对下月工作进行安排部署，排查梳理煤矿安全隐患，明确整改措施，部署落实各项安全工作，监督煤矿及时整改，消除隐患。第三，全面推行煤矿作业区域"三核定、三公示、三落实"审批监管措施。三是责任落实。全面推行较重大隐患实行挂牌、公示、落实责任人制度，每半年汇总较重大隐患编写《莲花县煤矿安全监管重点》，各级监管领导和监管人员人手一册，并定期汇报整改情况。各科室与局机关签发 2013 年安全责任书，建立健全内部安全生产工作机制和各项安全生产责任制，同时实行《莲花县煤矿安全隐患排查治理奖惩制度》，真正把责任层层落实到实处，做到重心下移，关口前移，各负其责，各司其职，一级抓一级逐级负责的安全工作格局。

四、安全监管创新方式

先进的设备和先进的开采方法是安全生产的重要保证，在煤矿扩能技改中，该局加强组织协调和技术指导，严格要求企业按设计施工，确保建设工期，督促煤矿负责人打消等待观望的念头，同时积极推广应用新技术、新工艺、新设备，提高了工作效率。一是全面提升煤矿安全技术装备水平，技术装备稳步推进。在 2012 年 4 月，该局自筹资金 47 万元，在武汉地质大学购买了一台探水雷达，彻底解决了莲花煤矿"水患"问题；同时在辖区煤矿推行井下机械化装渣，有效降低劳动强度，加快掘进进度，确保生产安全。二是在抓好煤矿集中整治和日常监管工作的同时，积极开展淘汰及非矿用设备整治专项行动，重点对煤矿井下用空压机进行了清查，做到不留死角，不留盲区，有效地完善了防火系统。三是加快矿井"3 改 6"和二级质量标准化建设进度，全县煤矿共投入资金 3.2 亿元，用于技改与标准化建设，为提升煤矿本质安全打下了坚实基础。全县 11 家"3 改 6"技改煤矿，其中安里、世兰、路坪、兴隆、百家冲、枧下、兴旺 7 家煤矿已进入施工阶段，百家冲、兴隆、枧下 3 家煤矿于 2013 年 10 月前进入预验收阶段；4 万吨煤矿 10 家，其中打鼓岭、长埠、北一 3 家煤矿已达到二级质量标准化，树坑、龙山、西云山 3 家煤矿需在 2013 年完成二级质量标准化建设，其余 4 万吨煤矿需在 2014 年前完成二级标准化建设。矿井煤矿企业明确矿井"3 改 6"和二级质量标准化管理机构和人员，健全和完善监督检查和考核验收制度，明确管理责任，细化标准和考评办法，把二级标准化矿井建设与各项审批挂钩，严格按照建设方案进行建设，切实抓好安全质量标准化达标工作。四是实现煤矿企业远程在线视频监控。面对薄弱的监管力量的困境和当前严峻的煤矿安全形势，该局勇于创新，将现代化信息技术引入煤矿监管工作。全县共投入 200 万元，打造煤矿视频监控平台，在煤矿矿灯房、进班会议室、井口、煤场4处安装视频探头,对煤矿实现远程在线监控。 目前,辖区内共有13家煤矿,地面视频监控信号已对接,能实行24小时实时监控,可随时发现隐患及时处置问题。

  安全设备的大量投入,生产工艺的不断更新,管理队伍不断加强,从业人员素质不断提高,不但有效控制了煤矿事故的发生,而且大幅度提高了原煤的产量和质量,科技投入的效益越来越明显。安全重于泰山高于天,面对新的形势、新的挑战、新的任务,县煤监局与时俱进,发奋努力,正以饱满的热情和务实的作风,向更高、更新的目标迈进,为保障煤矿安全、构建幸福和谐美丽莲花再作新贡献。

2013年12月

关于我县煤矿企业生产经营环境的思考

莲花县是全国最早的 100 个重点产煤县之一，辖区内共有 21 户煤矿企业，煤炭产业是我县的传统支柱产业，多年来在全县经济发展中发挥了重要支撑作用。随着莲花经济社会的发展，煤炭的支柱地位会更加明显，应引起县委县政府的高度重视和社会的普遍关注及重视。就煤矿长远发展而言，应根据市场的需求，适时优化煤矿企业生产经营环境，从而确保莲花煤矿经济安全、持续、稳定、健康的发展，为建设富裕、和谐、活力、美丽新莲花做出贡献。

一、基本现状

（一）煤炭资源分布情况。莲花县煤炭资源划分为九大矿区：西云山矿区已探明储量 583 万吨，长埠矿区已探明储量 577.2 万吨，峙垅南矿区已探明储量 535.3 万吨，峙垅北矿区已探明储量 1201.4 万吨，界化垅矿区已探明储量 393.2 万吨，年林矿区已探明储量 14.96 万吨，茶坪矿区已探明储量 232.2 万吨，良坊矿区与湖田矿区。煤质均为无烟煤，发热量 5000～7000 大卡，是良好的工业用煤和民用煤。

目前，江西省地勘局九〇一地质大队正在长埠—西云山向斜南东翼（小江矿区）进行地质普查。2009 年和 2010 年完成钻探进尺 9070.03m，B 煤组在 16 个钻孔中有 13 个钻孔见煤，其中 6 个钻孔有 11 层煤达到可采厚度，单层煤最大真厚 6.49m，A 煤组在 16 个钻孔中有 14 个见煤，其中 9 个钻孔有 10 层煤达到可采厚度，单层煤最大真厚 2.69m。2011 年截至 9 月 20 日，完成了 4 个钻孔，均见到煤层，其中 403 孔见一层可采煤，真厚 1.19m，301 孔见一层可采煤，真厚 0.89m，1101 孔见 5 层可采煤，真厚合计 6.89m。预期长埠—西云山向斜南东翼（小江矿区）煤炭 333+334 资源量 3000 万吨，为低磷、低硫、高至低灰、高发热量无烟煤。

（二）煤矿企业生产情况。1996 年《煤炭法》颁布实施后，煤炭生产实行行政许可，当时省煤炭厅分配我县办证指标为 80 对，实际发放 31 对。2000 年以后，国家对小煤矿进行规范管理，通过整顿 2001 年 35 对矿井核发许可证（峙垅北矿区 13 对，峙垅南矿区 2 对，年林矿区 12 对，长埠矿区 3 对，界化垅矿区 2 对，西云山矿区 3 对），县政府决定拟保留 46 对矿井，2000—2006 年煤炭产量保持在 200 万吨/年左右。但因国家煤炭产业政策原因，拟保留矿井未能办证，为非法矿井，进行关闭。2004 年因开采范围重叠，我县关闭 7 对矿井，2006 年、2007 年因资源枯竭关闭 6 对矿井。莲花县目前共有 21 个煤矿，其中 4 万吨及以上煤矿 10 个，"3 改 6"矿井 11 个，总核定生产能力为 106 万吨/年。全县煤炭产量也就在 106 万吨左右。莲花煤田煤层埋藏浅，厚度变化大，呈藕节状、串珠状分布，连续性差，适合 6 万吨/年～9 万吨/年小井型矿井开采。

（三）资源逐渐枯竭的煤矿：因开采范围限制奢下煤矿、峙垅北煤矿、高洲煤矿、岩背煤矿、闪石煤矿、峙垅煤矿等资源逐渐枯竭。

二、当前煤矿企业生产经营环境面临的形势和困难

（一）煤矿资源销售渠道窄，煤炭市场被周边县市所占领。一是我县煤炭企业都是煤矿，没有煤炭综合利用企业，煤炭销售以省内市场为主，销售渠道单一；二是当前大环境影响下，不少煤矿处于停产或半停产状态，煤炭产量大幅下降，价格下滑。全县 21 个煤矿已停工停产 8 个（其中：因整改停产的有界化垅、高洲煤矿 2 个，因技改未

批复生产的有年林、峙垅北、路坪、奢下、岩背、闪石煤矿6个），占全县生产煤矿总数的38.1%，而长埠和树坑煤矿原先一直与吉安地区有煤灰购销协议，但由于煤矿企业处于停产或半停产状态，产量不稳定，资源产出有时供不上，导致煤矿企业信用度变差，很多高安、吉安、赣州地区企业都撤销了购销合同，市场均被攸县煤矿企业所占领。

（二）税费征收管理混乱，存在乱收费、乱检查、乱罚款现象，加重了煤矿企业负担。据统计，煤矿企业涉及10多个部门收费，其中村里收山资源费和路费，每吨5～16元；乡镇收管理费每吨2～5元；乡镇派出所每年2万～5万元/个，县治安大队每年2万～3万元/个，县林业局每年0.3万～1万元/个（收费项目已由煤检总站代收，属重复收费），县工商局煤矿执照年检每年1.5万元/个（按照规定，2000元左右），县水务局水土流失费每年1万～8万元，县环保局每年1万～4万元/个，县国土局执法大队主井1.6万元、副井1.6万元，查验报告2万元/个，资源补偿每吨2元，每矿6万～8万元/年（已代收，属重复收费），气象局0.3万元左右；质监局0.3万～0.6万元，鸣爆公司3万～5万，炸药380元/箱，按照市场价格只要200元/箱（其中加了保安费）。税费达20余种，吨煤税费达120元。因计税、计费标准不统一等原因，导致税、费负担过重和不合理。个别部门人员把煤矿当作"唐僧肉"，索取多、服务少，加重煤矿企业负担，有损于煤炭行业的可持续发展。

（三）煤矿企业周边存在人员故意扰乱煤矿正常生产经营秩序。近几年，煤矿矿区周边出现了极少数别有用心的人员，无视国家法律法规，煽动、组织社会闲散人员到煤矿企业强买强卖，对煤炭资源随意抬价、压价，并阻挠外地车辆装运本地煤炭，给国家、集体、矿工、煤炭企业等造成巨大影响，严重制约着全县经济社会发展。

（四）煤矿改造提升投资大，资金回收周期较长。我县煤矿企业属于原始开采企业，没有深加工企业，其附加值低，抗风险能力小，没有形成一定的规模，大部分煤矿无正规设计，现有的井下生产系统存在不合理、不规范问题。按照资源整合要求，我县所有煤矿均需进行技改并进行正规设计，按照国家、省、市部门开展的安全质量标准化矿井建设、"六大系统"建设，支护方式改革等工作的要求，煤矿要达到二级化标准矿井需投入1500万元左右，煤矿进行"3改6"改造提升需投入3000万元左右，对现有生产系统进行改造、规范，企业资金回收周期较长，从长远的角度看，企业因资金问题造成技改达不到国家标准，就面临被关闭、淘汰，这样会使莲花失去发展的机遇。

（五）安全监管压力增大。一是上级检查过于频繁，没有严格执行隐患排查落实；二是门槛越来越高；三是处罚程度越来越严。在激烈的煤炭市场竞争中，大多数煤矿都希望以最小的吨煤成本，来获得较高的经济利益，由于煤矿停产或半停产，比起正常生产建设期间，一些煤矿巷道维护跟不上，排水不及时，尤其是个别煤矿通风设备时开时停，管理上稍有疏忽，就很容易发生安全事故。

三、几点建议

（一）积极支持煤矿企业，拓宽销售渠道。一是煤炭作为一种不可再生资源，在当前煤炭行业大环境大背景下，煤炭企业要实现可持续发展，应要立足实际，充分发挥自身的资金、技术、管理等优势，研究确定企业近期和远期发展目标，明确发展方向，做大做强煤炭产业，进一步解放思想，开阔发展思路，强化资本运作，拓宽融资渠道，实现企业可持续发展。二是应想方设法帮助企业减轻负担，加强主动服务意识，形成帮扶有力地措施，加大支持力度。三是加快引导、扶持煤炭产品交易，为煤炭产业的发展提供平台。四是精简检查指导。在严格按照国家行业标准的基础上，只允许主管煤矿企业的煤矿安全监督管理局下到企业检查指导工作，其他情况下，按照有关法律、法规、政策，由煤监局牵头会同有关部门形成联合检查、执法机制，精简检查指导次数，减轻企业负担，真正做到又提高服务质量和效率，又推进各项工作的落实，为企业的发展壮大营造良好发展环境。

（二）税费征收实行"一费制"。学习借鉴湖南攸县税费征收实行"一费制"的办法，只有煤矿安全监督管理局和煤管办对煤矿企业实施安全监管，其余部门一律不准到煤矿企业检查、收费和罚款。对全县煤矿资源税费实行"统一征收项目，统一征收标准，统一分配比例，统一定点查验"的征收管理办法，由煤矿资源税费征收管理办公室，负责全县煤矿资源税费征收管理工作，变"多家收"为"一家收"，通过统征平台和新的征管机制、收集征管信息，共享征管资源，改变过去由多部门各自为战、分散征收的局面，极大地节约人力、物力资源和经费开支等成本。规范征收行为，增强煤矿企业税费缴纳意识，全部税费项目和标准均在一个文件中体现，并予以公示，缴纳税费公开、公平、公正，办事方便快捷。同时对税费实行严格的"收支两条线"管理，消除暗箱操作等不良现象，另外煤矿资源税费只对"五证一照"齐全的合法煤矿实行统一征收管理，也就是说对那些非法开采煤矿资源的不进行税费统征，开采出来的矿产品拉不出矿区，从源头上有力打击非法开采行为，促进全县煤矿资源开发和生产经营秩序的好转。

（三）大力推进矿区环境综合整治工作，优化煤矿企业生产经营环境。一是开展整顿治理煤矿矿区社会治安秩序维护企业生产经营专项行动，依法对扰乱煤矿企业正常生产经营秩序违法犯罪行为进行严厉打击，促进煤炭产业持续健康安全发展。二是依据《中华人民共和国矿产资源法》《中华人民共和国煤炭法》《中华人民共和国公司法》《中华人民共和国刑法》《中华人民共和国治安管理处罚法》等法律规定，对扰乱煤矿生产经营秩序及矿区社会稳定的违法人员依法进行打击及政策法规宣传教育。三是加大监督力度，维护正常的生产销售秩序。对干扰煤矿的正常生产销售秩序的行为和非法倒买倒卖煤炭产品，依法打击，整顿煤炭流通秩序。

（四）抓好矿井建设，提升煤矿生产能力。一是抓住煤矿兼并重组的机遇，解决结构不合理的问题。坚持资源勘探、开发和节约并重的原则，按照"统一规划、集中开发"的原则合理有序开发煤炭资源，严格执行煤矿设计规范，加强开发强度管理，禁止超层越界和乱采乱挖。同时，要保证办矿生产过程中所需的资金投入，特别是关闭整合期间，煤矿必须保证足够的资金投入。二是强化行业管理。要充分发挥行业管理的优势，提高行政效率，加大对煤矿指导、服务力度，弥补煤矿技术人才欠缺、技术力量薄弱的状况，帮助煤炭企业解决生产经营中的各种困难。根据莲花煤矿经济实力弱的现状，积极向上级部门反映，在煤矿整合技改期间，缓交资金（类型），待矿井建成投产后一并上交，解决好煤矿前期资金投入不足的问题。

（五）强化煤矿安全基础管理、实现本质安全型矿井。一是强势推进煤矿扩能改造工作。当前，国家对煤炭行业的标准要求越来越高，安全基础条件差、开采技术落后的煤矿必将面临淘汰的风险。我县煤矿必须紧紧抓住煤矿扩能改造的契机，"3改6"煤矿务必采取积极有力措施，加快工作进度，完成技改施工，提高办矿水平，做大做强煤矿企业，增强抗风险能力。二是严格政策，强力推行安全质量标准化矿井建设和支护方式改革。按照国家安监局、煤监局要求，2013年树坑、龙山、西云山、百家冲、枧下、兴隆6家煤矿要建成二级质量标准化矿井，凡在规定时间未达标的煤矿，责令停产整顿。三是加强宣传指导，添加措施，共渡难关。做好当前煤炭产业形势的宣传工作，讲明经济发展态势，动员做好打持久战的准备，对于煤矿停产或半停产期间，应加强管理，做好煤矿巷道维护，及时排水，确保煤矿通风设备运转正常，杜绝安全生产事故的发生，实现整治、生产两不误，促进全县经济社会又好又快发展。

关于加快莲花县煤炭产业安全发展的思考

一、基本情况

莲花县是全国首批 100 个重点产煤县之一，无烟煤资源优势显著。全县含煤面积 575km^2，已查明的地质资源量 3492.1 万吨，预测资源量 1 亿吨以上。全县现有矿井 22 对，核定生产能力 70 万吨，2012 年实际生产煤炭 68.2 万吨。待煤炭资源整合改扩建完成后，21 对煤矿设计生产能力将达到 126 万吨/年，产值达到 6.96 亿元（按目前 480 元/吨计算），可解决近万人就业，并带动运输等相关行业的蓬勃发展，煤炭产业作为莲花主要经济支柱的作用日趋明显。

二、煤炭资源开发现状

（一）煤炭资源分布情况。莲花县煤炭资源划分为九大矿区：西云山矿区已探明储量 583 万吨，长埠矿区已探明储量 577.2 万吨，峙垅南矿区已探明储量 535.3 万吨，峙垅北矿区已探明储量 1201.4 万吨，界化垅矿区已探明储量 393.2 万吨，年林矿区已探明储量 14.96 万吨，茶坪矿区已探明储量 232.2 万吨，良坊矿区与湖田矿区。煤质均为无烟煤，发热量 5000～7000 大卡，是良好的工业用煤和民用煤。

目前，江西省地勘局九〇一地质大队正在长埠—西云山向斜南东翼（小江矿区）进行地质普查。2009 年和 2010 年完成钻探进尺 9070.03m，B 煤组在 16 个钻孔中有 13 个钻孔见煤，其中 6 个钻孔有

11层煤达到可采厚度，单层煤最大真厚6.49m，A煤组在16个钻孔中有14个见煤，其中9个钻孔有10层煤达到可采厚度，单层煤最大真厚2.69m。2011年截至9月20日，完成了4个钻孔，均见到煤层，其中403孔见一层可采煤，真厚1.19m，301孔见一层可采煤，真厚0.89m，1101孔见5层可采煤，真厚合计6.89m。预期长埠—西云山向斜南东翼（小江矿区）煤炭333+334资源量3000万吨，为低磷、低硫、高至低灰、高发热量无烟煤。

（二）煤矿生产情况。1996年《煤炭法》颁布实施后，煤炭生产实行行政许可，当时省煤炭厅分配我县办证指标为80对，实际发放31对。2000年以后，国家对小煤矿进行规范管理，通过整顿2001年35对矿井核发许可证（峙垅北矿区13对，峙垅南矿区2对，年林矿区12对，长埠矿区3对，界化垅矿区2对，西云山矿区3对），县政府决定拟保留46对矿井，2000—2006年煤炭产量保持在200万吨/年左右。但因国家煤炭产业政策原因，拟保留矿井未能办证，为非法矿井，进行关闭。2004年因开采范围重叠，我县关闭7对矿井，2006年、2007年因资源枯竭关闭6对矿井。莲花县目前共有22个煤矿，其中4万吨及以上煤矿10个，"3改6"矿井12个，总核定生产能力为70万吨/年。全县煤炭产量也就在70万吨左右。莲花煤田煤层埋藏浅，厚度变化大，呈藕节状、串珠状分布，连续性差，适合6万吨/年～9万吨/年小井型矿井开采。

（三）资源逐渐枯竭的煤矿：因开采范围限制奢下煤矿、峙垅北煤矿、高洲煤矿、岩背煤矿、闪石煤矿、峙垅煤矿等资源逐渐枯竭。

三、存在的问题和困难

（一）煤炭专业技术人才严重缺乏，技术力量薄弱，人员素质参差不齐，这是影响和制约我县煤炭产业发展的瓶颈。目前，全县煤炭行业专业技术人员仅有10人，部分参加成人教育或短期培训取得专业技术资格的人员，专业素养不高。煤炭管理局也仅有4名专业技术人员，专业配备不齐，不能满足监管服务的需要。

（二）现有的煤炭管理体制不畅、机制不灵、职能交叉。煤炭行业主管部门、相关职能部门、地方政府对煤炭行业的监管职责划分不够合理，存在各自为阵、多头管理、交叉管理现象，煤矿企业疲于应付，势必影响到煤矿正常生产。

（三）当前国家的一些产业政策相互冲突，重复工作多，人力、物力浪费严重。我县煤矿均无正规设计，大部分煤矿现有的井下生产系统不合理、不规范。按照资源整合要求，我县所有煤矿均需进行技改，需进行正规设计，部分煤矿现有生产系统将发生重大变化。近年来，国家、省、市部门开展的安全质量标准化矿井建设、"六大系统"建设，支护方式改革等工作，需煤矿大量投资，对现有生产系统进行改造、规范，这必将导致一定程度上的重复投资。

（四）由于历史的原因，现有煤矿布局不合理，全县22个煤矿8对煤矿集中在年林矿区，7对集中在峙垅北矿区，有的矿区没有一个煤矿（茶坪矿区、湖田矿区、良坊矿区）。

（五）我县煤炭企业都是煤矿，没有煤炭综合利用企业。

（六）我县地质勘探工作程度低，已做地质工作的9个矿区中，勘探程度最高只有普终，有的矿区只提供了找煤简报。地质工作的滞后已严重影响莲花煤炭产业的可持续发展。

（七）我县矿山救护队存在人员不足，装备不齐全问题。目前救护队在册人员13人，其中45岁以下6人，其余7人均50岁以上，而且没有复训即不具备救护资格（按规定年龄在50岁以上不再复训），按中队人员配制救护队目前缺26人。救护队装备除正压、呼吸器可装备两个小队外，其他装备只够装备1个小队。按救护规程规定，目前救护队不允许出动抢险救援，如县内发生事故时无法第一时间妥善处置事故。

四、煤炭产业工作思路及建议

（一）强势推进煤矿扩能改造工作。当前，国家对煤炭行业的标准要求越来越高，安全基础条件差、开采技术落后的煤矿必将面临淘汰的风险。我县煤矿必须紧紧抓住煤矿扩能改造的契机，提高办矿水平，做大做强煤矿企业，增强抗风险能力。"3改6"煤矿务必采取积极有力措施，加快工作进度，在2012年11月30日前，完成项目开工备案，进入施工阶段；2014年12月31日，完成技改施工（以初步设计工期为准）。对未按照规定时限完成相关工作或未启动整合技改的煤矿吊销煤矿企业"四证"。

（二）根据江西省人民政府办公厅《关于印发江西省推进煤矿企业兼并重组工作方案的通知》（赣府厅字〔2012〕50号）精神，由4~6个生产能力为6万吨/年~9万吨/年的煤矿组建三个年产30万吨以上的煤炭企业集团，减少投资主体，集约高效开发我县煤炭资源。积极引进煤炭深精加工企业，以资源优势转化为经济优势。

（三）妥善处理煤矿矛盾纠纷。一是坚持县政府牵头，各部门齐抓共管，切实形成化解涉煤矛盾纠纷合力。要明确和落实各单位、各部门在化解矛盾中的职责。二是强化打击力度，依法从严从重打击涉煤违法犯罪活动。对以维护群众利益为名故意制造事端、煽动组织闹事的，要依法给予严厉打击。对以矿养恶、以恶护矿以及雇用黑恶势力，以暴力手段侵害群众利益的矿主和打手，要坚决依法从严从重惩处。三是加强"和谐共建"，实现矿群和谐相处，共同发展。由政府协调煤矿按国家政策规定，主动承担因采煤造成的地质灾害责任，有效解决村民房屋裂缝、土地塌陷、人畜饮水困难、环境污染及移民搬迁等问题。

(四)严格政策,强力推行安全质量标准化矿井建设和支护方式改革。标准化矿井建设,是强化煤矿安全基础管理、实现本质安全型矿井的重要手段。按照国家安监局、煤监局要求,所有煤矿要在2013年内达到安全质量标准化最低省三级标准以上,凡在规定时间未达标的煤矿,要依法暂扣其生产许可证、安全生产许可证,责令停产整顿,对整改未达标的,要依法予以关闭。

(五)加快双回路供电建设步伐。煤管办、电力公司要积极协调,尽快制定我县煤矿双回路供电建设方案,多方筹资,尽快解决煤矿双回路供电问题。

(六)发挥合力作用,加强和完善救护队建制。要加强和完善救护队建制,就必须解决救护队人员不足和装备不齐全问题。队员解决办法可采用向社会上招收有煤矿井下采掘经验且身体健康、年龄小于35岁的合同制队员。另一方面多渠道争取资金,补充和改善装备。

(七)健全完善保障机制。1.组织保障机制。县委、县政府成立煤炭产业发展协调领导小组,县委主要领导任组长,领导小组负责全县煤炭产业发展的综合协调管理。各相关单位和乡镇也要成立相应机构。把煤炭产业发展作为县乡两级"一把手"工程,重点安排、重点调度、重点督查、重点考核、重点奖励。县政府和县煤炭产业发展协调领导小组每半年召开一次会议,县委、县政府每年年初召开一次煤炭产业发展大会,研究决定有关重大问题。推行县级领导联系挂帮重点煤矿企业制度,定期不定期深入联系(挂帮)企业调研煤矿安全、建设、生产、经营情况,帮助协调解决有关具体问题,推动矿井顺利建设、按期投产、安全生产。2.人才保障机制。一是鼓励现有技术力量参加在职学习和短期培训,进一步挖掘潜力,提升专业技能。二是增加编制,全国统一招考煤炭相关专业在校学生进入事业干部编制,充实煤炭行业管理队伍。三是制定优惠政策,引进有煤矿三年以上工作经验的采矿、通风、机电、地测等专业的高层次人才，对引进的煤炭专业工程师，给予一次性5万元的住房补贴，引进的煤炭专业高级工程师，给予一次性10万元的住房补贴，努力创造条件，提升他们服务煤炭行业的积极性和主动性，真正做到引进来，留得住。四是成立工程师室，将招考、招聘来的地测、采矿、通风、机电等专业的工程师统一归入工程师室管理，设一名总工程师，执行技术工作总工程师负责制，配备工作车辆，预算办公经费，工作经费、补贴、工资等费用全部纳入财政预算。五是建立健全煤矿安全监管人员下井补贴等相关补贴制度，并严格执行，不断改善工作条件，提高职工工作积极性。
3.投入保障机制。一是煤矿企业要按照金融机构信贷规定，建立信誉企业和联合担保等相关机制，积极争取金融支持。金融机构要树立支持地方经济就是增强自身实力的意识，主动服务，简化程序，加大对煤矿企业的支持。财政资金存储向支持煤炭产业发展的金融机构倾斜。二是不断加大财政投入。县财政每年安排一定资金，用于解决煤炭产业发展中的重大问题，建立煤炭产业发展激励基金，对煤炭产业发展作出积极贡献的单位和个人进行表彰奖励。

2012年"萍乡市武功山安全文化论坛"征文比赛优秀奖

莲花县矿山应急救援现状、存在的问题及建议

莲花县是全国首批一百个重点产煤县之一，目前有 21 家煤矿，年设计生产能力 106 万吨；铁矿 11 家，年生产能力 80 万吨；采石场 13 家。由于地处偏僻，距萍乡市区 78 公里，离吉安市区 135 公里，为此建设一支装备精良、训练有素、作风过硬的矿山应急救援队伍，十分必要。近年来，县委、县政府对应急救援工作高度重视，我县矿山应急救援建设也取得了一定的成绩。随着矿山应急救援面临新形势、新任务、新要求，应急救援建设迫在眉睫。

一、我县矿山应急救援发展现状

莲花县矿山救护队组建于 1977 年，核定编制 24 人，3 个小队（由县救护队符合资质的 6 名救护队员和 21 名煤矿辅助救护队员组成，共 27 人），属救护中队建制，具有三级资质。自组建以来，多次完成了县内煤矿和非煤矿山抢险救灾任务，并多次赴外县进行抢险救灾，为人民生命财产安全、社会和谐稳定以及地方经济发展作出了重大贡献。近年来，莲花县矿山救护队建设相对滞后，受资金的制约，救护装备未能及时更新，救护队员没有相应地补充，救援能力与当前应急救援形势要求不相适应，一旦突发事故发生难以及时有效地组织救援。在救援过程中反映出我县矿山应急救援力量较薄弱，现有队伍和装备无法独立承担全过程的事故救援任务，迫使不得不向市救护队请求增援。

二、存在的问题

一是矿山应急救援队伍战斗力不强。救护队现有人员 20 人,其中 45 岁以下 13 人,其余 7 人均 50 岁以上,按中队人员配制救护队目前缺 21 人。部分矿山救护队员年龄偏大,只能安排其在监管岗位上,由 6 名年轻队员成立的 1 个小队(缺 3 人),按救护规程规定,一个小队必须达到 9 个人。按中队建制,需设立 3 个小队,队员需 27 人,另外新规定规定每次出动至少 2 个小队,而目前 1 个小队人员都不够。

二是救护队设施不完善,救援装备较落后。目前救护队地处小区院内,不利出动;运动场地较小,不利于队员日常训练;装备室室内自然环境较干燥,不利于装备的保养,容易造成装备氧化;另外救护队装备大多是 20 世纪 80 年代产品,且大部分属淘汰产品,尽管近几年省安措资金和自筹资金解决了一部分装备,除正压呼吸器可装备两个小队外,其他装备只够装备 1 个小队。

三是矿山应急救援经费不足。矿山救护队所从事的是社会公益性事业,不直接创造经济效益,其价值很难在安全时期体现。矿山救护队为事业编制机构,是自收自支单位,2012 年 1 月份,县委县政府非常重视解决了在岗在编人员的工资和津贴,但矿山救护装备费用比较大,设备更新比较快,且救护装备比较贵,矿山应急救援资金主要来源为由煤监局向辖区煤矿企业收取救护联网费,但由于煤矿兼并重组和长期停工停产整顿,矿山应急救援规划所需资金很难按时到位,造成矿山救护队基地建设得不到改善,救护装备很难得到更新,队员得不到补充。

三、加强我县矿山应急救援建设的几点建议

1.充实队伍,改善战斗人员结构。矿山救护队是同矿山灾害事故作斗争的准军事化专业队伍,特别是井下事故,情况复杂,救灾难度大,因而,平时必须培养一支组织严密、训练有素、装备精良、作风

过硬的专业救护力量,一旦发生灾情的时候能及时出动并实施救援。队员解决办法可采用向社会上招收有煤矿井下采掘经验且身体健康、年龄25~35岁的合同制队员,实行军事化管理。合同制队员待遇可参照市救护队办法,按规定给其缴纳养老金,到50岁退养,55岁帮其办理退休。

2. 加大对应急救援基地建设及技术装备的投入。根据我县经济和社会发展的需要以及矿产资源开发利用的推进,应将救护队技术装备更新和基地建设纳入县政府民生工程规划项目建设之中,力争在十五末完成矿山应急救援中心建设。

3. 立足我县矿山应急救援现状实际,多渠道筹集资金。一是继续收取救护联网费,另一方面从税费征收总站每吨矿产品收取1元救护费,由主管救护队的煤监局专户储存,主要用于救护队专业业务培训(按上级要求,救护队员每年均要轮训1次,每人每次培训费用达1万元以上)和出动抢救事故人员的下井费和营养费及待机费、人身意外伤害保险、材料消耗、设备折旧费和奖励基金等开支;二是建立应急救援基金,主要用于救护队基地建设、技术装备的更新及发生重大事故时的后勤保障资金;三是继续加大经费的投入,在救护队工资、津补贴和养老保险等纳入财政预算的基础上,逐年按比例增加救护资金(县财政每年解决了3万元专项救援经费,能否增加到20万元)。

总之,矿山应急救援是安全生产应急救援体系的重要组成部分,是地方经济发展与社会和谐稳定不可缺少的重要力量,矿山应急救援作为社会公益事业,队伍的战斗力、装备和救护决定着灾害事故救援行为的成败,应配备精良的救援设备和能战的队员,才能不断提高应急救援战斗能力,为我县经济社会持续健康加快发展提供坚强的安全保障。

2011年12月3日

关于卫生与计生工作的几点思考

我自 2015 年 2 月担任卫计委主任以来，开展了大量的调研，走访了 13 个乡镇卫生院和各县直医疗卫生单位及其他兄弟县区的卫生计生部门，基本掌握了我县的卫生计生"家底"，查找了我们的差距。从目前全县总体情况来看，卫生计生工作面临的形势依然十分严峻，任重道远，特提出以下几点思考，希望能够达到抛砖引玉，促进工作的效果。

一、加快整合进度，有效利用资源

机构改革是国家的政策，我们要积极响应，加快机构整合。在 6 月份之前，将村卫生室和村计生服务室合并，将乡镇卫生院和乡镇计生服务站合并、将保健院和县计生服务站合并，再另外设立计生门诊；4 月份要将原卫生局机关和计生委机关合并办公、人员整合。加强管理，有效避免资源浪费和重复建设。今后，乡镇卫生院院长将实行双重管理，要定期向乡镇领导汇报卫生计生工作，同时也要借助乡村两级的力量开展好公共卫生、计划生育服务等群众涉及面广的工作。

二、加强服务能力，提高群众满意率

为进一步提高卫生计生系统干部职工思想政治素质和业务工作能力，提高工作效率和服务水平，促进行业作风不断好转，提高群众满意率，要在全县卫生计生系统开展"重学习、提素质、树形象，重细节、强服务、促和谐，重技能、比贡献、创品牌"活动，通过开展活动，主要是要逐步解决四个方面的问题：一是解决"干多与干少一个样、干与不干一个样"的问题，充分调动干部职工的积极性；二是解决"学与不学一个样、有资质与无资质一个样"的问题，提升医护人员的素质，清除不合格的医护人员；三是解决"医风医德"存在的突出问题问题，规范医疗程序，整顿医德医风，进一步缓解医患纠纷；四是解决医疗市场混乱的问题，净化医疗市场，打击无证行医、非法行医的现象。文件已经下发到各位手上，关于这次活动，我强调一下。

1.高度重视，落实责任。各医疗卫生计生单位要充分认识开展这次活动的重要性，要把这次活动作为一项重要工作来抓，认真组织，积极开展，周密部署。要统筹兼顾，合理安排，落实责任，采取有力措施，推动活动的扎实开展。各单位要全面调动干部职工参与的积极性，并根据本单位的实际制定切实可行的绩效考核方案、目标奖惩方案（方案可以创新，允许采用五五开，但一定要全院职工大会予以通过），推选各单位的典型事迹、先进人物形成材料，于4月26日前上报县卫计委活动领导小组办公室。

2.坚持标准，扎实推进。要坚持高标准、严要求，切实抓好每个步骤、每个环节的落实。要把开展活动与促进当前工作有机结合起来，合理安排活动和正常性业务工作，切实做到"双促进、两不误"，要做到边学边改，真学真改，切忌做表面文章，走过场，真正使干部思想上有触动，作风上有改进，工作上有提高。

3.严格督查，确保效果。委活动领导小组为把这项活动落到实处，成立督查室，对本次活动开展情况实行"一周一督查，一月一排名"。各医疗卫生计生单位要设立意见箱和公布投诉电话，委机关督查室根据督查情况和群众反映的问题及投诉事项，对认识不到位、走过场的，要求相关单位限期整改，对相关责任人进行通报批评、扣发绩效工资或解除劳动合同等处理，督查情况与目标考核、绩效工资、评先评优挂钩，确保活动按要求、按步骤扎实开展，取得实实在在的效果。

三、提倡进出同步，加强人事管理

一是完善人事管理制度，规范留职、请假管理，在编不在岗人员一律下编处理，原则上人员只出不进，需招聘人员一律通过考试进入。二是改革工资绩效方案。遵循多劳多得的原则，合理拉开差距，将工资向业务骨干倾斜，充分尊重医护人员的劳动价值，调动积极性。三是定岗定薪，竞聘上岗。以竞争上岗的模式调整人员，能者上、平者让、庸者下，择优聘用，将不合格人员清出队伍。

四、加强管理创新，提高管理水平

一是建立绩效考核目标责任制。今年我将按照梯度在去年的基础上与各医疗卫生单位负责人订立各种工作目标（含经济总量目标、结余目标等），院长人选暂时不予调整，希望你们安心做事、大胆做事，年底将根据预定目标进行考核，考核会奖罚分明，前三名院长给予个人经济奖励，力度将会比以前加大，排名靠后的院长将予调整或淘汰，医院结余的50%用于奖励职工。二是落实单位法人自主权。为了鼓励管理人员敢做事，勇于担当，我将放权给你们，但你们必须在法律职权的范围内开展工作，严格落实财务制度和国家政策，不越底线，不踩红线，不碰高压线。三是加强管理人员的培训，特别是卫生院院长，主要侧重财务管理、人事管理等方面。四是加大惩防体系建设，委机关将成立纪检监察室，加大日常纪检监察工作。五是改良新农合支付方案，开展临床诊疗路径工作，探索推行按病种付费、分级诊疗、双向转诊等方式，逐渐缓解我县医疗资源外流现象。

五、净化医疗市场，打击非法行医

为了保障人民群众就医安全，今年要开展一系列打击非法行医的专项整治活动，依法取缔"黑诊所"，对非法行医人员依法进行处置。

一是调查摸底，卫生监督所人员要对全县进行拉网式排查，摸清我县非法行医的基本情况。二是多部门联动，联合公安、城管、工商等部门上门取证，并按照相关法律程序进行依置。三是加大宣传，通过电视台、网络等媒体将非法医疗点进行公示，在医院、诊所、菜场、外来人员租住区等地方张贴打击非法行医的宣传标语和举报电话，加大打非的宣传力度。

六、加快进度，推进项目建设

一是加快在建项目进度。疾控中心、卫生监督所、琴亭卫生院、升坊卫生院综合楼、南岭卫生院医技楼、坊楼卫生院医技楼和良坊中心卫生院医技楼去年均已开工建设，一定要按照规定办理相关手续并抓好建设进度和质量，力争在年内完工使用。六市卫生院医技楼和三板桥卫生院医技楼项目也基本完成了各项前期准备工作，要尽快开工建设，争取年内完工。二是加快村级卫生室建设，这里要求乡政府督促还没有解决土地的村委会尽快免费解决建设用地，由卫生院负责请施工队尽快施工，完成建设任务。三是加快中医院申报立项，县人民医院要成立领导小组，指定专人负责中医院的申报立项工作。四是加快民营医院引进。按照县政府的要求，本着宁缺毋滥的原则，引进一所投资规模达5000万元的综合性民营医院，与我县现有医疗机构形成有序竞争。

七、打造特色，加快发展业务

国家卫计委的医改目标是"小病不出村，常见病不出乡，大病不出县"，我们要根据卫生院各自特点进行定位，加大新技术推广，选择风险系数低、农村常见病、多发病发展特色医疗，如风湿专科、理疗康复、疼痛专科等专科医疗，打造医院自身品牌。中心卫生院可以发展外科，妇产科等大科室。努力提高业基层务水平，做大做强临床业务，力争逐渐解决老百姓长途跋涉外出就医之苦。

八、统筹开展好公共卫生服务、基本药物制度、疾病预防控制、卫生应急和爱国卫生等其他各项业务工作。

2015 年 4 月

莲花县乡镇卫生事业发展现状、存在的问题、原因分析及建议

近年来，在县委、县政府的正确领导下，我县医疗卫生工作坚持以深化医疗卫生体制改革为主线，以农村卫生、民生工程为抓手，医疗、医保、医药"三医联动"、统筹发展，全县整体医疗卫生水平迈上了新台阶，基层乡镇卫生院服务能力得到不断加强。但随着改革的不断深入和管理的不断规范，我县卫生院发展也进入问题凸显期，和周边县区对比仍有较大差距。如何借助医改东风发展和壮大基层卫生院，我浅谈一下我县乡镇卫生事业发展现状、存在的问题、原因分析及对策建议。

一、乡镇卫生院发展现状

我县现有乡镇卫生院 13 所，其中中心卫生院 4 所、一般卫生院 9 所，共计职工 430 名，其中：卫生专业技术人员 410 名，在卫生专业技术人员中，副高级卫生技术人员 4 名，中级职称人员 25 名，初级职称人员 401 名。2015 年，在新组建的卫生和计划生育委员会（卫计委）班子的团结协作下，对卫生院的管理进行了"松绑"，规范了人事、财务、采购等管理制度，改革了职工绩效分配方案，提高了按床日付费标准等一系列措施，使卫生院全年业务收入提高至 2381 万元，虽同比增长 27%，但与周边县区对比我县所有卫生院业务总量仅相当于他们一所卫生院的业务量，云泥之别，与群众的就医需求相差甚远，影

响到了新农合参保资金的征收，甚至影响政府的公信力。卫生院的运行方面主要是目前我县大部分卫生院负债严重，职工待遇普遍偏低，与高学历和高职称医务人员大量流失形成了一个恶性循环：人才出走业务下降，业务下降待遇降低，待遇降低加剧人才出走，卫生院发展进入一个瓶颈期。

二、存在的主要问题

（一）网底不牢，乡村医疗基础薄弱。我县乡镇卫生院2007年以前几近瘫痪，随着近些年政府投入的不断加大逐渐恢复些生机，但仍然很薄弱。乡镇卫生院普遍有业务用房，缺设备、缺医技人员、缺病人，有的卫生院只有2至3个医师轮班，还依靠当年的老三件（血压计、听诊器、体温计）看病，虽然在医保政策的大力支持下，但是业务量仅相当于其他县区一个业务好点的诊所。村卫生室普遍有病人、缺场所、缺技术，全县282名在册乡村医生，201人在岗，无医学学历有107人，60岁以上有64人，全县公有产权村卫生室仅有58所，其余63%的村卫生室均不是公有产权，大部分乡村医生在自家或租房开展业务，部分乡村医生仅根据个人经验看病，毫无理论知识，存在较大的医疗安全隐患，卫生部门配发的电脑不会操作，公共卫生任务难以完成，检查起来各种设施难以达标，影响全县的工作进度，公益性也得不到保障。

（二）青黄不接，专业技术人才匮乏。我县13所乡镇卫生院编制人数256个，实有职工430名，其中在编人员198人，编外人员占据大部分，且人员结构不尽合理，普遍存在医疗骨干人才短缺或断层。一是高技术职称人员少、低技术职称人员多；二是医师少、护士多；三是人才流失严重，近3年来，有20余名技术骨干医师辞职外出打工或应聘到县级医院，其中有10名是辞去编制；四是县财政拨付的事业经费均按照实际在编人员差额划拨，在编人员没有得到全额保障,编外人员的工资福利均全靠单位自行承担,而卫生事业属于社会公益事业、非营利性机构。随着医改政策新农合、公共卫生服务、基本药物制度的实施,各医疗卫生单位均回归到公益性,人员待遇却不到保障,编制问题使得医院公益性与生存发展形成矛盾。

（三）负债过高,经济包袱较重。一是负债过高。卫生院普遍反映,医院经营性收入大幅下降,普遍存在高负债经营现象,职工工资难以保障,医院难以为继。二是基础建设加重负债。我县卫计系统目前在建项目有8个,其中中央投资4649万元,按照项目申报要求需要地方配套2119万元,但因我县财政紧张,配套均没有到位,资金缺口靠项目单位自筹,更加重了负债,导致部分项目单位建设积极性不高,但不开工项目资金将被调走,形成矛盾。三是卫生院退休人员目前基本工资由社保统一发放,但生活补贴仍由退休单位承担。2014年卫生系统共缴纳社保金765.6万元,社保局共发放99名退休人员社保金338.8万元,生活补贴819.5万元由退休单位发放,如果按照100%缴纳发放我系统要缴纳1032.5万元,社保局应发放1154.2万元,其中卫生院额外承担552.8万元,更加重了医院的经济负担。

三、原因分析

（一）政府投入不到位。因县政府财政紧张,虽然近年来不断加大医疗卫生投入,但对卫生投入比例仍低于其他周边县区,造成医疗机构发展严重滞后。卫生院为全额拨款的非营利性机构,卫生事业作为社会公益事业更需要政府的大力支持和资金投入。目前,新农合制度、基本药物制度、公共卫生服务等国家医改政策各乡镇卫生院无条件执行,卫生院已没有任何盈利。但是我县连需要政府配套的相关经费、补贴和人员工资保障都没有得到解决,仍然靠医院自负盈亏。经费短缺是一切问题的根源。

（二）人员待遇不到位。和邻近县区、发达地区甚至我县的教育系统比较，我县的医务人员待遇仍有较大差距。待遇偏低造成服务质量下降，与老百姓日益增长的看病需求形成矛盾。反正"做多做少一个样，做好做坏一个样"，导致部分乡镇卫生院人心散漫，医生无心看病，护士无心打针，公共卫生纯属应付，结果造成看病患者不满意，工资职工不满意，业务院长不满意，检查领导不满意，从而引发投诉、纠纷、信访不断，卫生院变成了"人才中转站"和"病源中转站"，严重阻碍我县卫生事业发展。

（三）行政管理干预过多。一是因为前些年的粗放式管理，各乡镇卫生院过分追求经济效益造成群众满意率下降，甚至有违法违纪的现象发生。在县纪委的要求下以"谁分管、谁把关、谁负责"为原则的精细化管理模式，使得各卫生院有抵触心理，认为没有发挥自己法人的自主权，将各种矛盾问题均上交到主管部门，微观管理与宏观管理各有利弊。在新形势下，值得我们探索一种张弛有度、既落实我们"一岗双责""领导责任"，又能调动下面积极性，既能服务好群众，又能更好推动卫生事业发展的管理模式。二是严格执行各项医改政策。在相关配套机制不完善的情况下，我县积极响应上级号召，不打折扣执行各项政策，深获上级卫生部门的好评，但也引发诸多后续问题，应该予以重视。如近几年新农合政策的严格执行，导致卫生院发展进度缓慢，农医局积压资金近5000万元。基本药物制度的严格执行，造成乡镇卫生院的药品品种减少，群众很多常用药需到院外购买等情况。

四、解决问题的几点建议

（一）加大投入，全力保障乡镇卫生院正常运行

1.保障在编人员工资。由于历史原因，我县卫生事业是参照农林水的差额拨款，造成医疗卫生事业发展严重滞后。乡镇卫生院为全额拨款非营利性事业单位，我市上栗、湘东、芦溪、安源区均已纳入财

政全额拨款，足额保障，建议县政府参照教育系统全额保障，追加财政拨款、预算，按照实有编制数全额保障 196 名（在编人员 159 人，三支一扶 37 人）在编人员事业工资 882 万元（人均 4.5 万元计）和五险一金 377 万元，目前差额只拨付 560.23 万元（在职人员工资 495 万元，医保 65.23 万元），差欠 698.77 万元。工资待遇的保障有利于人才队伍的稳定，得以促进医疗卫生事业发展。

2. 解决离退休人员退休待遇。在其他单位还没有缴纳社保的情况下，卫生系统是率先缴纳社保的事业单位。2015 年 11 月份根据公立医院改革方案要求将卫生系统职工社保全部挂账处理，社保局全额发放退休人员有关待遇。但社保局目前只发放卫生院退休人员的基本工资，生活补贴部分仍然不予发放，县财政局 2015 年预算乡镇卫生院退休职工生活补贴 92 万元，而实际发放了 277 万元，差欠 185 万元，卫生院因经济困难，在职人员待遇都没有保障，退休人员的生活补贴更难以及时足额发放，近半年来，卫生院退休人员已多次到县政府上访，维稳压力较大，建议县政府参照教育系统全额发放卫生系统退休人员的有关待遇。

3. 保障乡镇卫生院基本设备添置。为完善农村卫生服务体系、优化农村卫生资源配置、提高农民健康水平，建议县政府保障乡镇卫生院基本设备添置经费，以便于提高乡镇卫生院基本诊疗设施。一是确保每个卫生院都有一辆救护车，目前仅有升坊、闪石、南岭没有，辖区急救工作很是不便，急需添置；二是确保每个卫生院都配备监护仪、简易呼吸机、吸引器、全自动洗胃机、氧气装置、心脏除颤仪等急诊抢救类设备和 X 光机、B 超、心电图机、尿液分析仪、电解质分析仪、自动生化分析仪、快速血糖测定仪等诊断设备和雾化机、电针仪、艾灸仪、牵引床、中药熏蒸、治疗康复等设备 。

（二）筑巢引凤，制定人才引进政策

人才是第一生产力，我县卫生院的发展受限关键在于留不住人才，卫生院成为"人才中转站",高校毕业生一考到执业医师资格证就离职到县级医院或外出就业。卫生院是三级医疗卫生网络的中坚力量,承担着辖区居民的基本医疗和保健任务。建议以县政府名义制定人才引进政策。一是给予新引进在卫生院工作的全日制本科及以上学历和主治医师及以上职称的医务人员发放安家补贴,研究生每年1万元,本科生每年0.5万元,发满10年,若服务期未满离职则全额退回安家补贴。县内无住房的优先安排一套经适房、廉租房或职工周转房,相关费用可由用人单位承担,离职时退回原单位转租;二是县政府发放卫生院高学历、高职称人员津贴,根据岗位分工不同分每月500到1200元不等的标准发放;三是解决编制问题。通过招考、引进、委培等方式增加正式编制人员,紧缺急需专业高校毕业生可以直接入编,临时人员可以通过内部考试入编。

(三)加强创新,提升服务能力

1. 提前布局,打造医养结合特色。2016年,我县被列入"国家老龄健康服务能力建设"项目试点县。基于我县"未富先老"的县情,面对人口老龄化的挑战,养老问题日渐严峻。随着人口老龄化压力的增大和传统家庭养老服务功能的日益弱化,老年人对社会福利和机构养老服务的需求不断增加,养老职能将更多地依赖于社会,机构养老服务将成为今后养老服务的主要模式。医养结合最大的特点便是为老人提供及时、便利、权威的医疗服务,把医疗和养老结合在一起,有病及时治疗,无病康复养老,将会成为有病老人、高龄失能老人的最佳去处。通过"医养结合"型的养老新模式,能够有效解决老人的养老及就医问题,不仅让老人"老有所依",更让老人们"老有所医",同时也是国家政策所向。在医疗卫生服务方面我们已经落后周边县区10年以上,我们希望在医养结合的道路上能够领先一步,不等不靠,建议由卫计委和民政局加强沟通协调,按照国务院办公厅《转发卫生计生委等部门关于推进医疗卫生与养老服务相结合指导意见的通知》

（国办发〔2015〕84号）文件精神，将我县所有卫生院增加养老职能，相关基础建设提前做好布局，养老中心以监护、助护和生活护理为主，为老人提供生活、休息、保健、娱乐、医疗为一体的全方位服务。在提升老年人生活质量的同时，还能分流老年慢性病患者，减少因家庭治疗护理不当导致的住院，大大减轻了家庭和社会压力，同时可在乡镇敬老院设立医疗点（医疗室），由卫生院安排医务人员开展业务。

2. 因地制宜，加强中医馆建设。我县地处山区，对外交通不便，现代药流通多有不便，但山区中草药资源丰富，是我们珍贵的无形资产。为进一步发扬祖国传统医学优势，提高我县基层中医药服务能力，促进中医药特色优势的发挥，我们要因地制宜，大力发展乡镇卫生院"中医馆"建设，成立中医"治未病"健康管理服务中心。计划每个乡镇卫生院投入20万～50万元用于装修、设备采购、人员培训，营造出中医药文化服务氛围，使中医药在治未病、治已病中发挥积极作用。增强基层医疗卫生服务机构中医药服务内涵，带动基层中医药适宜服务技术的推广及应用，使传统的中草药、针灸、火针、艾灸、药蒸、刮痧、推拿、按摩、理疗等中医药适宜技术逐渐回归到乡镇卫生院，让"中医"成为乡镇卫生院重要业务支撑点，让群众享受到"简、便、廉、效"的中医药服务。

3. 管理创新，提升服务水平。一是加强预算管理。强化和完善卫生院预算管理制度，落实逐级控制。医院作为带有公益性质的事业单位，要严格细化成本核算，使医院的各项收支均纳入预算内管理，"三公经费"需确保逐年下降，努力实现"零招待"，一般情况下没有预算的项目不得超支。二是强化院长法人治理。下放法人自主"经营权"，该管则管，该放则放，对卫生院不过多行政干预，仅进行宏观管理。放开"人事权"，打破铁饭碗。加强单位自主考核，不管是否在编，根据岗位定标准，对于不服从管理违反内部规章制度，单位有权给予处理。下放分配权，不吃大锅饭。改革工资绩效方案，由卫生院在一定框架内自行制定绩效方案，遵循多劳多得的原则，合理拉开差距，将工资向业务骨干倾斜，充分尊重医护人员的劳动价值，调动积极性，按照省人力资源局和省卫计委的文件精神，将医疗机构每年结余的50%用于考核奖励职工。三是全力推进医保支付方式改革，用足用活新农合政策，激活新农合结余5000万元资金，借助资金杠杆撬动我县医疗卫生事业发展。四是加快推进"群众满意乡镇卫生院"建设，积极争取"赣商爱心基金"，使村级卫生计生服务室公有产权率达100%，全力推行村级卫生室"院管院办"模式管理。所有乡村医生纳入卫生院管理，建立"五统一"管理体制（统一人员聘用、统一收入待遇、统一业务管理、统一药品器械采购、统一财务管理）。五是加大卫生行政监督执法力度，打击非法行医和非法医闹行为，净化医疗卫生环境。加大惩防体系建设，查处侵害群众利益不正之风和腐败问题，将"红包"整治、反商业贿赂工作常态化。

2015年6月

以医改为契机　加快支付方式改革

用医保资金杠杆撬动我县医疗卫生事业发展

——关于莲花县新型农村合作医疗工作情况的调研报告

我县自2007年开始实施新型农村合作医疗以来，新农合工作已步入制度化、规范化轨道，得到了广大农户认可，取得了一些成绩，但因我县基础薄弱，政府对医疗卫生投入有限，现有医疗服务能力难以满足日益增长的群众就医需求，而要真正实现人人"病有所医"，兜底的还是要靠县乡村等基层医疗机构。为进一步深化医药卫生体制改革，把基本医疗卫生服务作为公共产品更好的向全县人民提供，冲出现有困境，借助医保资金杠杆撬动我县医疗卫生事业发展，我委就此开展了专题调研。

一、基本情况

（一）新农合运行情况

新农合政策在我县实施8年来，先后经历了起步实施、制度完善和规范运行三个阶段。农民群众对新农合政策的认知程度不断提高，参合人数、参合率持续提升，2015年已达51829户，合计21.9万人，占全县农村人口的96.48%；国家补助资金大幅度提高，2015年基金总量达10297.5万元；群众受益程度不断提高，报销比例从2007年的最高60%提高到2015年的最高90%，2015年补偿348933人次，补偿资金6338.2万元（总发生费用12657.4万元，可报销费用11101.5

万元，总药费 4163.6 万元，其中目录外 567.9 万元，具体见附件 1），目前基金累计结余约 5312.9 万元，超出国家规定范围（新农合资金管理办法明确资金累计结余不超过当年筹资总额的 25%，当年结余不得超过 15%），具体如下表：

莲花县近年新农合资金使用情况（单位：元）

年份 项目	2013 年	2014 年	2015 年
个人缴纳	60	70	90
财政补助	280	320	380
筹资总额	340	390	470
参合人数	213405	216464	219095
基金总额	72537980	84420960	102974650
基金收入	74382416.53	85022076.04	105237137.8
基金支出	65638820.4	84602768.38	93791354.83
累计结余	41264404.62	41683712.28	53129495.26

（二）我县卫生资源现状

我县现有县级公立医院两家，编制床位 280 张，实际开放床位 480 张，人员编制数 290 人，实际人员 657 人（其中：卫生专业技术人员 561 名，在卫生专业技术人员中，高级职称 3 名，副高职称 28 名，中级职称人员 211 名，初级职称人员 319 名），2015 年业务收入 11201 万元；民营医院 2 家；卫生院 13 家，共计职工 427 名（其中：卫生专业技术人员 357 名，在卫生专业技术人员中，副高级卫生技术人员 7 名，中级职称人员 25 名，初级职称人员 325 名）；村卫生室 157 所，在册乡村医生 282 名，201 人在岗，无医学学历有 107 人，60 岁以上有 64 人，全县公有产权村卫生室仅有 58 所，其余 63% 的村卫生室均不是公有产权。2015 年全县医疗机构 13516.5 万元。具体如下：

2015年莲花县各医疗机构业务情况统计

单位	业务收入（万元）			诊疗人次			住院床日		
	2015年	上年同期	同比增长	2015年	上年同期	同比增长	2015年	上年同期	同比增长
县人民医院	8590	7088	21.19%	152078	140927	7.91%	73590	67694	8.71%
县妇保院	2028.9	1706.8	18.87%	85015	88483	-3.92%	15714	14796	6.20%
县疾控中心	516.9	351.9	46.90%	84407	69291	21.82%	—	—	—
三板桥乡卫生院	116.4	77.6	50.01%	9000	9002	0.02%	3986	2035	95.87%
闪石卫生院	118.9	105.7	12.52%	13886	13447	3.26%	1097	961	14.15%
湖上中心卫生院	132.6	94.4	40.40%	9393	6390	46.50%	5953	5733	-3.84%
良坊中心卫生院	397.4	288	37.95%	33886	29187	16.10%	13111	9895	32.50%
琴亭卫生院	294.5	196.3	50.03%	30070	17960	67.43%	7403	4973	48.86%
路口卫生院	154.1	112.1	37.48%	15684	13049	20.10%	4841	2278	112.50%
升坊卫生院	99	61.4	61.20%	10668	10844	-1.65%	2108	2252	-6.83%
坊楼中心卫生院	358.1	340.1	5.30%	24315	28996	-16.14%	7848	10232	-23.30%
神泉中心卫生院	290.9	263.8	10.26%	25247	18976	33.05%	9865	8750	12.74%
高洲卫生院	124.8	67.6	84.76%	12850	10310	24.64%	3972	2949	34.69%
荷塘卫生院	115.6	94.8	21.95%	5010	5077	-1.32%	5497	3751	46.55%
南岭卫生院	103.8	86.7	19.67%	5218	4121	26.62%	4947	4624	6.99%

续表

单位	业务收入（万元）			诊疗人次			住院床日		
	2015年	上年同期	同比增长	2015年	上年同期	同比增长	2015年	上年同期	同比增长
六市卫生院	74.6	82.1	-9.14%	9306	10449	-10.94%	2071	2578	-19.67%
合　　计	13516.5	11017.4	22.68%	526033	476509	10.39%	162003	143501	12.89%

（三）存在的主要矛盾

目前我县医疗卫生工作发展暨新农合管理上存在的主要矛盾是新农合资金结余较多而医疗卫生服务能力不足，导致这边钱在沉睡，那边无钱可用。

二、原因分析

（一）医疗卫生服务能力不足。虽我县有着相对封闭的地理环境优势，但总体医疗水平仍较弱，县医院（中医院）总业务不足亿元，妇保院业务收入2千万左右，乡镇卫生院业务收入较去年有所增长，总收入仅相当于周边县区的一个卫生院。主要原因在于专业技术人员匮乏、医疗设备短缺，硬件设施落后，导致患者转诊率较高，所报医药费县外占51.23%（2015年总住院费用11622.1万元，其中县内5137.7万元，县外6484.4万元），报销住院费用占全县49%（2015年总报销住院费用5599.4万元，其中县内3030.1万元，县外2569.3万元）。从数据看，我县不是没有病人，而是病人都转到县外就诊了，而县外报销比例远低于县内，从而增加了我县患者的经济负担，因病致贫，因病返贫的现象依然存在。

（二）医疗行为有待规范。一是医疗机构住院指征把关不严，为了多报销医药费，本应在门诊就医的病人转为住院治疗，致使部分患者小病大养，发生本不需要的医疗费用。二是目录外用药偏高。2015年卫生院新农合报销药品448.9万元，其中目录外达4.6万元，占比1%；县人民医院新农合报销药品新农合报销药品1486.4万元，其中目录外达169.5万元，占11.4%；县妇幼保健院新农合报销药品179.6万元，其中目录外达35.6万元，占20%；县外医疗机构新农合报销药品2048.6万元，其中目录外达358.1万元，占17.5%。三是村卫生室监管难度大。目前大部分村卫生室均未实行信息化管理，处方、票据均是手工开具，同时乡村医生普遍年龄较高、业务素质较低，处方、门诊日志的记录不符合医疗文书书写要求，导致监管难度较大，套取资金现象时有发生。

（三）部分报销比例偏低。一是门诊报销每日限额43元（其中诊疗费可报销8元，药品可报销35元），总费用超出60元的全部自付，部分患者为了多报销而要求医师转为住院。二是住院分娩报销偏低。县级公立医院改革后，医疗服务费用有所提高，没有并发症的情况下，平均费用为2000元左右，现行政策住院分娩定额报销700元，只达35%。剖腹产一般5000元左右，现行政策定额报销1360元，不足实际费用的30%。三是县级医院儿科患者报销不合理。由于儿童生理特性，生病来得快，好得也快，一般常见病住院3~5天即可出院，一般使用500~1000元医疗费，现行政策先扣除400元起付线再报销80%，实际报销费用不多，而儿童就诊次数较多，家庭实际负担费用偏重；四是慢性病患者年度报销40%，3000元封顶，对于部分患有多种慢性病或用精贵药品的患者，显然不足。

（四）宣传力度有待加强。随着新农合筹资额度从10元至120元逐年提高，新农合补偿政策每年都有所调整，如卫生院一直在65%~90%之间，虽然已通过发放宣传资料、新闻媒体报道、公布咨询电话等方式加大对新农合政策的宣传力度，但因部分医疗机构医务人员对新农合政策的学习、宣传不及时、不深入，个别乡镇、村委干部对新农合政策的理解不到位、对建立新型农村合作医疗制度的长期性、艰巨性和复杂性认识不足，导致部分参合农民对补偿政策不了解或理解错误，引起一些矛盾纠纷。

三、解决问题的对策与建议

（一）加强基层服务能力建设。一是加强县、乡、村三级医疗网络建设，加大医疗设备投入，加强县内重点学科建设。二是加快分配制度改革，提高医务人员积极性，加大人才引进和培训力度，引进高学历、高职称人才，留住本县人才不外流，加强对乡、村医护人员业务培训，通过医疗支农、培训学习等方式全面提高乡村两级医卫人员医技水平，培养一支扎根农村、作风过硬、技术优良的农村卫生队伍。三是增强服务意识，改善服务态度，创造良好就医环境。

（二）深化医保支付制度改革。加强医疗保险监督管理，推进医保付费总额控制工作，优化补偿方案，普遍开展按人头、按病种等多种付费方式相结合的复合付费方式改革。

1.实行分级诊疗制度。逐步建立基层首诊、双向转诊、分级诊疗的就医制度。用报销比例差异严格控制转诊数量，引导群众逐步树立科学的就医理念。综合利用医疗、医保、医药、信息化等手段，通过积极推进人才资源双下沉，责任医生签约服务逐步构建省、市、县级医院与乡村医疗机构分工协作机制，有利于解决大医院人满为患，乡镇卫生院冷冷清清，医疗资源闲置浪费这一无序就医的现象。

2.县级医院探索按病种付费。根据县级公立医院综合改革医保支付方式改革的需要，我们可以在县级医院推行按病种付费。以2015年临床路径工作业务数据为基础，科学核定纳入了临床路径的40种常见病的医疗费用，根据病种定额支付医保资金，便于医院控制医疗费用不合理增长，减轻患者就医负担。

3. 提高部分报销标准。一是提高乡镇卫生院按床日付费标准，建议提高至 220 元/天，有利于提升乡镇卫生院服务能力，预计总额约为 260 万元（2015 年卫生院住院 72699 人次×30 元×20%增长率）；二是适度提高住院分娩、白内障手术等定额补助标准或纳入住院报销；三是儿童患者县级医院就诊 1 年只扣一次起付线；四是慢性病患者门诊就诊费用报销封顶线提高至 5000 元以上。

4. 扩大部分报销范围。一是将中医类项目全部纳入新农合报销，有利于发扬推广传统中医药技术；二是将体检纳入报销范围，有利于预防保健事业的发展；三是适度扩大药品范围，严控自费药品比例。我县的自付药品费用较高，其中大部分确为治病需要，扩大药品范围更有利于解决群众负担。

（三）加强新农合基金监管。进一步加强新农合基金监督管理，防范新农合基金使用违规现象发生，确保新农合制度的平稳运行和健康发展。一是定点医疗机构严格遵循用药规定，首选国家基本药物和一线药物，避免重复检查和不必要检查。二是严格参合患者出入院标准。三是严禁巧立名目乱收费、高收费、分解收费。四是加强责任追究制度。加强合作医疗工作人员的管理和考核，落实奖惩与处罚措施。对违反合作医疗制度，造成新农合基金损失的定点医疗机构及个人，从严从重处罚。

（四）加强新农合政策宣传力度。要加大宣传新农合各项政策以及筹资相关事项，宣传工作要从基层做起，要通过宣传教育，以长远利益和社会利益为重，不断强化风险共担意识，引导群众深刻认识新农合工作对解决农民看病难、看病贵的重要意义，树立正确的观念，并积极投身于新农合政策宣传和维护基金安全中来，为新农合工作的开展建言献策。

阿基米德曾说：给我一个支点，我就能撬起整个地球！希望在推进新农合支付方式改革进程中，能够以政府支持、部门协调、群众配合为支点，以医保资金为杠杆撬动我县医疗卫生事业发展，使医疗服务能力得到质的飞跃，真正实现"小病不出村，常见病不出乡，大病不出县"，为群众提供安全、有效、方便、价廉的医疗卫生服务，使新农合真正达到"农民得实惠，医院得发展，政府得民心"的目的。

2016 年第 6 期《工作与研究》

莲花县畅通药具发放渠道

萍乡市莲花县不断深化药具工作改革，规范药具管理流程，创新药具发放模式，完善药具服务体系，推进了药具工作持续健康发展。

健全服务网络。筹集资金14万元，增加避孕药具发放网点，安装了290个免费避孕药具自取箱，购置了23台计划生育药具自助发放机，安装在县人民医院、县中医院、县妇幼保健院、各乡镇卫生院等医疗机构以及大型超市、宾馆等人口密集地，育龄群众只需刷本人二代身份证即可免费领取所需避孕药具。

加强队伍建设。积极组织县级药管人员参加省、市药具管理机构举办的培训班。县卫生计生委定期组织举办乡级药管人员培训，并就药具自助发放机的使用管理、药具服务管理、生殖保健知识等举行专题讲座。乡镇计生办采取"以会代训""专题培训"等形式，对村发药员开展药具知识培训。通过开展各级各类培训，进一步提升了全县药管人员的业务能力和服务水平。

强化宣传教育。在免费药具发放点、新农村建设点等地制作了避孕药具宣传栏，全方位宣传药具品种、使用方法、注意事项和避孕节育、生殖保健知识等内容。在全县范围内大力开展计生药具宣传咨询服务活动，宣传免费避孕药具政策和避孕药具知识，提高育龄群众对避孕药具的知晓率。

完善管理机制。建立药具管理台账，完善药具出入库制度，做到账物相符、账账相符。每月召开一次药管人员工作例会，对工作中出现的问题及时处理。对流动人口按照属地管理原则，实现流动人口药具服务均等化。严格执行计生药具管理制度，建立完善防控机制，严禁免费避孕药具流入市场销售或挪作他用，每年联合工商局、食药监局等部门，对全县范围内的药店、医院、超市等场所开展清查治理，规范避孕药具销售市场，保障人民群众的合法权益和身心健康。

2017第1期《计划生育药具管理与服务》

村卫计服务室建设打出"组合拳"

2016年以来,莲花县将村卫生计生服务室标准化建设纳入精准扶贫脱贫攻坚和卫生计生服务能力建设重要内容。按照市委、市政府提出的乡村卫生机构改造提升全覆盖目标,莲花县积极争取"赣商爱心基金"支持村卫生计生服务室建设捐款310万元,市财政安排资金144万元,县财政安排资金1700万元,在全县建设了144个公有产权标准化的村卫生计生服务室,确保了2017年底全县所有行政村(除乡镇卫生院所在地)产权公有和规范化村卫生计生服务室全覆盖,夯实了卫生计生服务网络的"网底",实现了"小病和计生基本服务不出村"目标。

莲花县通过坚持"一个原则",注重"两个结合",严把"四个关口",抓牢"四个统一",实现了所有村级共有产权标准化卫生计生服务室建设全覆盖。

一、坚持"一个原则"

严格按照省卫生计生委等部门提供的村级卫生计生服务室建设标准要求,坚持产权公有和独立兴建,不搭建、不合建、不改建。

二、注重"两个结合"

在项目推进过程中,注重与精准扶贫、提升卫生计生服务能力建设结合。一是与精准扶贫结合。将产权公有和规范化村卫生计生服务室建设列入精准扶贫工作重要考核内容,与精准扶贫工作同部署、同落实。二是与提升卫生计生服务能力建设结合。将产权公有和规范化村卫生计生服务室建设列入卫生计生服务能力建设重要内容，与县级医疗单位、乡镇卫生院能力建设同安排、同推进，全部配备了健康体检一体机。

三、严把"四个关口"

在施工过程中，严把责任关口、选址关口、监督关口、考核关口。一是严把责任关。成立由县政府主要领导担任组长、分管领导任副组长、各有关部门主要负责人和各乡（镇）长为成员的村卫生计生服务室标准化建设项目领导小组，加强村卫生计生服务室建设组织领导与工作协调，全面负责村级卫生计生服务室建设项目。二是严把选址关。结合全县新农村建设总体规划，综合考虑服务人口、居民需求以及地理条件等因素，科学合理编制好村卫生计生服务室建设规划。三是严把监督关。严格落实省卫计委等有关部门关于村卫生计生服务室建设标准。各村卫生计生服务室建设由所在乡镇卫生院组织，项目村委会实施，统一发包，倒排工期，实行一周一通报制度，严格村卫生计生服务室图纸兴建。四是严把考核关。将公有产权村级卫生计生服务室标准化建设，列入精准扶贫、民生工程和卫生计生工作考评内容项目之一。村卫生计生服务室公有产权认定标准，必须出具由乡镇政府、村委会、乡镇卫生院三家盖章及村医签字的村卫生计生服务室（村卫生室）产权协议证明。

四、抓牢"四个统一"

新建的公有产权标准化村级卫生计生服务室建设做到统一建设规模，统一建筑风格，统一结构布局，统一外观标识。一是统一建设规模。村卫生计生服务室房屋面积，服务人口2000人以上的不少于120平方米、服务人口2000人及以下的不少于100平方米。二是统一建筑风格。建筑结构为砖混，由地基、地角梁、楼面为钢筋混凝土、琉璃瓦等组成，墙体高度不少于3.6米。三是统一结构布局。功能布局设置"八室一间"，由诊疗室、治疗室、计划生育技术服务室、观察室、药房（计生药具室）、人口学校、值班室、档案信息室、公共卫生间等组成。四是统一外观标识。在建成的卫生计生服务室主体建筑物上镌刻碑记，村卫生计生服务室统一命名为"卫生计生标志加××乡（镇）××村（赣商爱心）卫生计生服务室"。

民生无小事。健康，是群众最基本的需求，也是最重要的民生。如今，不管走进莲花的哪一个村落，都能看到干净宽敞、硬件齐全、人员充足的村卫生计生服务室，村民步行15分钟内就能就医，享受到了农村基本医疗卫生计生服务体验改善带来的便利。

2018年第3期《健康江西》

关于调整医保政策后乡、村两级医疗卫生机构的现状调查

为了更好地提升我县家庭医生、重点人群签约率、服务率、履约率，更好地打赢健康扶贫脱贫攻坚战，打通医疗卫生惠及民生的"最后一公里"，全面提高乡、村医疗卫生服务水平。近期，莲花县卫计委就全县乡、村医疗卫生机构运行情况进行了专题调研。

一、乡、村两级医疗机构的基本现状

20世纪90年代，我县乡、村两级医疗卫生机构几乎处于瘫痪状态。随着2007年新型农村合作医疗政策的实施，为我县乡、村两级医疗卫生机构带来了发展良机，通过近10年的努力，我县乡、村两级卫生机构的发展稳步前进，特别是2015年、2016年实行门诊统筹后，乡、村两级医疗机构的医疗收入达到了新的高度，医务人员的积极性空前高涨，乡、村两级医疗卫生机构迅速发展。13所乡镇卫生院新建了标准化办公大楼，投入近1300万元完成了每个乡镇卫生院院内绿化、道路硬化、统一标识等穿衣戴帽工程，争取联慈医疗扶贫工程援助1500余万元、县政府配套资金近650万元为各乡镇卫生院购置医疗设备价值2000余万元100台（套、件），投入近150万元完成了各乡镇卫生院中医馆建设；积极争取"赣商爱心基金"支持村卫生计生服务室建设捐款310万元，市财政安排资金144万元，县财政安排资金1700万元，在全县新建了144个公有产权标准化（除乡镇卫生院所在

地行政村）的村卫生计生服务室，为村卫生计生服务室购置了133台健康体检一体机，极大程度地改善群众就医环境。但是，随着2017年医保政策的调整，取消乡、村两级门诊统筹后，老百姓不愿在村卫生计生室看病，村医不愿看病，乡镇卫生院职工积极性不高。乡、村两级医疗机构的业务收入呈现断崖式的下降，特别是村卫生室业务收入减少大半。这就使得本就举步维艰的乡、村两级医疗卫生机构处境更加艰难。

通过实地走访良坊、坊楼、三板桥、荷塘、闪石等部分乡、村两级医疗卫生机构，调取其取消门诊统筹前后业务收入的数据，2015年门诊收入362.2万元，门诊诊疗人次10.76万，门诊统筹收入132.26万元；2016年门诊收入314.57万元，门诊诊疗人次12.16万，门诊统筹费用144.39万元；2017年门诊收入265.97万元，比2015年下降36.2%，比2016年下降18.3%，门诊诊疗人次7.14万，比2015年下降50.7%，比2016年下降70.2%，门诊统筹费用没有产生。具体数据如下：

乡村两级医疗卫生机构取消门诊统筹前后业务收入对比

乡镇	医疗机构	2015年			2016年			2017年		
		门诊收入（元）	门诊诊疗人次	门诊统筹费用（元）	门诊收入（元）	门诊诊疗人次	门诊统筹费用（元）	门诊收入（元）	门诊诊疗人次	门诊统筹费用（元）
良坊镇	良坊中心卫生院	660034	27722		544003	36283	92840	490626	26167	0
	白沙村卫生室	16830	1706	10236	17360	198	17352	8100	944	0
	下布村卫生室	26848	2100	12612	18166	1690	15210	9813	660	0
	田心村卫生室	12350	1800	10800	9100	1500	13500	6500	1000	0

续表 1

乡镇	医疗机构	2015 年			2016 年			2017 年		
		门诊收入（元）	门诊诊疗人次	门诊统筹费用（元）	门诊收入（元）	门诊诊疗人次	门诊统筹费用（元）	门诊收入（元）	门诊诊疗人次	门诊统筹费用（元）
良坊镇	泉水村卫生室	87000	4310	25860	98000	5760	51840	36000	1800	0
	邑田村卫生室	25000	2450	8400	28000	2700	22050	15000	1400	0
坊楼镇	坊楼中心卫生院	1757684	20452	473989	1584079	22482	576418	1602872	15832	0
	富树村卫生室	116800	5840	76800	67000	1675	60000	49000	1225	0
	坊楼村卫生室	152000	9000	150000	100000	1200	78360	90000	11000	0
	屋场村卫生室	50000	1875	45000	76200	2610	64800	33600	1672	0
	东边村卫生室	11560	620	11000	5044	190	3530	7800	234	0
	奢下村卫生室	54500	2050	41000	58000	3650	48000	26800	1780	0
三板桥乡	田南村卫生室	—	2400	21600	—	2667	24003	10215	1135	0
	三板桥村卫生室	—	2556	23004	—	3340	30060	12006	1334	0
	棠市村卫生室	—	1089	9801	—	1289	11601	6201	689	0
	湖边村卫生室	—	1300	11700	—	1500	13500	10800	1200	0
	镇背村卫生室	—	152	15768	—	2069	18321	7686	854	
荷塘乡	长曲湾村卫生室	195500	3247	62900	93900	3020	56900	40200	—	0

续表2

乡镇	医疗机构	2015年			2016年			2017年		
		门诊收入（元）	门诊诊疗人次	门诊统筹费用（元）	门诊收入（元）	门诊诊疗人次	门诊统筹费用（元）	门诊收入（元）	门诊诊疗人次	门诊统筹费用（元）
荷塘乡	庙下村卫生室	50400	2672	59900	30800	1937	38900	撤并	—	0
	珊溪村卫生室	127200	3712	84700	87900	3618	60700	61200	—	0
	万里村卫生室	94700	2788	66600	68500	2185	40800	34200	—	0
	井下村卫生室	83900	2630	59500	74800	2870	54500	46300	—	0
闪石乡	暖水、西江村卫生室	23062.69	1633	13064	44890.53	1632	13056	12204.63	658	0
	闪石村卫生室	19616	1360	11030	75156.3	2153	17208	23516.3	1047	0
	太源村卫生室	32222.49	1083	8664	25578.56	969	7752	6792.14	270	0
	井屋村卫生室	24992.36	1078	8696	39218.82	1587	12696	12359	527	0
合计		3622199.54	107625	1322624	3145696.21	121574	1443897	2659791.07	71428	0

二、存在的问题和原因分析

（一）为何村卫生室建好了，就医环境、硬件设施改善了，老百姓却不愿去村卫生计生室看病？

实行门诊统筹时，虽然村卫生室条件简陋，就医环境恶劣，但老百姓在村卫生计生室门诊就诊只需自付1元门诊诊查费和30%的药品费（每日限额43元），医疗费用负担较轻。且多数慢性病患者都是在村卫生室门诊统筹购药，因为一年下来用慢性病证报销和门诊统筹报销自付的费用相差不大，甚至高于门诊统筹，老百姓得到了很大实惠，所以更愿意在村卫生室看病。门诊统筹取消后，老百姓门诊看病自费费用增加，负担加重。慢性病患者在村卫生室无法报销，老百姓只好走向更远的乡镇卫生院、甚至县级医疗机构购药，增加了老百姓来回奔波之苦。2017年门诊统筹取消后群众的医保个人账户无资金入账，只有户主账户才有，老百姓持社保卡就医程序繁琐。自2017年全国开展健康扶贫工作后，许多贫困户在乡镇、县级医疗机构住院报销比例达到90%以上，老百姓小病也住院，不愿门诊诊疗，一定程度浪费了医疗资源。因而导致老百姓更加不愿在村级卫生室看病。

（二）为何村卫生室建好了，工作环境、硬件设施改善了，乡村医生却不高兴了，不愿看病了，积极性调动不起来？

实行门诊统筹时，乡村医生每诊疗一位患者，医保补偿8元，村医的收入有了保障，积极性提高了，也愿意看病了。门诊统筹取消后，村医的8元/人次医保补偿没有了，收入主要靠公共卫生服务资金，而公共卫生每年的任务都在加重，且健康扶贫耗费了大量的时间和精力，无暇提高自身的业务能力。且门诊诊疗需承担医疗风险，从而导致乡村医生的积极性不高，不愿看病，宁可花更多的精力做好公共卫生服务来增加收入，保障生活。以良坊镇白沙村卫生计生服务室为例，辖区人口仅有702人（包含移民人口数）。2015年、2016年门诊收入为16830元、17360元，而2017年仅为8100元；门诊人次也由2015年、2016年的1706人次、1928人次下降至944人次。其公共卫生服务资金每年仅有8000余元。除去各项开支（医疗保险、校验费、网络费等），2017年全年收入只有1.2万元。

（三）为什么乡镇卫生院的硬件设施、工作环境较之前明显改善，但乡镇卫生院职工积极性普遍不高？

乡镇卫生院的医务人员基本都是正规大学毕业，经过自身努力，才取得医师资格证、职称,过程艰辛。在乡镇卫生院每诊疗一位患者只能收取1元挂号费,甚至有时为了减轻老百姓的负担,不收取挂号费。而县级医疗机构挂号费、诊查费是按医师职称收取,是乡镇卫生院的数倍。实行门诊统筹时,乡镇卫生院医务人员每诊疗一位患者,医保补偿9元,医务人员的劳动价值得到了充分的体现,也增加了医院的收入。门诊统筹取消后,9元/人次的医保补偿取消了,医务人员的劳动价值得不到体现,既打击了医务人员的积极性,卫生院的业务收入也在下降。以莲花县良坊中心卫生院为例,截至2017年12月25日,全院门诊诊疗人次为44027次,增长1.7%(2016年为43290人次)。来自门诊统筹的医保补偿减少396243元,还包括健康扶贫部分医保资金。截至目前,还有2017年基药药事服务费的医保补偿资金43万元未拨付到位,该院2017年的医保补偿将减少82万元。

(四)为什么乡、村两级医疗卫生机构的工作环境、硬件设施改善了,而乡、村两级医疗机构的医务人员流失严重,甚至有的卫生院、村卫生室无法保证正常运转?

门诊统筹取消后,医保补偿资金减少,乡、村两级医疗卫生机构业务收入急剧下降,仅靠公卫服务资金艰难地维持运营。医务人员待遇无法保障,部分乡医被迫离职,年老的要求退休,年轻的前往沿海地带私人医院;同时乡镇卫生院的临床医务人员中有资格证、业务能力强的都跳槽至县级医疗机构或者外出另谋出路,剩下无证和临近退休人员值守。据调查仅良坊镇就有高丘、湾溪、冲头3所村卫生室无乡医执业,三板桥乡、湖上乡卫生院仅有3名医师轮班。

三、几点建议

当前,医保政策仍是我县乡、村两级医疗卫生机构的晴雨表。取消门诊统筹,虽然节省了数百万元医保资金,减轻了对乡、村医疗机构的监管压力。但在解决群众看病难、看病贵的方面将会受到非

常大影响。针对我县乡、村两级医疗机构的现状,建议医保政策作如下调整:

(一)恢复门诊统筹。恢复乡、村两级医疗机构门诊统筹(乡村医生医保补偿8元/诊疗人次,乡镇卫生院医保补偿9元/诊疗人次),乡镇卫生院诊查费按照萍乡市公立医院医疗价格调整表(试行)收取,既增加乡、村两级医疗机构的业务收入,又体现了临床医师的劳动价值,对提高临床医务人员的积极性具有显著的意义。医务人员积极性提高了,业务水平才会提高,才能更好地服务群众。村医待遇提高了,也不会为了维持生计停止在村卫生室为老百姓解决疾苦的工作,解决了群众看病难的问题。恢复门诊统筹,老百姓的看病的负担减轻了,老百姓再也不用为了报销部分费用而去更远的乡镇卫生院,甚至县级医疗机构诊治。建档立卡贫困户再也不用为了减少费用负担而小病大治,不该住院治疗的住院治疗。在村卫生室就可以解决老百姓最基本的健康需求,才能更好地解决群众看病难、看病贵问题。

(二)医保政策向中医药、中医理疗方面倾斜,对我县的中医药事业的发展有良好促进作用。目前,全国范围内掀起了发扬中医药文化的热潮,我省也提出了中医强省的口号。中医药是中华民族的瑰宝,将会是医疗机构下一个业务增长点,对于减少抗生素滥用,减少耐药等方面有促进意义。截至目前,我县13个乡镇卫生院都设有中医馆,但是村级卫生计生服务室只有极少部分开展了中医药服务。随着乡镇卫生院中医馆的开展,中医药治疗的普及,已逐步向村级卫生计生服务室推进。医保政策向中医药、中医理疗方面倾斜,甚至高于西医药报销比率,不但可减少乡、村两级医疗的风险,还能增加乡、村两级医疗卫生机构的收入,更能够促进我县中医药事业的健康蓬勃发展。

(三)增加慢性病患者在村级卫生室购药的报销。目前我县慢性病患者只有在县、乡公立医疗机构购药才能报销部分医药费用,而在村级卫生室购药不能报销，只可刷取个人账户资金。许多慢性病患者都是老弱病残，为了报销部分医药资金，每次买药都要跑到更远的乡镇卫生院甚至县级医疗机构，过程非常艰难。增加慢性病患者在村级卫生室购药报销，既可减少慢性病患者来回奔波之苦，又可解决群众日益增长的健康需求，对解决群众看病难问题具有非常积极的意义。

乡、村两级医疗机构作为公立医疗机构的最基层，最基本职能是治病救人，是直接解决基层老百姓看病难看病贵的首要关口，也是最重要的网底。医保政策适当地向乡、村两级医疗卫生机构倾斜，将会很大程度地提高乡、村两级医疗卫生机构的收入，从而提高乡、村两级医疗卫生机构医务人员的积极性，才能留住优秀的人才，才能更好地提高服务质量，才能把病人留在基层，满足老百姓日益增长的健康需求。（童道雄、刘晓林）

2018年第5期《工作与研究》

我县工业园区经济综合考核排名靠后原因分析及其对策

近日，省促进开发区改革和创新发展领导小组下发了全省开发区2019年上半年争先创优综合考核有关情况的通报。在本次考核中，我县工业园在全省排名99名，列倒数第一，现将基本情况、原因分析及意见建议汇报如下：

一、基本情况

我县工业园在2019年上半年度考核中得分74.97191，在全省99个园区中排名第99位。（2018年上半年得分74.9352，排名第76名；2018年度得分72.8782，排名第79位）。全省开发区争先创优综合考核项目共分5个大类，54个指标。目前市发改委已反馈41项指标的排名、数值及得分情况，其余13项指标尚还未反馈（省考核办未返还给市发改委，可能未出或因不便取数本次未打分）。其中我县工业园有22项指标排在全省50位之后。（详见莲花工业园区争先创优综合考核评价结果偏低指标表）

莲花工业园区争先创优综合考核评价结果偏低指标表

大类	代码及指标名称	数值	全省排名
经济发展	1.工业企业主营业务收入	113473万元	95
	2.工业企业主营业务收入增长率	-1.12%	93

续表1

大类	代码及指标名称	数值	全省排名
经济发展	3.工业增加值	30995万元	95
	5.税收收入	4801万元	94
	6.税收收入增长率	12.14%	63
	9.当年新增规上工业企业数	0个	70
科技创新	15.当年新增纳入省级以上人才工程人数	0人	53
开放水平	18.实际利用外资	0万美元	93
	19.实际利用外资增长率	0%	66
	20.实际利用省外项目资金	8.44亿元	95
	21.实际利用省外项目资金增长率	9.13%	59
	22.进出口总额	0.61亿元	91
	24.高新技术产品出口额占出口总额比重	4.42%	66
综合效益	25.首位产业集聚度	2.86%	99
	27.利润总额增长率	－55.74%	97
	28.六大高耗能行业工业增加值增速（逆）	13.11%	64
	30.工业用地亩均产出率	55.2万元/亩	93
	31.亩均税收	0.64万元/亩	93
生态文明	33.规上企业单位工业增加值能耗（逆）	1.80吨标煤/万元	87

续表 2

大类	代码及指标名称	数值	全省排名
营商环境	40.基础设施投资额增速	-64.50%	98
	41.新建成标准厂房建筑面积	9650 平方米	93
	43.安全生产标准化达标率	0.00%	98

注：各指标数值来取自于统计系统反馈数据，或由有关部门专门为本考核上报。涉及统计、财政、税务、发改、组织、人社、教育（科技）、市监、商务、自然资源、生态环境、水利、住建、政务、应急管理、金融监管、证监等部门。

二、原因分析

从本次考核结果来看，我县工业经济落后不仅仅是几十个单一指标的落后，更暴露出我县工业经济所面临的深层次问题，务必要引起高度重视。主要有以下几个方面的原因，值得我们深思。

一是工业运行体制机制不健全。工信部门作为主抓工业，主抓园区企业的牵头部门，受历史原因和客观条件制约，导致干部队伍结构失衡。县工信局由原商业局、乡镇企业局、二轻局等四个部门合并，近25年来未招录引进专业人才，缺乏专业干部，无专业科室，日常工作开展不畅，干部队伍"老龄化"现象十分严重。由此导致机构改革很多事项不敢承接，如煤炭行业、盐业、焰材、墙体管理、水泥及搅拌站等，缺乏基本的工业运行保障，对上无法对接协调，对下无法开展工作，处于瘫痪或半瘫痪状态，没有发挥好经济主管部门应有的作用。

二是工业强县激励考核机制不健全。其一，工业经济考核对乡镇考核不明晰，对部门没有考核，主攻工业、工业强县的舆论氛围不浓厚。乡镇工业是乡镇经济的重要组成部分，也是县域经济发展的重要推动力。大力发展乡镇工业经济，是有效增加农民收入、拓宽就业渠道、增加乡镇财力、促进乡镇繁荣的重要途径。因此，乡镇不抓工业，谈何稳定？谈何发展？其二，服务意识不强。长期以来形成了"重招商，轻服务"的格局，乡镇只顾完成招商引资任务，对项目质量是否符合产业政策，对直奔产业扶持、借招商之名圈地的企业把关不严，无人跟踪落实服务，以至于有的招商引资企业走了，服务乡镇都不清楚，乡镇有多少规上企业不清楚，如何入规入统不清楚，企业安全生产标准化不清楚。企业用工怎样？产品销售怎样？市场怎样？利税怎样？过问较少。

三是部门协调机制不健全。部分部门单位工作人员甚至有的主要负责同志缺乏大局意识，全局观念，为了部门利益，在审批、报送相关信息时形成"两张皮"。没有建立调度机制，沟通协调不到位、配合不紧密，工业线上涉及的单位和部门各唱各的调，各项工业经济运行指标未实现互联互通的共享机制，没有发挥好部门通力协作的作用。

四是我县工业基础有待进一步加强。我县工业基础薄弱，总量偏小，传统产业不强，主导产业仍在培育阶段，导致各项经济指标滞后：如考核指标中，我县园区规上工业企业数量较少，且普遍规模小，截至2019年12月，我县规上企业仅有49家，而周边的安福105家、永新74家、芦溪109家、上栗183家、湘东107家，莲花在全省99个县区列倒数11。2018年规上工业税收仅9948万元，全县工业主营业务收入333182万元，其中工业园区275899万元；老企业各项经济指标增长乏力；新投产企业因收入和纳税较少难以入规，即使入规了，经济指标短期内也上不去。造成园区各项经济指标总量太小，在全省靠后，其主要体现以下六个方面：1.园区近二年培育的空压机及电子信息产业企业较多还在培育阶段，产业规模及效益还未凸显，目前入规企业中只有风石空压机主营业务收入过亿元，其他企业如华莲欣1—8月主营业务收入只有3000万元，卡帕气体刚过千万元，莲宝实业全部停产；因中美贸易摩擦，特种冶金材料产业主要企业昊泰冶金及永特合金出口全线下降（两家企业主营业务下降近2.6亿元），基于全国环保整治压力，主要纳税大户宝海锌业及大地制药生产产品产量大幅减少。2.园区大多规上工业企业在每月联网直报工业统计报表时直接将企业每月纳税财务报表数据上报，没有将未开具销售发票和外销收入未纳入统计填报范围报送。3.在争先创优综合考核时，我县园区首位产业主营业务收入上报空压机产业且主营业务收入只报3240万元，而我县实际已初具规模的主导产业是特种冶金材料且1—8月总产值达50556万元；4.2019年上半年新增规上企业、新增省级以上科技创新平台或载体、新增省级以上人才工程人数、实际利用外资、安全生产达标认证企业个数等指标均为零。5.由于园区开发面积历年来上报数为5平方公里，但目前实际上开发面积只约3平方公里，加之园区土地配置不合理，对一些僵尸企业处置力度偏弱，对长期闲置的土地应对办法不多，导致"亩均税收"等个别计算数据进一步偏低。6.基础设施投资、新建成标准厂房面积等数据方面基本如实上报，特别是新建成的标准厂房未将自建自用标准厂房面积报送。

　　五是园区基础设施建设有待于进一步完善。我县工业园区基础设施建设滞后，园区配套服务，各种功能跟不上园区企业发展的步伐。园区企业职工的小孩上学难、住房难、看病远、用水困难等问题依然存在，园区医院、学校、银行、农贸市场、便民超市、人才公寓等设施需加快配套建设。

　　六是我县营商环境有待于进一步净化。有部分企业反映我县部分乡镇招商引资协议得不到兑现，存在"重招商轻服务，重洽谈轻落地、重招引轻管服"的现象，有一些困难和问题一拖就三至四年；各部门检查多、停产多、罚款多，而且动不动就叫市级行政部门来执法，不给企业整改的时间；园区用工荒，招不到人，各村老年协会却是人满为患，部分贫困群众文化程度不高，存在程度不一的"等、靠、要"思想，脱贫致富的内生动力不强，有的甚至争当"低保户贫困户"为荣，以在祠堂里"打麻将不劳动"为荣，一些不良的社会风气亟须整治。

三、对策

基于我县园区经济以全县工业经济的现状及原因分析，为全面贯彻落实好全省工业强省会议精神，彻底扭转我县工业的落后状况，尤其是园区经济排名靠后现状，建议县委、县政府尽快出台《关于深入实施工业强县战略推动工业高质量发展的实施意见》，改进工业经济考核激励机制，召开全县兴工强县动员部署会议，全力推动工业强县战略落到实处。

一要健全全县工业运行的体制机制。要加强对工业经济高质量发展的领导，实施"千人入千企，共圆强工梦"服务行动，县四套班子主要领导，乡镇主要领导，工业口所有干部挂点重点产业、重要企业、规上企业，切实解决企业实际困难。要充实工业主管部门和乡镇工业办专业人才队伍建设，建立健全工业发展规章制度，抽调一批懂经济、善管理、有开拓精神的干部，使他们集中精力负责协调、解决工业发展中出现的问题，推进工业经济发展。要加大干部教育培训力度，把工业经济内容列入党政干部培训计划，进一步选优配强工业干部队伍，加大对熟悉工业，有开拓创新精神的干部的培养使用力度，让"专业人做专业事"；要保障工业口工业运行保障，切实加强"放管服"改革，让全县工业经济步入良性发展轨道。

二要健全全县工业经济的考核激励机制。要根据省市考核指标，科学确定分值，像省市一样着重考核入园项目总投资额、序时实际投资进度、已投产项目税收贡献率、就业人数、亩均税收、两化融合、专精特新、企业上云、新增规模以上企业数量等。建立健全相应的奖惩机制，强化考评结果应用，奖优罚劣，褒扬先进，把服务新型工业化及企业发展成效列入相关部门、乡镇和干部考核的重要内容。同时，可以参照先进县市的做法，实施工业崛起奖，对工业经济有功人员进行大张旗鼓的表彰，并进行即时奖励，在全县上下形成"工业强县"的浓厚氛围。

三要健全工作协调调度机制。要强化工作协调推进，推行"一月一例会、一季一调度、半年一通报"的工作机制。县委、县政府每季度召开一次工业经济和高质量发展工作调度会。对照园区 7 大类 51 指标逐项分解；要明确乡镇、园区、部门的责任和工作任务，乡镇和统计部门负责指导规上企业申报服务工作，督促指导规上工业企业联网直报时做到企业表内表外有关经济数据应填尽填，应报尽报；负责指导入规企业在首位产业主营业务收入，工业企业主营业务收入增长率、工业增加值、当年新增规上工业企业数，首位产业集聚度，利润总额增长率等数据填报审核工作；组织、人社、教育部门负责当年新增纳入省级以上人才工程申报等有关工作；县应急管理局负责企业通过安全生产达标认证等工作；生态环境局负责规上企业工业增加值消耗指标，六大高耗能行业工业增加值增速指标；工业园管委会负责营商环境基础设施投资增速，园区规划、建设管理，新建成标准厂房面积核定上报，工业用地亩均产出率；税务部分负责园区企业税收收入、税收增长率、亩均税收；县商务部门负责实际利用外资及增长率、实际利用省外项目资金及增长率、进出口总额，高新技术产品出口额占出口总额比重；教育科技、市监部门负责新增发明专利授权数、新增省级以上名牌产品数等指标数据；县工业园管委会、县统计局、县工信局尽快全面梳理园区企业，形成一套完整企业统计报表，工业园、工信、税务、商务、电力等部门建立业务沟通渠道，明确业务对接人员，加强业务沟通及数据共享机制。

四要夯实我县工业经济基础。加大规上企业的培育壮大，通过三年强攻，以 2018 年的工业数据为基数，努力实现"全县工业主营业务收入倍增"和"工业园主营业务收入倍增"双倍增目标。到 2021 年，全县工业总量规模、产业结构、质量效益、创新能力同步提升，高质量跨越式发展取得积极进展，推动美好形成"1"+"3"产业体系，"1"是装备制造（空压机），作为我县首位主导产业；"3"是电子信息、新材料、医药食品等战略性新兴产业。要对新兴产业实现倍增，对传统产业改造升级，对新经济新动能实现培育，构建产业新体系。

对新兴产业实施倍增工程：一是装备制造（空压机）产业：主要依托风石、维特、莱利电气、卡帕气体、陛快管道等企业，充分利用江西省空压机行业协会这一平台，引进一批空压机机上下游企业，重点培育红海力集团上市，着力将我县打造国内知名的空压机生产基地。二是电子信息产业：重点依托华莲欣、丝路科技、全康电子、塔罗亚、特瑞虹、鑫彩晨科技等企业，重点培育华莲欣科技及丝路科技主板上市。三是新材料产业：重点把有泽新材料、永特集团、宏科特材、昊泰冶金、科嵘合金、宝海微元等企业打造国内技术先进的新材料研发和生产基地。四是医药食品产业：重点扶持大地制药主板上市，依托食品工业园平台载体，重点发展绿色有机休闲食品和健康产业。

传统产业实施升级工程：一是建材产业，以昌盛水泥为依托，推动水泥工业技术改造，加快由低标号水泥向高标号水泥及特种水泥转变，由单一的水泥生产向水泥制品生产转变，促进水泥产业绿色发展。主要是规范制砂，水泥及搅拌站行业的整顿，所有企业必须符合产业政策，必须达到入规入统要求，达不到的必须淘汰；二是制鞋产业，重点依托赛实业、东鹏鞋业及森鸿鞋业等企业，鼓劲全县制鞋企业入驻园区标准化厂房，主要在开发自主品牌上下功夫。

新经济新动能产业实施培育工程：在"互联网+"方面，主要依托园区电商平台，加快推进工业互联网平台建设。在智能制造方面，要加快园区企业智能化改造，"企业上云"以华莲欣科技为标杆形成一批以数字化、网络化、智能化为特征的智能化工厂，以莱利电气、创凯睿为样板打造一批智能车间。

提升管理水平：工业园要对园区僵尸企业进行全面清理，县工信部门要组织税务和自然资源规划部门突出"亩均主营业务收入和亩均税收"2项指标，对园区企业逐年进行考核，每年评出10户企业予以授牌表彰，对园区企业分ABCD四个档次，分别在用地、融资、财政扶持方面予以支持或限制。对"亩产税收"贡献率较低的企业进行清理，提高园区土地利用率。

五要完善园区基础设施建设。要积极落实好"扩园扩区"战略，扎实推进空压机产业园，电子信息产业园，新材料产业园，着力建设空压机核心聚集区和综合聚集区，适时启动调区扩区工作，提升园区承载力。加快推进标准厂房建设，到2021年累计达50万平方米。完成电商中心、便民服务中心、小微企业创业中心和总部经济服务中心等"四大中心"建设，有序推进园区道路、污水管网、三产服务、园区绿化等基础设施提升，抓好园区的体制机制创新，在方便企业职工子女上学、职工就医、购物、住房、用水、用电、金融等方面提供优质配套服务。

六要转变政府职能，优化营商环境。全面推进依法行政，纵深推进"放管服"改革，加快政府职能转变，坚决制止各种侵犯企业合法权益和干扰企业生产经营的行为，保障工业发展稳步有序推进。实施负面清单管理，以"非禁即入"的工作思路，消除民间资本依法进入相关重点领域的各种隐性壁垒。实施涉企收费清单制度，取缔各种不合理收费，进一步减轻企业负担。加强宣传引导，大力营造主攻产业、强攻工业的舆论环境和社会氛围。建议要及时兑现招商引资协议，建议在园区建一栋集超市、托儿所、医院、银行、园区企业创业创新平台、产业孵化基地、投融资担保中心等一体的工业信息综合服务中心，为企业提供一体化服务。各乡镇、公安、扶贫等部门要加强农村老年活动中心管理，对一些农村懒汉要加强思想教育和村规民约约束，解决园区用工难的问题，形成勤劳致富的社会风气。同时，要认真学习、研究法律和政策，提高用好、用足、用活政策为项目服务的能力和水平，促进项目建设，推动工业经济又好又快发展。

关于《深入实施工业强县战略推动新兴倍增工业高质量发展的若干意见》的起草说明

根据会议安排，我代表工信局就《关于深入实施工业强县战略推动新兴产业倍增工业高质量发展的若干意见》（以下简称《意见》）作起草说明。

一、背景依据及文件形成过程

为什么要出台这个《意见》，主要是基于三方面的考虑：一是基于省市有文件，有考核，每年均召开一次全省工业强省专题会议；二是基于我县两位主要领导十分重视，亲自部署；三是基于我县的工业经济发展的现实需要（我县规上企业53家，2019年将退出9家，新增5家，实际49家，在全市列倒数第一，在全省列倒数11名，而我县周边安福105家，永新74家，芦溪109家，湘东107家，安源125家，上栗183家，2018年规上工业税收9948万元，2019年1—10月7742万元，全县工业主营业务收入333182万元，其中工业园区275899万元）。

2018年5月省委省政府出台《关于深入实施工业强省战略推动工业高质量发展的若干意见》（赣发〔2018〕14号），2018年12月19日市委市政府相应出台萍发〔2018〕27号。去年8月29日，今年8

月 26 日全省工业强省推进大会在南昌召开，省委书记刘奇，省长易炼红出席并讲话。9 月 29 日、11 月 11 日，我局向政府常务会及县委常委会就《全省工业强省推进大会主要精神及贯落实意见》作专题汇报，会上两位主要领导十分重视，就"工业强县"作出具体布署，要求我局广泛调查研究，提出高质量的方案。为此，我局立即着手《意见》的调查研究和起草工作。

整个《意见》的形成分为三个阶段：

一是广泛调研，收集资料阶段。

10 月份以来，我们前往周边县区（芦溪、安源、安福、永新），深入了解其他县区工业高质量发展的主要做法和经验。深入园区企业调研，听取企业家的意见，建议。同时加强与工业园，商务局，统计局的沟通对接，全面掌握全县经济发展情况。较为全面地收集了与文件相关的基础性材料。

二是字斟句酌，起草初稿阶段。

组织起草文件的同志认真原文研读赣府发〔2018〕14 号，萍发〔2018〕27 号文件精神。结合莲花工业经济的实际，经过多次讨论，初步形成了文件提纲，经过认真的研究和推敲，先后几易其稿。形成了《意见》的初稿。

三是征求意见，修改完善阶段。

11 月下旬起，我们将《意见》（征求意见稿）送到各经济综合部门，13 个乡镇主要领导广泛征求意见。截止到 11 月 28 日共收到各方面的意见和建议 60 多条，有对内容的补充，有文件文字的表述，有对引用数据的核实，还有不少是对今后工作的建议和意见，我们对此都逐一进行了认真研究，多数在修改时作了采纳。分管副县长黄旭辉同志多次提出修改意见，孙彬副县长也对文件的出台予以肯定，特别是曾国祥县长全文细读，大篇幅斧正，提出了宝贵的指导性意见，令人感动。经过一个多月的努力，《意见》终于成形出台。12 月 9 日，全县工业经济三年倍增行动推进会，以及第65次政府常务会各位领导和乡镇，部门负责人提出的意见和建议已全部采纳，今天县委常委会各位领导提出宝贵意见和建议，我们将积极采纳并加以完善。

二、《意见》的主要内容

《意见》分二个部分，主文件及5个子文件。整个《意见》围绕全县工业经济"抓什么？怎么抓？"来谋篇布局的。

第一部分：主文件

主要内容包括总体要求，重点任务，保障措施，组织实施四大部分，是解决我县工业经济"抓什么？"的问题，总体架构，主要精神与省市文件精神保持高度一致。

第一，总体要求：

重大意义，工作思路，基本原则，主要目标。通过三年强攻，以2018年底数据为基数，努力实现"工业主营业务收入倍增"，"工业园区主营业务收入倍增"双倍增目标，到2021年，全县工业总量规模，产业结构，质量效益，创新能力同步提升，高质量，跨越式发展取得积极进展，形成"1+3"产业体系，"1"是装备制造（空压机）首位主导产业，"3"是电子信息，新材料，医药食品等战略性新兴产业。

第二，重点任务：

（一）实施三大工程，构建产业新体系；

1.新业产业倍增工程

装备制造（空压机）产业：主要依托风石、维特、莱利电气、卡帕气体、陞快管道等企业，利用江西空压机行业协会这一平台，引进一批空压机上下游企业，重点培育红海力集团上市，着力将我县打造国内知名的空压机生产基地。

电子信息产业：重点依托华莲欣科技、丝路科技、全康电子、塔罗亚、特瑞虹、鑫彩晨科技等企业，重点培育华欣科技及丝路科技主板上市。

新材料产业：重点把有泽新材料、永特集团、宏科特材、昊泰冶金、科嵘合金，宝海微元等企业打造成国内技术先进的新材料研发和生产基地。

医药食品产业：重点扶持大地制药主板上市，依托食品工业园平台载体，重点发展绿色有机休闲食品。

2.传统产业升级工程：建材产业，制鞋产业

3.新经济新动能培育工程

"互联网+"依托园区电商平台，加快推进工业互联网平台建设。

智能制造：加快门主区企业智能化改造，"企业上云"，以华莲欣科技为标杆形成一批以数字化、网络化、智能化为特征的智能化工厂，以莱利电气为样板打造一批智能车间。

（二）突出六大路径，增强发展新动力；

深化重点领域改革；深入推进创新驱动；促进融合深度发展，加快推动绿色转型，扩大工业开放合作；推进行业安全发展。

（三）推动五大行动，塑造竞争新优势。

推进重大项目带动行动，推进企业梯次培育行动，推进质量品牌提升行动，推进工业园创新提升行动，推进产业集群发展提升行动。

第三，保障措施：

加大财政扶持力度；强化金融支持保障；保障重大项目用地；夯实工业人才支撑；切实降低企业成本；营造良好环境。

第四，组织实施：

强化组织领导；建立考评机制，加强队伍建设。

第二部分，5个子文件，是解决我县工业经济"怎么抓？"的问题。

（1）《莲花县工业高质量发展考核评价办法（试行）》是解决工作怎么考核评价？其中莲办字〔2019〕71号文件涉及工业经济考评指标以本考核评价体系为准。

（2）《莲花县工业经济调度通报制度》是解决工作如何调度？

（3）《莲花县激励工业企业做大做强奖励办法》是怎么服务和支持企业？奖励企业？企业纳税贡献奖和企业纳税特别贡献奖，基本按莲府办字〔2014〕36号《关于印发莲花县2014年纳税大户奖励办法的通知》已执行了五年。其他奖项如升规入统，专精特新，两化融合等奖项由于县财政财力有限，适当安排了一点，以鼓励为主。

（4）《关于深化"亩产论英雄"改革的实施意见》是解决"亩产论英雄"如何考核？主要突出"亩均主营业收入，亩均税收" 2项指标，以自然资源规划局，税收局的数据为准，每年评出10户企业予以授牌表彰，对园区企业分ABCD四个档次，分别在用地融资，城镇土地使用税，财政扶持方面予以支持或限制。

（5）《工业园区创先争优工作职责分工》是解决园区如何争先创优进位？基于我县的落后状况，相关责任单位只是要注重各项指标的审核和提升，但坚决杜绝弄虚作假。

三、《意见》的主要特点

我们本着"结构力求紧密，表述力求准确，重点力求突出，逻辑力求严密"的要求，在起草过程中注意体现了文件下发后的可操作性和兑现的可能性，明确实实在在的目标任务，提出了实实在在的措施办法，强调各项工作的可操作性和完成任务的可能性。

各位领导，同志们！我们的工资靠财政，财政资金来源于企业税收，企业才是我们的衣食父母！一个企业、一个产业的培育、壮大，需要长时间的关心，支持！为了莲花，也为了我们自己！让我们一起来支持好，服务好莲花的企业！让我们一起来支持好，落实好《意见》

的实施，全力推动工业经济健康，高质量发展！

以上汇报，如有不妥，敬请各位领导，同志们批评指正！谢谢！

2019 年 12 月 9 日

关于《莲花县产业转型升级示范园区建设方案》的起草说明

2019年的12月18日下午15：20，县委常务会在这里研究出台了莲发〔2019〕11号文件，主要是解决工业强县战略和产业倍增计划工业高质量发展的问题，主要介绍了工业抓什么？怎么抓？怎么考核奖励的问题。时隔四个月，再次研究园区平台建设问题，这充分体现县委、县政府对工业强县高质量发展的高度重视，充分体现抢抓工业是莲花当前最大的民生工程，是巩固脱贫攻坚成果的现实需要。我局提交的这个《方案》已经县政府十七届73次常务会议研究同意，主要是讨论如何抓工业平台建设的问题。莲花县工业园经过二十多年的打造，已经拥有7500亩土地的规模，目前园区土地没了，标准化厂房也没了，有许多企业，有项目排队进园仍需等待。据我了解，莲花本土的特种材料企业就有几家想进园，入园。所以急需建设一个新的园区。

另外，老园区在建设过程中，前瞻性不够，只管以园建园，忽视了它的配套功能建设，忽视了产城融合建设。让园区与县城之间产生一段距离，工业大道成为最大的败笔。新园区的开发建设的过程中就要克服这一弊病，要注重产城融合，力争把新园区打造我县新的"工业新城、产业新城，创新创业新城、宜居宜业新城"；要注重县城至新区即南门至园区，老园至园区以及沿江"一江两岸"的纵深，配套开发，才能有效的促进新园区建设步伐，才能提升新园区的产业聚集度。

下面简单介绍一下《方案》起草说明。

一、《方案》出台的背景依据

一是落实国家发改委、科技部、工信部、自然资源部、国家开发银行五部委联合印发的《关于支持老工业城市和资源型城市转型升级的实施意见》就《老工业进步推进产业转型升级示范园区建设的通知》；二是切实落实《萍乡产业转型升级示范区建设方案（2019—2025）》文件；三是落实莲发〔2019〕11号文件；根据园区建设扩园调区的实际。

二、《方案》的主要内容

主要是围绕"如何建设示范园区平台建设"新园区的目标任务是什么？（到2025年，园区主营收入达100亿，新增"四上"规上企业80家，新增税收2亿元）

如何实现这个目标要完成哪些任务？（30项重点任务：一是高质量建设示范区平台，确立产业集群，编制园区规划，高起点建设；二是推进产城融合协同发展；三是大力引进培育优强企业；四是全力培育现代服务业；五是积极发展数字产业；六是支持鼓励创业创新；七是加快服务体系建设；八是积极争取试点示范；九是突出绿色集约发展）

有什么保障措施？（13项：一是优化营商环境；二是加大财政支持，设立示范区发展基金2亿元。10年内示范园区企业上缴所有税收全部的纳入园区发展基金管理）

如何组织实施？（按"一园二区"管理模式，统一指导和协调示范园区建设）

三、《方案》意见建议

本方案是建设新园区的指导性，操作性很强方案。在编制园区规划，高质量建设示范区平台方面，在产城融合发展方面，水务、住建、交通、城管、教育等部门要根据此方案,对城区规划,《一江两岸》、桥梁、道路建设拿制定详细规划,分步实施。琴亭镇对城区至园区,荷博园至园区两旁土地进行征收、收储。教育局对花塘小学、杨枧小学进行校名变更,可改为"城南小学"或"园区小学"。

2020 年 4 月 16 日晚

关于实施工业强县战略推动新兴产业倍增实现工业高质量发展的几点思考

——在 2020 年科干、青干班的讲稿提纲

教学目的：

一、通过教学，让学员了解工业强县的重要意义。

二、通过教学，让学员了解工业经济运行的一般知识。

三、通过教学，让学员了解我县工业的家底，面临的机遇与挑战。

四、通过教学，让学员对如何实施工业强县有了初步的认识。

教学内容：

一、实施工业强县战略重要意义（即为什么要实施工业强县战略？）

二、莲花工业发展现状（即我县工业发展现状如何？）

三、新时代莲花工业发展面临的机遇与挑战（莲花工业强县面临怎样的机遇与挑战？）

四、推动新时代莲花工业加速崛起实现高质量发展的总体考虑（如何实施工业强县战略？）

一、实现工业强县战略的重要意义

一是社会的文明进步的历程证明工业是国家发展的必由之路。

纵观发达国家和地区，无一例外经历过工业化阶段。工业化是一

个国家和地区发展的必由之路,是现代化不可逾越的历史阶段。

二是工业是国家的立国之本,工业强,国家才能强。

习近平总书记强调,"工业是我们的立国之本,只有工业强才能实现国家强"。

新中国成立71年来,我国工业发展历程表明,工业是实现现代化的主导力量,制造业始终是一个国家和地区经济社会发展的根基。一直是经济发展的主力军,是创新创业之路,是就业富民的主渠道。没有工业经济的坚实根基,没有制造业的强力支撑,经济就难以实现高质量跨越式发展。

工业占GDP的比重,我国为37%,2018年、2019年我省工业对GDP的贡献率分别为39%、40%以上,工业税收占税收收入的36%,工业就业人口占全部就业人口的33%,是全省经济的主要支柱。工业稳则经济稳、财政稳、就业稳、社会稳。工业是三产繁荣的活力源。

习近平总书记要求江西"在加快革命老区高质量发展上作示范,在推动中部地区崛起上勇争先"。

2020年7月21日,习总书记在企业家座谈会上发表重要讲话。

三是省委、省政府,市委、市政府,县委、县政府十分重视工业经济。

我省从2018年起,每年召开一次全省工业强省推进大会。全省99个县市区进行排名表彰。2018年8月29日在赣州召开。2019年8月26日在南昌召开。2020年受疫情影响,推迟到9月12日在鹰潭召开。每次大会省委书记、省长亲自参加。

省委、省政府出台了《关于深入实施工业强省战略推动工业高质量发展的若干意见》赣发〔2018〕4号。其中24条明确"把工业经济内容列入党政干部培训计划"。

县委、县政府出台了一系列关于工业强县的文件。

四是我县自身民生支出和发展的现实需要。

二、莲花工业发展现状

工业经济几项主要指标：

1. 工业规上企业个数

2. 规模以上工业增加值（是指企业全部生产总成果扣除生产过程中消耗或转移的物质产品和劳动价值后的余额，是企业生产过程中新增加的价值）

3. 规上工业企业主营业务收入（是指企业生产经营活动所取得的营业收入）

4. 工业增值税

5. 工业企业利润总额

6. 工业投资

7. 工业用电量

8. 工业占GDP的比重

江西省2019年在全国31省市、中部地区规上工业经济指标排名情况：

江西省工业总体情况

（一）工业增速。2019年，全省全部工业增加值8965.8亿元，比上年增长8.4%。规模以上工业增加值增长8.5%，高于全国平均水平2.8个百分点，列全国第3位、中部第1位，连续6年保持在全国"第一方阵"。全省38个工业大类行业中，26个大类行业增加值实现增长，增长面为68.4%，其中11个行业实现两位数增长。重点监测的394种主要工业产品中，有237种产量同比实现增长，增长面达60.2%。其中，化学原料药增长20.0%，白酒增长15.8%，铜材增长15.0%，化学纤维增长11.9%，瓷质砖增长11.6%。

（二）工业效益。2019年，全省规模以上工业企业实现营业收入34851.5亿元，列全国第13位，为近年来最好排位；增长6.6%，比全国平均水平高 2.8 个百分点，列全国第 6 位、中部第 1 位。利润总额 2158.8 亿元，列全国第 13 位，为近年来最好排位；增速与上年持平，比全国平均水平高 3 个百分点。工业企业成本持续下降，每百元主营业务收入中成本为 86.53 元，同比减少 0.13 元，高出全国平均水平 2.45 元。营业收入利润率 6.19%，高出全国平均水平 0.33 个百分点。年末规上工业资产负债率为 52.6%，比上年末提高 0.6 个百分点。

（三）工业投资。2019 年，全省工业固定资产投资增长 10.9%，高出全国平均 6.6 个百分点，占全省固定资产投资比重 49.7%。其中，工业技术改造投资增长 45.6%，占工业投资比重 36.3%（全国 45.5%），较上年提高 8.6 个百分点，创近年来新高。重大项目稳步推进，全省共实施亿元以上工业项目 3432 个，完成投资 10634.7 亿元，占总投资一半以上。全省共引进"5020"项目 130 个、签约总额达 4485.2 亿元，其中 19 个国家级开发区引进 50 亿元以上项目 26 个，83 个省级开发区引进 20 亿元以上项目 104 个。全省重点推进"三百一重"项目中，135 个项目开工建设，新开项目开工率达到 87.1%，170 个完工或部分投产，完工率达 50.1%。

（四）工业地位。江西工业主导地位明显增强。21 世纪以来，工业占 GDP 的比重平均 40% 以上，对经济增长的贡献率平均 50% 左右。安置就业、上缴税收均占 30% 以上，规模以上工业企业研发投入占全社会研发投入比重 80% 左右，是我省经济社会发展的第一动量、财税收入重要来源、就业富民重要渠道、创新创业核心阵地。

工业主要特点经过新中国 70 多年特别是改革开放 40 多年发展，江西工业成就斐然，特点鲜明。一是门类全。拥有全部 41 个大类中的 38 个，覆盖 191 个中类。二是增长快。规模以上工业增加值增速连续六年保持全国第一方阵。其中，2017 年、2018 年、2019 年分别列中部第 1 位、第 2 位、第 1 位，全国第 5 位、第 8 位、第 3 位。三是贡献大。工业是我省 GDP 的第一大支柱。其中，2018—2019 年，全部工业增加值占 GDP 比重都在 36% 以上，均高于全国平均。工业税收占财税收入的 30% 以上，是财税收入第一来源。吸纳就业占全部就业人数的三分之一，是创业就业的重要渠道。四是特色明。铜资源全国第三，铜产业全国第一。钨资源全国第一，钨采选和冶炼产能均占全国一半左右。离子型稀土资源丰富，离子型稀土矿产品和冶炼分离产品计划指标均占全国 50% 以上。锂资源全国第二，锂电池产业全国第三。

萍乡 2019 年规上工业经济指标在全省 11 个地市的排位情况：

工业增加值增加 8.8%，排位第 4 名；工业营业收入 945.1 亿元，同比增加 4.8%，排位第 10 名；企业数 588 个，排名第 8 名；工业利润 85.7 亿元，排位第 8 名，同比减少 6.3%，排名第 10 名；工业投资同比增加 15.8%，排名第 3 名；技改投资同比增加 66.2%，排名第 2 名。

莲花 2019 年规上工业在全省 99 县区排名情况：

莲花的工业经济比较薄弱，总量偏小，资源枯竭性城市（煤炭、铁矿、水泥、石灰石、焰材等传统产业受资源，政策、市场等因素的制约，已逐步退出或整体退出。

2018 年全县工业主营业务收入 33.2624 亿，其中工业园区主营业务收入 27.5 亿，规上企业仅 53 家，而周边的芦溪 112 家，上栗 196 家，安源 120 家，湘东 110 家，开发区 115 家、永新 74 家，在全省排位 89 位，倒数 11 名，工业园区 2019 年上半年争先创优综合考核排名 99 名，倒数第一名。

2019 年全县规模以上工业营业收入 32.9132 亿元，其中工业园区主营业务收入 29.1397 亿元，同比增加 4.61%，全省下半年园区考核列全省 82 名。全省排位 93 名，同比减少 1%，全省排位 94 名，利润总额 1.0706 亿元，全省排名 97 名，同比增加 15.5%，排名 89 名，企业数 49 家，排名 88 名。

2019 年规上工业增加值：莲花增加 8.5%（第三名），开发区 9.1%，上栗 8.8%，安源 8.4%，芦溪 8.4%，湘东 8.2%。

工业增值税：开发区增加32.0%，莲花增加27.2%，上栗24.9%，芦溪22%，湘东12.6%，安源8.3%。

工业用电量：安源19.84%，上栗14.26%，开发区11.6%，莲花6.68%，芦溪4.97%，湘东3.94%。

工业投资：莲花27.3%，安源22.1%，开发区17.5%，上栗14.3%，芦溪13.4%，湘东11.0%。

莲花工业占GDP的比重：2018年占26%，2019年占27.7%，2020年占29.93%，其中一产17.2%，三产52.83%。

我县三次产业对经济增长的贡献：

全县2019年生产总值（绝对值）60.6994亿元，同比增加8.6%，一产10.1506亿元，5%；二产16.7833亿元，42.6%；三产33.7655亿元，52.4%。

工业经济滞后带来的影响：

1.工业经济指标在全省排名靠后，与县委、县政府争先创优的矛盾日益显现。不是不努力，关键是没有数据支撑。

2.财政收入增幅不大，财政收入与各项民生支出的矛盾日益凸现。各项民生支出欠账越来越大，干部职工工资、奖金福利待遇与发达地区相比差距越来越大。

3.经济发展，招商引资，外贸进出口，招引人才吸引力等竞争力显得越乏力。

工业经济滞后的原因分析：

1.用人导向不优。

2.体制机制不健全。

3.营商环境不优。

4.园区平台发展受限。

5.产业优势不优。

6.企业文化不优。

在用人导向方面：一是莲花工业口主要负责人（包括副职），大多数是在多个部门工作过的经验丰富的能力强即将退居二线的老同志。让人感觉这个部门是轻闲、养老的部门。缺乏朝气，应该像乡镇一样，要按年富力强，充满朝气的年轻领导干部担任经济主管部门，引领工业强县强势实施。二是经济主管部门在人事编制方面不够重视，涉及主管的煤炭、水泥搅拌、盐业、墙体、制砖制砂等行业因长期缺编、缺人（全局14人，其中58岁以上6人，5人副职以上干部退线在家，工信委连续25年未招入大学本科以上学历毕业生），长期疏于管理。

在体制机制方面：一是工业运行体制机制不健全。工信部门作为主抓工业，主抓园区的牵头部门，受历史原因和客观条件制约，导致对工业园区管理脱节，省市对工业园区的管理分别增设了园区处、园区科。县委县政府特别重视工业园区建设，设立工业园管委会，作为县政府派出的直属事业单位，行政级别正科与县工信局一样，但省市工信部门对园区发展的文件，数据上报，上传下达之类又通过县工信局，县工信局未设立专门的园区股，在工作协调上有空隙，甚至有尴尬局面；二是工业强县激励考核机制不健全。其一，工业经济考核对乡镇考核不明晰，主攻工业，工业强县的舆论氛围不浓。乡镇工业是乡镇经济的重要组成部分，也是县城经济发展的重要推动力。大力发展乡镇工业经济，是有效增加农民收入，拓宽就业渠道，增加乡镇财力，促进乡镇发展的重要途径。因此，乡镇不抓工业，谈何发展？谈何稳定？其二，服务意识不强。长期以来形成"重招商，轻服务"的格局；三是部门协调机制不健全。

在营商环境方面：部分企业反映：一是招商引资协议得不到兑现；二是部门检查多、停产多、罚款多，动不动叫上级部门来执法，不给企业整改的时间；三是园区用工荒，各村老年协会却是人满为患；四是社会涉黑涉恶现象余毒仍未清除。企业负担较重。

在园区基础设施方面：我县工业园始建于2001年9月，已经过近

20年的发展历程，但园区配套服务如物流等各种功能跟不上园区发展的步伐。园区企业职工的小孩上学难、住房难、看病远、用水难等问题依然存在。

在产业发展规划方面：一是新产业集群发展方面仍在培育发展期；二是传统产业集聚度不高，科技含量，带动力不强；三是建材，医药食品产业企业单一。

在企业文化方面：莲花县自1949年以来仅存三家老字号企业：莲花水轮机有限公司（水轮机厂企改）、昌盛水泥有限公司（县水泥厂企改）、大地制药有限公司（县制药厂改制），其他在园区建厂20年以上的企业有永特、宏科。

三、新时代莲花工业发展面临的机遇与挑战

不谋大势者，不足以谋一时；不谋全局者，不足以谋一域。谋划工作既要注重"术"，即具体事项的解决办法；又要注重"道"，即方法论；更要注重"势"，即大势、趋势、形势、态势。凝练新时代莲花工业发展的思路举措，需要从多个角度分析当前工业发展的"势"的情况，尤其受新冠肺炎疫情影响，世界经济形势发生深刻变化，更需要我们审时度势，应势而动、顺势而为、趋势而上。

我们先分析一下当前国内外形势：

世界经济形势：美国经济受挫，发达国家影响，新兴市场遇挑战，落后地区更困难。（非常复杂）

中国经济形势：内生增长动力减，新冠肺炎疫情雪上加霜，中美关系是关键，稳中求进调不变。（十分严峻）

"投资、消费、出口"三驾马车，出口急剧下降。

中央的态度：

1."六稳六保"，2018年7月31日提出"六稳"，2020年4月17日首次提出"六保"。

2. 习近平 2020 年 7 月 21 日在企业家座谈会发表重要讲话。

3. 2020 年 10 月 26 日—29 日十九届五中描绘十四五及 2035 年宏伟蓝图。

后疫情时代，莲花面临前所末有发展新机遇：

一是莲萍高速 2021 年全面通车；

二是长赣高铁 2024 年通车；

三是甘祖昌干部学院全面提升；

四是新征地 3500 亩转型升级示范园已完成征地，在规划建设之中；

五是县乡换届，新班子、新担当、新作为，将带来新气象；

六是莲花工业由于基强薄弱，总量偏小，也有增长的空间优势。

挑战：

一是出口受限，市场需求面临出口转内销的挑战；

二是龙头产业不大、不强、带动力、辐射力有限；

三是企业成本上升，融资风险加剧，资金困难将长期制约企业的发展，企业业投资信心不足；

四是技术工人外流，人才"引进难、留进难"，同时存在等诸多因素的制约。

五是"莲商"不合作，不抱团发展的天然缺陷。（山里人打猎的传统形成单打独斗与浙商、闽商出海打鱼形成团结协作相比有着天生的不足）

四、新时代莲花实施工业强县战略推动新兴产业倍增工业高质量发展的总体考虑

以落实好莲发〔2019〕11 号和莲办发〔2020〕3 号文件为准。

〔2019〕11 号文件是解决莲花工业抓什么？怎么抓？怎么考核的问题。

〔2021〕3 号文件也是解决工业怎么抓的具体化的一个文件即要重点抓好平台建设的问题。

接下来，我县将出台产业链长制的文件，主要解决招商的方向问题，做好强链、补链，做优做强做大产业的问题。

新时代要有新气象，更要有新作为。当前及今后一个时期，推动莲花工业发展的总体考虑是"围绕一个主题，突出两大目标，实施三大工程，突出六大路径，推进五大行动"。下面分主题、目标、工程、路径、行动几个层次来解读县委关于工业强县两个文件。

（一）主题

一个主题，即以习近平新时代中国特色社会主义思想为统领，深入实施工业强县战略推动莲花工业加速崛起，实现高质量发展。这是建设新时代工业强县的根本要求和核心内涵。

"国定贫困县"（2019年4月28日已脱贫）是莲花的基本县情，工业基强薄弱，产业集群不优，经济总量偏小是我县工业的主要矛盾。莲花要绿色崛起，要摆脱在全省99县排名靠后，冲在中游，工业必须打头阵、扛重担、当主力。所以新时代首要任务就是推动工业加速崛起。

（二）两大目标

以2018年为基数，努力实现"工业主营业务收入倍增""工业园区主营业务收入倍增"双倍增目标。

通过三年强攻，到2021年，全县工业总量规模、产业结构、质量效益、创新能力同步提升，高质量、跨越式发展取得积极进展，形成"1＋3＋N"产业体系。"1"是装备制造（空压机）首位主导产业，"3"是电子信息、新材料、医药食品、"N"是制衣、制鞋、文化旅游、康养健康等。

工业规模进一步壮大。全县规模以上主营业务收入翻一番，县工业园主营业务收入达80亿元以上，装备制造（空压机）产业打造国内具有影响力的空压机产业集群基地。

（三）三大工程

1. 新兴产业倍增工程；

2. 实施传统产业升级工程；

3. 实施新经济新动能培育工程。

（四）六大路径

1. 深化重点领域改革；

2. 深入推动创新驱动；

3. 促进融合深度发展；

4. 加快推动绿色转型；

5. 扩大工业开放合作；

6. 推动行业安全发展。

（五）五大行动

1. 推进重大项目带动行动；

2. 推进企业梯次培育行动；

3. 推进质量品牌提升行动；

4. 推进工业园区创新提升行动；

5. 推进产业集群发展提升行动。

各位学员，我今天的讲课，试图把莲花工业的过去，现状和未来讲明白，说清楚，但囿于个人能力水平有限，不能如大家所愿。有些观点、看点也仅是个人一孔之见、一家之言，不一定正确。如有不当之处，敬请批评指正！

最后，我要再次感谢县委党校对工业发展的高度重视和对工信局工作的大力支持！县工信局作为工业经济的牵头部门，将不辱使命，严格履职，为莲花工业高质量发展作出部门应有贡献！

2020 年 11 月 6 日

阜外偶拾

中外雜誌

感受上海

根据县委的安排，我在上海市闸北区大宁街道办事处挂职锻炼，时间为期三个月（2004年3月29日—6月29日）。一到街道，街道党工委金晓敏书记根据我所列的学习要点，分六个阶段，分别跟随分管党建、民政、劳动、计生、综治、城管、经济的领导跟班学习，每到周末，我就组织一起来上海的周晓涛、刘美兰、贺灿梅一道去参观。面对五彩缤纷的大上海，面对日新月异的大都市，面对四通八达的交通，面对川流不息的人群，我感到一切都很新鲜，什么都想探个明白。

"中国十年改革开放成就，看浦东，二十年中国看深圳，百年中国，看上海；五百年中国，看北京；二千年中国，看西安。"如果把上海比作一本书，那本书显然是现代版的，不仅包装精致，而且内容丰富，写书的人来五湖四海，精英无数，三个月的时间，不可能读完这本书，"什么都想探个究竟"更是异想天开，在已读的几页中，我思考、我体会、我将从上海学些什么？带回些什么？

深入社区，走访科室，列席会议，积极参与街道工作，学习上海基层运作；查文件、读报刊、看电视，了解上海及"长三角"信息；广交朋友、建立友好关系；听讲座，同教授、专家面对面；看展览，与科技零接触。登东方明珠、看浦江巨变；走外滩长廊，观洋场灯火，行南北高架，望摩天"丛林"，游青浦古镇，探水乡文化……我贪婪地呼吸上海的空气，抓住一切机会阅读上海，感受上海。

上海位于太平洋西岸，地处中国最大河流—长江的入海以及中国海岸线的中部。面向海洋，连接内陆的区位优势造就了这座城市"海纳百川，交流中西"的独特气质。上海已有 700 多年的建城历史，是中国经济、金融、贸易、航运中心，是我国对外开放的前沿阵地。上海现有陆地面积 6340 平方公里，常住人口 1600 万。全市国内生产总值已连续 11 年保持 10% 以上的增长速度，经济开放程度不断提高，有 100 个多国家（地区）的外商在上海投资近 3 万个项目，涉及金融保险、贸易服务、现代物流、微电子、汽车、化工、钢铁制造业等领域；上海港拥有万吨级深水泊位 47 个，国际集装箱码头 20 个，还在兴建国际集装箱运输深水港。浦东、虹桥两大机场航班通往 29 个国家（地区）的 141 个城市。人流、物流、资金流、技术流、信息流在这里集聚与辐射，上海是一座充满活力的城市，这里有上海人民在改革开放实践中不断探索、不断积累的好经验、好理念、好举措。

上海是一座历史文化名城，黄浦江两岸风光秀丽、素有近代西洋建筑博览之称的外滩，与新楼林立的浦东陆家嘴金融贸易区隔江相望。城内豫园、龙华寺等历代园林古迹引人入胜。上海国际艺术节、上海国际服装文化节等国际文化交流活动目不暇接。南京路、淮海路、徐家汇商城等商业中心人流如织，流动着最时尚的风景线。2010 年上海世博会召开时将吸引海内外参观旅游者 7500 万人次。

上海是一座信息之城，每天都有大量的信息扑面而来，世界的、全国的、区域的，各种各样的大型会议在这里召开，各种各样的大型活动在这里举行。"中国上海"政府门户网于 2002 年正式开通，已推出中英文等数种版本向市民、世界接通，2004 年 5 月 1 日起率先在全国推出政府信息公开，推行"无纸化"电子政务办公体系。在挂职期间，让我感受到信息在现代社会中的重要作用，如何长期不断的获得上海的信息，接受发达地区的新思想、新理念，我参加了电脑培训，收藏了上海各部门的网站，这也算是该带回去的礼物。

短短的三个月来，我受到闸北区大宁街道各级领导无微不至的关怀，我的生活、学习诸方面受到了很好的安排。我深深地感受到上海人"海纳百川，服务全国"的城市精神。5月14—28日，区委组织部安排我们参加区处级干部培训班，就有来自湖南娄底（25人）、安徽黄山（4人）、四川攀枝花等地区的挂职干部，听街道金书记介绍，大宁街道差不多每年都要接纳2名以上外地挂职干部。挂职锻炼让我认识了许多上海的朋友，我将把大宁路街道的友谊作为一个重要资源带回去，并加强联系促进发展，但更值得我带回去的是上海人的精神。挂职期间给我印象最深是上海人艰苦朴素，在工作中追求卓越的精神，上海人敬业、务实、协作、创新的精神以及这些精神后面重视制度、文化建设和精心打造的"服务政府、责任政府、法治政府"的理念。

上海是一座财富之城，人均GDP达到5000美元，是全国平均水平的5倍。街道一般干部年工资收入人均5.2万元，科级以上人均8万元，按理说上海人足有奢侈的本钱，但给我印象最深的恰是上海人的艰苦朴素。

大宁街道有11个处级干部（含调研员）只有四辆车，城管科用了十年的普桑还在频繁使用。街道每个科室都装有电话，但只有一部可打国内长途，大多数干部还在使用传呼机。上海人爱喝茶，但处级干部桌面上都是很普通的不超过3元的瓷杯。随手关灯、节约用水已成了习惯，甚至打印材料经常双面使用（打印一般传阅件）。街道党工委书记金晓敏撰写的一份32页的《关于社区党建研究》，都是用废旧的表格纸打印的。街道内部很难聚餐，我参加过好几次区、街道的会议，即使会议开到中午11：45下午17：30也不会统一安排用餐，各自回家，AA制解决。3月31日，金书记带我到郊区党委党校听她给松江区岳阳街道干部讲《凝聚力工程与社区党建》。金书记讲到下午6点钟，也就这样直接回家（郊区与大宁街道有40里）。不论领导，还是一般干部均衣着朴素。诸多例子均反映出上海人艰苦朴素，勤俭节约之风。他们不是没有钱，街道人均财力十几万，是内地大多数县区的十几倍。他们是不想浪费公家的、私人的钱。他们不是不会用钱，街道在社区学校建设上 2002 年一次性投入 250 万元。在个人教育学习上，街道陈宏副主任，去年安排到美国学习半年，今年她又考入复旦研究生班，学费共 20 万元，凭学历证明街道可负责 3/4 的学费，即 15 万元；街道民政科的高丽丽，她每月用于孩子的辅导费就近 1000 元，她的目标就是让孩子考上大学，而且是重点大学。这是一种价值观和消费观理念的体现。他们身上没有虚荣、少有攀比。在上海、在闸北、在大宁街道很少有娱乐、休闲的场所。学习上海人的艰苦朴素，就是要学习他们的价值观和精明的理财之道。

上海人在生活上艰苦朴素，不讲奢侈浪费，在工作上却勤奋务实，追求卓越。上海人把城市建设、市容建设管理得如此好，取得了连续 11 年的经济高增长，社会事业全面进步，靠的是什么？我认为，除了国家政策和地域优势之外，靠边就是上海人敬业、务实、协作和创新的精神，靠的是上海人不断学习、与世俱进的优秀品质。

上海人的敬业主要表现：一是以严谨、认真的态度去对待工作；二是尊重自然形成的分工合作，不过分注重职业的形式；三是安心本职工作，有良好的职业精神。

街道从上到下，大到书记、主任，小到社区、甚至小区保安，在我看来，他们都是相当敬业的。大宁街道机关是没有上下班点名签到的考勤制度，早上 8：30 上班，没有人迟到早退，没有人无所事事。在我所接触的干部当中，他们大部分都提前半小时甚至 1 小时到单位，推迟 10～30 分钟下班，我问纪工委书记如何检查干部到岗情况，他说："靠的是干部自觉，但下面的人员在什么位置、在干什么事，科室领导是十分清楚的。"他们对分管的工作严谨、认真、尽职尽责。他们十分珍惜他们所拥有的工作，他们的心态良好，在他们心中，没有卑微的工作，党支部书记、党支部委员、居委会主任、委员、业主委员会主任、委员都是义工、志愿者、不拿薪的。但在去年抗击非典的战斗中，在街道中小道路整治、拆除违章建筑、促保社区稳定、解决居民纠纷中，党支部、居委会发挥了很大作用。居委会层面的党支部、居委会成员，平均年龄在 55 岁以上，大多是离退休干部，他们视为居民服务为荣誉。

不要小看敬业精神，德国人就是依靠极强的敬业精神生产出宝马、奔驰等世界顶级品牌的工业产品而独步天下。敬业精神对一个国家、对一个城市是至关重要的，"没有任何借口"是美国西点军校行的最重要的行为准则，也是西点军校传授给每一名新生的第一个理念。旨在让每一名学员想尽办法完成任何一项任务，而不是为完成任务去寻找借口，其核心是敬业、责任、服从、诚实。这理念也成为提升城市凝聚力，建设城市文化的重要准则。

上海人认为：没有责任感的干部不是合格的干部，没有责任感的员工不是优秀的员工，没有责任感的公民不是好公民，在任何时候，责任感对自己、对国家、对社会都不可欠缺。

4 月 10 日　　参加处级干部双休日法制讲座
4 月 12 日　　参加上海国际文化节
4 月 13 日　　参加街道党支部、居委主任、社工站主任会议，参加迎接联合国非政府组织代表
4 月 16 日　　参加迎接北京朝阳社区工作代表团
4 月 24 日　　参加芷江西路、共和新路、大宁街道联组学习等一系列活动。

以上学习可以看出上海人办事非常认真，做什么事都是有备而来，素质极高，谈吐文明，专业化水平，理论水平极高。在他们的脑子只有工作，平时交谈的，议论的也都是工作。

上海人中午不回家吃饭，有的干部甚至自备午餐，跟学生时代带饭一样，有的在街上吃快餐，或在单位食堂用膳。下午 1:30 上班，在饭后的一个半小时，回到单位小歇一会，没有人打牌、玩电脑游戏（每

个科室都有一台电脑），在大街上、弄堂里几乎也看不到打麻将、扑克之类的娱乐项目。

  上海人人务实是出了名的，闸北区加强思想作风建设，要求减少评比干实事，精简会议讲实话，联系群众谋实利，面向基层求实效。对此我有体会：4月8日，我参加了在北站街道召开的"全区文明创建破解难题研讨会"。区委副书记张丽丽说："文明创建破解难题研讨会，大家发言要有针对性，可操作性，就文明创建难题，做什么？怎么做？要求只讲结果，不讲过程。"

  3月31日　　参加闸北区"让人民高兴，让党放心"动员大会
  4月5日　　参加区民政系统创建文明行业推进会
  4月6日　　参加社区管理与居民民主自治建设研讨会
  5月26日　　参加2004年居住物业管理就行风建设推进大会
  5月14—28日　　参加区处级干部培训班
  6月10日　　参加区市容综合整治工作推进会

  这一系列的会议和研讨会、培训班都相当务实：一是典型发言一般不超过3个（研讨会除外）；二是发言材料不印发，领导讲话也是不印发；三是讲课不发听课资料；四是会议时间很短，一般不准超过2个小时；五是会议不安排用膳。我问他们为什么不发材料，他们说发了材料谁还会认真听、认真记。但每次会议情况都有反馈，谁在看报、谁在说话、谁把鞋子脱了就记不清会议内容了。在上海，不论是什么会议，还是讲座，大家都争着往前坐，不像我们莲花每次开会讨论主持人都得讲："请大家往前坐，后三排往前移，后面不准坐人……"

  闸北区对处级单位的年终考核也相当务实，60多个处级单位，只抽几个单位重点考核，其余定性考核，主要看大事，看中心工作，看关键时刻（如非典时期、市容整治力度、国际性会议）干得如何；不十分注重形式，这样减少了上级考核和下级迎检的大量工作，让大家

一心一意发展。比如：社会治安综治室，上墙的制度、网络、表格都没有，但每间个社区、居委会都有人管，整个社区，每个家庭的情况在电脑都有详细记载。分管的黄守仁副书记说："只要把社区的矛盾排查出来，逐一解决，确保社区稳定就行。"他们要求为民服务必须做到三点：凡是老百姓提出的问题，能够解决；马上就办；当老百姓提出有点难度的问题，一定第一时间解决；当老百姓提出的问题暂时或根本无法解决的，一定要跟老百姓讲清楚，做好解释工作，得到他们的谅解。

街道就更加务实，我所在大宁街道，每周一上午是街道党工委工作例会（通气会）和干部施政会议（即汇报上周工作完成情况，本周工作打算），实际上也是个工作落实、督促会。要求只讲结果，不找借口。这样长期抓落实也促进干部务实作风的形成。他们要求每项工作要有一个形象进度，每月报一次，半年一小结，做到有的放矢。在狠抓落实落实方面，街道党工委书记金晓敏说："一要雷厉风行抓落实，要求工作要有魄力，要有效率意识和成本意识；二要迎难而上抓落实，要求在工作中遇到困难不能退缩，不要有畏难情绪；三要团结协作抓干部的作用；四要具体深入抓落实，要求工作要沉下去，不能浮于表面；五要主动沟通抓落实，要求工作要有人情味，要深入基层，了解群众的真诚想法，实际困难。"街道的领导几乎天天深入基层了解情况，解决问题。会议很少，开会精干，解决问题的各种小型协调会，座谈会相对较多。

上海人的协作精神体现在他们的大局意识上。闸北强调干部的大局意识，要求各级干部围绕大局、服从大局、服务大局，要求大家心往一处想，劲往一处使，话往一处说，事往一处做，形成工作合力。强调部门间的协作精神——"团队精神"。在日常工作中，讲得最多的要求每个干部强化"团队"意识，树立"团队精神"。街道党工委书记经常说："成功的团队，没有失败者，失败的团队，没有成功者。"

她强调的就是团队精神,她说:"咱们整个闸北就像一台大机器,每个部门、每个干部就是一个零部件。"5月25日,在区处级干部培训班,上海交大的胡近教授,在《树立科学人才观,加强人力资源管理》讲座中,讲到在开发人力资源上,必须要有一个好的团队。提出"企业的竞争,既是决策者的竞争,更是团队的竞争;团队的价值就是你的价值,团队的成功就是你的成功,团队的失败就是你的失败,团队的成员就是你的财富"。6月5日,街道团支部和大宁派出所团支部去"东方绿洲"搞共建,两个部团员在一起"烧烤",进行"划龙舟"比赛,街道团支部书记张建宇在整个活动中始终要求每个队员要有团队意识和精神;同时,我看到古田中学、和田中学近500名学生在那里进行野外生存训练、军事化训练。带队老师也在教育学生树立团队意识和团队精神。

整治"居改非",拆除违章建筑是关系市容环境文明建设的中心工作,牵涉到区建委、市容局、规划局、房地局、街道、工商局等部门的工作,更牵涉到诸多部门的切身利益(有很多违章建筑属部门,每年给部门带来许多利益)。各部门在区大局、上海城市建设大局面前积极配合,主动拆除违章建筑,直接参加工作的部门分工协作,拆违效果显著,4月5日下午,大宁街道在拆除老沪太路20多个门店违章建筑上表现为突出。当时派出所负责制止店主的过激行为,市容办、工商所维持秩序,城管大队负责铲除店面,供电局负责切断电源,环卫所负责清理现场,妇联负责女店主的工作,信访办负责上访、接待工作,几个部门通过协作,在短短三个小时内将违建全部拆除,老百姓拍手称快!

街道层面上,民政科和劳动科协作,共同招生,每月互换报表,把社会救助和劳动就业联系起来,共同做好工作。街道城管中队、警署、工商所等部门虽然是区上垂直部门,人事、工资均由上面掌握,但他们自觉接受街道领导,按时参加街道市容整治例会,汇报进展情况，融入街道工作！

务实、协作的精神是上海各级政府的效能提高，是建设高效政府的必备条件。只有克服了官僚主义、本位主义、形式主义，讲政治、讲大局的前提下才谈得上务实、协作的精神。

"创新是一个民族的灵魂"一句出自南京路步行街的一幢高层建筑上高高悬挂的广告。上海人创新，上海鼓励人创新。他们将创新理念贯穿于全部的工作、生活中，不论是专家讲座、专题报告，还是大型会议、一般的会议，甚至在日常的工作中，他们都会讲，都会把创新作为一条重要话题、重要举措、重要工作思路来讲，提倡思路创新、方法创新、工作创新、理论创新。从美国留学回来的陈宏副主任在一次科以上干部会议说："我们每一项工作人人都在做，按上级要求、布置去完成，固然是好的，但未树品牌，没有自己的特色，你的工作就不会引起领导的重视，社会的关注。"

从1994年4月12日开始举办的"上海国际茶文化节"就是闸北人的一大创举。上海的闸北不产茶叶，但却每年举办一次"上海国际茶文化节"，从宣传的投入，媒体的炒作，宣传的广度、深度，开幕式、闭幕式，举办的时间之长，规模之高是国家级的、国际级的，举办的意义之深远、之重要是可想而知的！上海人把上海的茶文化、中国的茶文化推向了世界，上海的"红茶坊"走向了世界。

在劳动就业中，街道创建"非正规劳动组织"解决了相当一部分下岗、失业人员的就业问题。这是以自愿组合、自筹资金、自主经营、自负盈亏的形式组织起来，自己寻找服务项目并进入社区自我开展服务的劳动组织。还有一种社区公益性劳动组织（社区志愿者服务队）在社区党建中，提出"把支部建在大楼里"和推出"微型党课"（即学身边的人，身边的事），在基层民主建设中，提出党支部、居委会、社工站"三套马车"管理体系，实行"居社"分离。在社区建设中，精心打造"大宁国际社区"的品牌，以提升地区品牌效应。

在社区服务中，把许多政府职能市场化、社会化，既解决了政府投入不足，又为居民提供了优质服务，还增加了就业岗位，一举多得。比如在街道卫生工作中，大宁街道聘请 42 名保洁员，进行专门培训，购买专门工具、药品。对驻区单位、经营实体、提供低偿卫生专业的服务，包括消毒、除四害、卫生保洁、通下水道等。由于是低偿且专业的服务，各单位都愿意与爱卫办签订服务合同，仅此一项，爱卫办除去聘用人员工资，年创收 10 万多元。

上海人艰苦朴素、敬业、务实、协作、创新，为什么上海人具有这么多优秀的素质呢？原因是多方面的。有历史的原因：与国际接轨，竞争压力大。我认为，上海长期有效的制度建设和文化建设也是造就上海人高素质的根本原因。

古人说，人之初，性本善；我却认为，人之禄，性本惰。人都是有惰性的，需要制度来约束；制度约束会带来好的习惯，好的习惯就是优秀素质。

上海是一座规范之城，十分注重制度建设，上海的许多制度科学、严细、具有操作性，也很有效果。

一到闸北区政府，无论是大宁街道，还是社会保障中心或其他窗口单位，给你的第一印象就是《机关文明办公行为规范》，从仪表举止、文明服务、依法行政、体察民情、好学创新、团结协作、廉洁自律、美化环境八个方面具体细化，比如：女同志不化浓妆，不穿短裙和无袖上衣，不穿拖鞋式凉鞋；男同志不留长发、长须、不着无领衫。再如：接听电话要先报单位，再说"请讲"，禁讲粗话、忌语等都制作得比较细致，针对性强，操作性强。

闸北区的干部考核实行领导考核与群众考核相结合，平时考察与年度考核相结合，定量考核与定性考核相结合的制度。民意测试时，上级的评测占 50%，同级占 20%，下级和服务对象占 30%。上级测评占 50%保证了政令畅通，有利于领导大胆地开展工作，也体现一级对一级负责，一级考核一级的精神；同级占 20%，迫使你团结协调协作；下级和服务对象占 30%，你就不得不勤政廉政、务实工作。闸北区还聘请退休老同志、社会知名人士组成党风、政风评议团。行业文明监督员，对公务员，尤其是权力部门进行考评。还实施下级考核上级的互动机制，所有这些考核都严肃认真，并记录备案，作为拿奖金、晋资、晋职的条件。对那些基本称职和不称职的干部，减发、停发奖金，诫勉谈话、降职、降资、待岗、辞退正等待着他们。所有的干部都有一种"今天不努力工作，明天努力找工作"的紧迫感。4月19日在处级党政班子会上，对孙某某的处理意见，使我亲身感受到上海对干部管理的严格。孙某某，男，1962年生，街道经济科一般干部，因该同志不遵守作息制度，有时擅自离岗不请假，汇报工作不是直接与科长汇报，而是越级直接找党工委书记、办事处主任，影响极坏 2003年12月19日经党政班子会议研究，决定将其调离工作岗位，即由经济科调到信访办，停发年终奖，由黄守仁副书记作为帮教人限期整改。5月10日中午，街道刘志敏主任曾插队的鄱阳县田放镇的朋友来到上海，刘主任叫我做陪。异地见到江西老乡，我自然挺放开喝了几杯，脸通红通红的，为不影响下午 1:30 和陈主任去区里开会，我提前吃饭，赶到办公室已是 12:55，陈主任见我来了，就叫我随她去，在车上，她闻到我有一股酒味，看我的到脸像关公一样，就对我说："小刘，你就不要去了。"我说："我行，没事的。"她说："不行，喝了酒是不能进会场的，组织部有规定的，我送你到你住的地方，下午就休息吧。"回到住处，我久久不能入眠。我想，从今以后，不论是什么场合，中餐绝不喝酒，要注意自己的形象，不能把陋习带到工作中来。有关公务员的管理制度还很多，试想，在这样的制度下，你不敬业行吗？

闸北区实行街道每月对城管中队、工商、派出所、税务等垂直部门考核的制度，确保了这些部门与街道的密切配合；对居住物业管理倡导"服务无假日"制度；实行创新奖励制度，推动基层创新；实行快速反应、综合协调、考核激励促进了城市文明建设快速发展；实行首问责任制、电话约谈、季度座谈、联络员等制度服务企业，加快了招商引资的步伐！

用制度管人行事，成本低效率高！新加坡、中国香港等国家或地区公务员优秀，政府高效的国家和地区无一不是制度建设搞得好的地方，上海正朝着这方向迈进！

上海是一座学习之城，重视学习、处处学习、终身学习已成为上海人生活的有机组成部分。2001年5月，江泽民同志在上海亚太经合组织峰会上提出，21世纪的中国要致力于"构建终身教育体系，创建学习型社会"，"21世纪的中国应该成为人人皆学之邦"。学习问题已不仅仅是关系到个人素质和发展的微观问题，而是关系到整个国家、整个地区发展和竞争实力的全局性的问题。两年多来，在上海市委、市政府把上海建成"学习型城市"的目标的推动下，一是近200个街道、镇成立了社区学校、市民学校和老年人学校。形成了以社区学院和职业技术学院为龙头，社区学校为骨干，社区学校办学点为基础的三级社区教育和培训网络，初步实现了"学者有其校"。二是信息化知识、英语等多种学习成为学习的重要内容。上海明确提出到2007年初步构筑"数字城市"的基本框架，2004年5月1日起机关推行"无纸化"办公体系和政府公开化。为迎接世博会的召开，60%以上市民加入学英语等多语种的行列中，在我所住的小区，一位叫杨洋的68岁老人每天早上都在朗读英语。我问她，年纪这么大了，怎么还学英语？她说："2010年上海世博会如果志愿者少，我可能还用得上。"截至2003年，上海国际出口带宽达到7695M，互联网用户达432.6万，家庭电脑普及率达60.4%，家庭宽带用户达92.49万户。2004年3月，市政府推行"百万家庭网上行"活动已全面启动，年内将有10万社区居民接受信息化培训。三是学习型家庭比重超过40%。四是种类繁多的成人教育成为市民再学习的选择。目前，上海市民接受继续教育的总人数达到230万以上,约占全市市民的1/6左右,年教育消费达10多亿人民币,为迎接亚太经济合作组织(APEC)会议在沪召开,数十万市民参加"学百句英语,迎APEC会议"活动,其中6万人参加了考试,合格率达95%。五是学习消费明显增长。2003年,上海市民家庭人均教育文化消费支出1668元,占消费总支出的15.9%。六是闲暇时间用于学习的风气逐步形成。随着知识经济时代的到来,知识范围的重要性越来越被人们所接受,过去不会认字、不会写字是文盲,现在的"文盲"则是不会用电脑,不会讲外语。在上海不会讲外语,是无法做生意的,上海的城隍庙、南京路做的就是外国人的生意。闸北区自去年举办"学习型城区"论坛研讨会,5月20日上海又举办了首届教育论坛,提出到2007年,本市高等教育毛入学率达到65%,新增劳动力受教育14年的目标。如今,在社区、在公交、在地铁、在公园看书、看报是上海又一道美丽的风景线。

在上海这短短的三个月时间,有三次是我感到十分难堪、十分不好意思的,对我触动很大,这是在家乡所未遇到过的。在上海,我才感到自己的差距,感到自己的紧张和压力。一次是4月13日,联合国非政府组织妇女代表团一行6人来上海考察,到我所在大宁街道新梅共和新村居委会参观,街道陈宏副主任、老年协会沈会芳会长(70多岁)、团支部书记张建宇、妇联主席吕平等都能用熟练的英语同外方交谈,代表团本打算待10分钟,结果待了一个多小时,外宾在我身边擦肩而过,我只能望而却步,因为我的英语水平极差。第二次是5月11日,我和周晓涛参加共和新路街道组织的"百万家庭网上行"电脑培训班,地点在和田中学教学大楼五楼的多媒体。一走进教室,坐了近40多名学员,最小的40多岁,最大80多岁,看到我们的到来都不约而同地说:"老师来了。"我的脸刷得一下红了,真想溜出去,但为了掌握电脑知识,还是强硬着头皮坐了下来。上课的时候,这里的老同志非常认真,虚心好学,没有进进出出的现象,吸收知识的能力也很强。第三次是 6 月 3 日，在青松成大酒店（上海老干部培训中心）听美国加尼弗尼亚大学的两位教授讲电子政务在美国、社会保障体系在美国以及发展中的市场风险管理。来听课的都是街道区委机关选拔到美国留学的青年干部。从主持人到讲课的老师，全是讲英语，如果没有同声传译，我可真是滥竽充数。可他们一会儿笑起来，一会儿用英语向老师提问，这就是上海人的素质！

最近，在上海、在每个街道、在每个科室都在学习汪中求写的《细节决定成败》和阿尔伯特·哈伯德写的《致加西亚的信》以及费拉尔·凯普写的《没有任何借口》。他们倡导的是"把每一件简单的事做好就是不简单，把每一件平凡的事做好就是不平凡"；他们倡导的是敬业、忠诚、勤奋的思想理念。相比之下，在我们莲花打扑克、麻将等娱乐活动是相当一部分干部的业余爱好，"讲学习"只是形式上应付，这是值得我们深思的一个问题。

在上海一年一度的行风评议中，街道和公安排名第一，"有事找社工、找街道"已成老百姓的自觉行为，上海的社会治安相当好，这与上海在政府的功能定位上，精心打造"服务政府，责任政府，法治政府"的理念是分不开的。

上海各级政府的心中始终装着群众，接受群众的监督、建议，把它作为锻炼、提高政府干大事、办实事、做难事的"动力源"。

在当好"服务政府"主面，上海以"便民服务"为宗旨，把到教育、医疗卫生、广播电视、计划生育、司法援助等方面的事项及政策，小到水电煤的相关政策，办理程序全部公之于众，实现透明公开。既方便群众的工作生活，也提高了政府的工作效率。2004 年 5 月 1 日起率先在全国推行"政务公开"。政府网站、新闻网站以及其他网站全面公开，市民所需的信息都可以在网站中找到；在服务市民方面，上海可以说"不惜血本"，在各社区、各居委会都建立了社区学校，免费为市民培训；建立了娱乐、健身中心免费提供健身器材；建全了社区保障，设立社会事务受理中心和法律援助中心，使百姓有困难就有保障，有苦就有地方诉说，就有人可以帮忙，建立社区图书馆，免费提供健康向上的书籍；在各街道的主要地段，建立了政府信息公开栏，免费让百姓提供政策咨询等。

在当好"责任政府"方面，一是明确各级政府及政府机关第一责任人的责任，实行"人本管理"推行"金字塔"式目标管理模式，分线量化，分线考核，层层签订目标责任书，一级对一级负责，一级考核一级，责权利配套，考核奖惩过硬，真正体现行政首长负责制，确保行政首长全年集中精力抓大事，抓主要矛盾的解决，从而确保各项工作的落实。二是坚持"民有所呼，我必有应"，换位思考，提高绩效的指导思想，实行市民评议政府工作，把政府办实事的项目和教育经费、物业管理、食品卫生监督等与市民工作生活息息相关的工作公之于众，接受市民考评，把评议中群众反映最突出、意见最大、要求最强烈的问题作为政府工作的重点。对老百姓的事，提出了"马上就办"的理念。比如在居民物业管理的方面，倡导的是365天服务、24小时服务，只要老百姓有呼声、有要求，必须30分钟赶到；窗口行业必须统一着装，规范文明用语。三是为进一步促进为民办实事工作，真正做到实事实办、办出实效。上海公开有奖征集政府办实事的项目，广泛征求市民的意见，使实事真正符合社情民意，比如：在闸北公园建立"地书苑"的事，就应了地书爱好者的心意。

在当好"法治政府"方面，上海坚持依法行政，不断强化规则意识，对政府部分的工作职责、办事规程、政策法规、政府公报、统计公报等全部公开，老百姓可以在报刊亭、社区免费索取；政府办事讲究程序和规则，把政府行为严格规范在法律法规许可的范围之内。在涉及计划生育、城建拆违、信访等工作都是严格依法按程序操作，告知老百姓执法的依据，执法的标准、程序，违法违纪带来的后果等。上海市这两年整治"居改非"，拆除违章建筑工作量相当大，力度也相当大，但老百姓都能理解。

上海城市建设未来发展思路已经确定：一个目标（即国际金融、经济、贸易、航运中心）；一个主攻战略（科教兴市）；一个软件（国际化、信息化、市场化、法治化）；一个硬件（新型产业体系、现代基础设施建设体系、社会文化体系、城市创新体系）。各区从战略谋划高度，已抓住差异性，明确功能定位。知识杨浦、金融黄浦、休闲卢湾、微电子浦东、化工城金山、钢铁城宝山、汽车城嘉定、海上花园崇明、交通商务区闸北，祝上海的明天更美好！

在上海挂职已经结束，我将永远珍惜这次难得的学习机会，将上海经营城市、管理城市、服务市民的理念和上海人的精神及优秀品质带回去好好领会，慢慢消化，为莲花的百姓干点实实在在的事！

2004 年 6 月

我看大宁运作

——在闸北区大宁路街道办事处挂职调查报告

受组织的委派，我在上海市闸北区大宁路街道办事处挂职锻炼，根据街道的安排，分六个阶段分别跟随分管党群、政法、城管、民政、经济、劳动的领导跟班学习，通过深入社区、走访科室、相互交流、查阅资料，参与街道工作等形式，认真开展调查研究，现将我在大宁路街道办调研的情况总结如下：

一、基本情况

大宁路街道位于闸北区中部，交通便捷：地铁、南北高架穿梭其中；文体资源丰富：上海大学、上海第十人民医院、闸北体育馆、上海马戏城都坐落在辖区；公共绿地较多：大宁灵石公园占地700多亩。目前有17个市、区级文明小区，90%居民生活在文明小区内，原上海市市长徐匡迪曾题词"安居乐业在大宁"。

街道辖区面积6.18平方公里，3.9万人，1.4万户居民，15个居委会，13个社工站，10个党总支，70个党支部，2010名党员（其中13个"两新"党组织，党员87名），街道公务员48名，事业人员45人，社工干部83人（含社工站人员），离退休干部17人。

上海根据特大型城市特点，按照"两级政府、三级管理、四级网络"的体制管理，街道党工委、办事处只是区委、区政府的派出机构，街道下设党办、纪工委、监察、武装、组织人事、宣传、团工委、妇联、工会等党工委机构；设行政办、经济、民政、城管、财审、文教、信访、综治等行政科室。机构多人员少，一些科室只有一个编制，兼职较多。一些年轻大学生已经走上街道中高层领导岗位。街道下设社会保障服务中心、社区事务受理中心、社区服务中心、社区医疗中心、社区文化服务中心、外来流动人口管理中心、社区学校、社区敬老院等社会事业服务机构。

二、街道经济

1. 运行机制：税源经济

街道未设财政，是在分税制财政体制的基础上，实行财随事转，对区财政收入中街道经济组织上缴的税收，原则上返还街道。同时建设区级财政转移支付制度，调节街道的紧缺。从1987年开始，区财政不拨一分钱给街道（指人员经费），实行"税收分成包干使用"的利益分配形式，区财政对街道实际完成的区级税收按90%（老企业），80%（当年新招进的企业）的比例返回给街道。区政府对街道的财政收入、招商引资均不实行考核、奖惩，但由于街道对所分得的财力包干使用，多劳多得、少劳少得，上不封顶；再加上工作重心的下移和工资的上涨，支出压力的增大的矛盾，街道对发展经济的自觉性和积极性得到充分发挥。经济科由街道办事处主任亲自抓，2名副处级干部具体抓，成为最主要最繁忙的科室之一。

2. 主要措施：招商引资

（1）健全机构和统一政策：根据闸府发〔2002〕17号、18号文件精神，区政府成立招商服务中心，各街道成立分中心、工商、税务等相关部门联合办公，中心对各部门实施全程监督，区纪委、对中心进行效能监察。

统一政策，尤其是税收返还政策，为此专门成立了纳税分类统计部门，由中心每月召开纳税分类统计归口确认工作会，确定招商项目的归属，以此平衡各部门之间的利益关系，从而减少区内相互抢税、抢资源、抢项目的恶性竞争。对引进的企业政策更优惠：从2002年起，街道范围内引进的新办企业第一年上缴区级增值税、企业所得税和营业税达5万元至50万元的，专项扶持的比例上限为上缴的30%；入驻经济城的企业专项扶持比例为上缴的40%；入驻都市工业园区的生产性、经营实体性的企业专项扶持比例上限为上缴数的50%；凡引进的新办的大企业年上交区级"三税"达到50万元以上，可享受"一事一议"政策，但返税额度必须报区上决定，而且返税扶持一定终身，企业永远收益。

（2）盘活闲置资产招商：大宁路街道是上海原彭浦工业老区所在地，国有大中型企业较多。国企关停并转闲置了很多厂房。街道和企业采取办法对老厂房进行改造包装，建立都市工业园，如上海水仙都市型工业园和上海明晏都市型工业园，以此为载体进行工商企业招商，招商成功后，原国有企业得租金，街道得税收，还增加了就业，目前水仙工业园区每年租金达500万元，民晏工业园区每年租金200万元。

（3）服务实在：实行首问责任制，建立电话约谈制，有约必见，建立季度政企座谈会制度；建立联络员制度，定期上门走访；建立办事时效承诺制；街道成立会计事务所，为中小企业提供低偿会计业务管理，降低企业运行成本；为企业提供卫生、计生、子女就学、家政等低偿或无偿社会服务等，使企业住下来，顺利运作，快速发展。

3. 街道经济现状：

大宁路街道现有各类注册企业300多家，2003年完成总税4045万元，区级地税2080万元，街道分得可用财力1600万元，支出1400万元，余额200万元。2004年1—5月，已完成总税4550万元，其中国税3000万元，地税1450万元，同比增长54%和38%，引进企业65户，引进内资8260万元，同比增长20%和13%。

三、街道社会保障

通过对大宁路街道、彭浦镇庙头村的调查，反映出上海的社会保障体系相当健全，不论市区中的居民还是郊区内的农民（农民的身份基本已转换成居民）都纳入了社会保障系统管理。2004年5月对外来劳动力综合保险也已启动，各种保障涉及面广、且层次分明，制度严格，但从稳定角度出发，倡导"以人为本，有情操作"，它包含以下十个方面的内容：

1. 传统救济：对三无人员、知青子女、宽释人员、重残人员等提供救济。

2. 协保：对单位协议保留劳动关系到退休的人员（原单位一次性缴清养老、失业、医保三金），家庭生活低于最低保障线的按年龄给予救助（男55岁，女45岁以下100元/月/人；男55岁、女45岁以上的180元/月/人），丧失劳动人员290元/月/人的救助。

3. 临时救助：对低收入家庭中因突发重病、突发事件事暂时找不到工作而造成生活困难的给200～290元/人的一次性救助，临时求助需一月一申请，一般不超过三个月。

4. 医疗救助：给人均收入435元以下的低收入家庭成员，在患大病（精神病、尿毒症、癌症）时住院自付部分给予25%～50%的医疗救助，原则上最高不超过5000元/年，特殊情况经审批可突破最高限额。其他严重慢性病门诊超过1000元以上，造成生活困难的给予25%的救助。

5. 低保：最低生活标准290元/月/人。条件比较严，如，就业年龄段的人原则上不给低保，以就业为主。对不同的对象采取不同的救助办法，即"分类施保"：（1）对老、弱、病、残、丧劳等，"应保尽保"，100%保障；（2）对就业年龄段有劳动能力的"应业助业"，通过就业援助，优先推荐就业机会，安置就业；（3）对特殊困难对象（低保边缘低收入家庭）"应帮即帮"，通过临补、慈善基金、结对帮困等给予帮助。大宁路街道建立以下六项制度推进低保工作：（1）告知制度：告知救助对象的权利和义务；（2）公示制度：让大家监督；（3）公益性劳动制度：要求求助对象每周参加 1~2 次公益性劳动，每月不少于 10~15 小时，如小区的义务巡逻等；（4）调查核实制度：每周查一次对象的生活状况；（5）每半年重新审核申请制度；（6）就业岗位推荐制度。以上制度防止了养懒汉和不公平现象的发生，鼓励低保对象用勤劳改善生活。

6. 结对帮困：对因病等原因造成的特困家庭，街道通过募捐建立帮困基金，并与救助人签订结对帮困协议，为特困户的医疗、子女上学提供帮助。

7. 特别救助：对特困家庭在大病、节日期间增加求助。

8. 公益性托底补贴：对就业困难人员参加政府安排的公益性岗位工作，政府出钱帮助交三金，街道付工资，即政府购买服务。

9. 住房救助：低保家庭人均住房低于 7 平方米的家庭，可以申请廉租住房补贴。

10. 助学：教育部门给予低保家庭子女就学学费减免或通过慈善基金助学；对享受低保的残疾人家庭残联给予助学金，每年小学 400 元/人、初中 600 元/人、高中 1500 元/人、大学 2000 元/人。成绩特别优秀的享受低保家庭的子女，可以通过考试、审核后进入"久隆模范中学"免费培养 7 年，直到进入大学。在校期间，学生享受"五免一奖"即免学杂费、书簿费、校服费、午餐费、活动费并设立奖学金，让每一个学生不因经济原因而失去发展权利，目前，久隆模范中学已有 28 个教学班，1120 名特困家庭的子女在享受免费教育。

2004 年 1—5 月，社会保障这一块，共发放救助帮困金 1140995 元，帮困救助 6025 人，其中元旦、春节帮困 18.9 万元，民政救济 13.8 万元，1 月 10 日举行"蓝天下的至爱"—大宁社区 2004 年慈善募捐活动，26 家社区单位，500 余名居民参加募捐活动，共募捐款 88084.3 元。

四、街道劳动就业

街道十分重视居民的劳动就业问题,它关系到社区稳定的大事,通过免费培训,拓宽就业渠道,提供就业优惠政策等形式扩大就业,控制失业率,区政府每年对街道下达一定的就业指标进行考核。

1.就业培训:上海市采取政府提供经费补贴的职业培训措施,只要具有本市户口,尚未达到法定退休年龄的失业、协保或在职人员,都可以参加这一由政府给予经费补贴的定向性、储备性职业技能培训。失业和协保人员接受培训后经过鉴定合格的,可享受50%的补贴;认定的A级资质等级或特色专业培训的中、高层培训,可享受70%的补贴;个人自费培训的最后凭有关联手续到当地的劳动部门办理报销手续。享受培训经费补贴,一般一年内只能享受一次。

2.创业培训:处于法定劳动年龄且具有初中以上学历,有创业意向的失业、协保人员、农村富余劳动力或开业三年内非正规就业劳动组织和新办劳动就业服务企业负责人或小型企业,城市工业企业负责人,有开业意向的无职人员均可免费参加创业培训。

培训学校遍布上海各地,学校均进行了资格认定,政府购买培训服务。培训内容实用性强,诸如家电维修、居家维修、装潢,物业保洁等,考试合格,一次培训不合格可继续参加培训直到合格拿证,参加就业前必须经过培训。

3.就业渠道:

(1)规范用工:进入正规企业、公司,由单位给聘用人员缴纳三金(失业、养老、医保)和支付工资。新办的公司,尤其是服务性公司均要安置一些下岗、失业人员。

(2)自由职业:自由职业者,允许个人缴纳二金(养老、社保)。

(3)公益性劳动组织:政府提供的万人就业岗位,如居家养老、交通协管员、市容协管员、消毒保洁员、残疾人助理员等,一般由政府付"三金",付工资,即政府购买劳动力。

(4)非正规劳动组织:一种由下岗、协保、失业人员以自愿组合、自筹资金、自主经营、自负盈亏的形式组织起来,自己寻找经营服务项目,并进入社区自我开展服务以获得基本收入和社会保障的一种社会劳动组织;另一种就是社区的公益性劳动组织。

其认定条件:一是申请人应为本市户籍,能独立承担民事事的开业者;二是接受安置下岗、失业人员占数比例大于70%;三是服务经营内容符合非正规就业劳动组织认定的规定;四是开办资金自筹解决,投资总额一般在50万元以内。

其享受的优惠政策有(1)三年免税并免缴除法定的社会保障费以外的其他各类社会性收费;(2)贷款担保;(3)社保缴费优惠;(4)免费培训;(5)免收服务费;(6)从业风险综合保险,每人每年交30元,最高理赔4万元。(工作中造成第三者人身伤害、财产损失或自身伤害的,可申请保险理赔。)其涉及的经营范围,申报程序均有详细规定,并有专人日常管理。

由于广开就业渠道,并出台配套就业优惠政策,大宁路街道2004年1—5月份完成就业指标1192人(区任务:2000人)其中非正规就业485人,自由职业78人,完成全年指标的69.6%,登记失业人员910人,控制率95.7%,外来就业人员参加综合保险已完成2511人,占全年指标数6220人的43.5%。

五、街道城市管理

街道设有城管科,负责市容管理、市场秩序、绿化环保、计划生育、卫生、外来人口管理、居住物业、防台防汛等工作,区上派出城管中队、市容所、环卫所、工商所等专业检查执法部门。"街道有权对区政府有关部门派出机构主要行政负责任免、调动、考核和奖惩,提出意见和建议。区政府有部门在决定上述事项前,应当听取街道办事处的意见和建议"已写进《上海市街道办事处条例》，这样保证了派出机关在接受区上垂直部门领导的同时，自觉接受街道的领导，有利于整体工作的推进。

在市容管理方面，街道今年的重点是中小道路整治，拆除违章建筑，"居改非"整治和道路整新工程建设。1—5月已拆除各类违法建筑12174平方米，列全区之首，特别是在拆除老沪太路101弄和占路摊亭棚两个难点问题，充分显示了街道牵头、协调各方的能力。下半年主要集中精力抓各项设施建设，实施种植绿化、翻修马路、修筑围墙、房屋整新等工程项目，按洁、绿、亮、美的目标，建设文明社区。

城市拆违投入是很大的，按照"费随事转"的原则，区政府对8个街道一个镇分别拨付150万元，解决拆违补偿服务，以促进社区稳定。

在街道卫生工作方面，大宁路街道也挺有特色：聘用42名人洁服务员，进行专门培训，购买专门工具、药品，对驻区单位、经营实体提供低偿卫生专业服务，包括消毒、除四害、卫生保洁、通下水道等，由于是低偿且有专业服务，各单位都愿意与爱卫办签订服务合同，仅此一项，爱卫办除去聘用人员工资外，年创收10多万元，既搞好卫生，又增加了就业岗位。对待城市张贴小广告现象，大宁路街道采取三种方式治理，效果显著：（1）电信局每隔2分钟打一次电话干扰他，使其增加手机费用而达不到目的；（2）由110指挥中心出面警告；（3）分片包干清洗。

在计划生育工作方面，街道的侧重点是放在外来人口的管理，街道本市户口的计划生育已出现4‰~5‰负增长，对外来人口实行"计划生育首证制"，街道牵头，由大宁派出所、税务所、房管所联合建立了"外来流动人口管理中心"，把"计划生育证"作为办理居住证、房屋租赁等其他手续的第一要件，否则公安、房管部门不会受理；实行育龄妇女每月见面登记制；实行计划生育巡视员制度，聘请了1名巡视员，每天骑着摩托车出没于集市、工厂、流动人口聚居地进行巡视，发现可疑对象立即盘查并向计生办反映。

在城管、拆违、计生等方面的执法是严格依法按程序操作，街道虽不是执法主体，但执法前期工作，街道却是非常细致、认真的，特别是拆违方面，舍得投入聘请公证员现场公证。

六、街道社会稳定

街道的社会治安综合治理工作，下设综治办、司法科、信访科以及法律援助中心。建立、健全了群防群治组织，治安调解组织，形成了横向到边，纵向到底的治安防控网络，建立了一套有效的预防和化解矛盾的预警机制：组织建设走在预测前，预测工作走在预防前，预防工作走在调解前，调解工作走在激化前。对社会矛盾，善于"抓小、抓早、抓源头、抓苗头"，将矛盾解决在萌芽状态；对老百姓提出的问题，严格"马上就办"，对老百姓拨打"110"属社会矛盾纠纷之类的事，必须24小时上门，24小时之内反馈情况；各街道发生械斗等事件，公安干警必须5分钟之内赶到，否则，老百姓在每年的行风评议中可炒街道干警、干部的"鱿鱼"；对信访事件，提出依法信访，严格整治无理取闹，进一步减少了矛盾激发和发案率。

上海对社会稳定工作十分重视，全市统一印发《上海市创建安全小区工作手册》分发到各社工站，操作性强，考核过硬。主要是以辖区治安情况为准，居民住宅入室盗窃案件，其他刑事案件，治安案件和各类事故登记四个方面的内容以派出所立案为准。街道坚持每周四领导接待来访制，定期排摸不稳定因素，不断完善司法信访综合服务窗口功能。1—5月，共处理信访件48件，接待司法、信访咨询16人次，调解纠纷69起，处理报警86起，纠纷调解成功率100%。切实发挥了街道维护稳定"第一道防线"的作用。

七、社区建设

社区是一个新概念，最初是1996年上海的一次城区工作会议提出,上海是以街道为社区界定范围,下设即传统意义上的居委会,上海作为国际大都市,十分重视社区建设,社区建设走在全国城市的前列。大宁路街道社区管理模式是"一社一居",从今年6月1日起,根据区委的意见在进行"一社多居"的试点工作。

1. 社区民主建设

大宁路居民区设有党支部、居委会、社区工作站称之为"三套马车"管理体系。

居民区建党总支,书记专职,配7~9名非职业化委员,根据党员多少向上设若干支部,"支部建在大楼里",党总支领导居民区各项工作,开展对党员的教育管理工作,不断深化"凝聚党员、凝聚群众、凝聚社会"的凝聚力工程建设和"让人民高兴,让党放心"活动,积极开展新时期好班子、好干部标准的大讨论活动,建立党员活动中心,开展党员群众结对帮扶活动,使困难群众感受党的温暖,密切党和群众的血肉联系;开展党员志愿者、卫生保洁、治安巡逻等活动,通过建立党员参加活动的登记考核机制,确保专项活动的有效性的长期性。

2. 社区文化建设

大宁路街道是上海市学习型社区实验基地,2002年投资250万元,创办社区学校,总面积450平方米,配置了电脑,多媒体等教学设备设施。区教委派5~6名老师到街道专职为社区的学习、教育、社区学校的教学服务。通过抓好学习型家庭楼组—小区及学习型班组—科室—企事业单位两条链创建工作,拓展终身教育链,加强统筹,整合社区资源,促进学习型社区的创建不断向深度和广度发展。

以社区学校为载体,开展丰富多彩的学习活动。开办了英语、电脑、摄影等学习班,上课老师均为志愿者,学校为其提供往返车费及午餐费,市民只需交20元就可以参加电脑班的学习,学会为止,其他班的学费为10元或15元,用以支付学校的保洁、水电等费用。

每个居民小区设有功能较全的健身苑,由上海体育福利彩票的收益投资共建，街道负责维修，还设有老年人活动室、社区图书馆等文化设施。

老年协会自治，协会自成立之日起，就把以老年人需用求为本，全心全意为老服务，逐步满足社区老年人的社会需求，实现"六个老有"作为自己的宗旨。协会性质定位是，为社区老年群众服务的公益性非营利民间老龄社团。其成员是自愿组合，乐于奉献，不求索取的志愿者。老年协会自己组织，管理老年人的学习和活动，政府提供场所。街道老年健身、文艺、戏曲、书法等小组的活动开展得有声有色。如代表街道参加迎接外宾等，费用则由等办，称之为"政府购买服务"。

3.社区服务

社区服务这个概念是1986年民政部正式提出的，它具有公益性、群众性、互助性和地域性的特点。街道开通了一条24小时服务热线与公安"110"实行社会服务联动：各居民区都有家电维修、小电应急、医疗、高龄独居老人看护志愿者低偿服务队和家庭中介有偿服务组织，为居民提供便捷优质服务。

在居住物业管理服务中，形成了"党支部、居委会、业主委员会、物业公司'三位一体'"的管理体系，倡导"服务没有假日"，只要业主有呼声、有困难，必须30分钟之内赶到，并要求所有窗口行业员工统一服装、规范文明用语。

在各居民区，根据各自特点，分别组建值班巡逻队，在职党员巡逻队，义务宣讲队等众多志愿者队伍为居民服务。

八、几点体会和感受

通过三个月在大宁的学习、生活、工作实践，以及对闸北区、上海市有关政策的学习，主要有以下几点值得借鉴和思考：

1.上海"海纳百川，服务全国"的城市精神不只是停留在宣传上，而是付诸实践之中。我到大宁的第一天，街道党工委书记对我说："我们街道差不多每年有1~2名挂职干部来。"7月河南开封一位女区长即将来大宁挂职；在5月14—28日区处级干部培训班上就有25人来自湖南娄底，4人来自安徽黄山，上海对口扶贫的西藏、云南、重庆等八个省、直辖市、自治区，每年都在人才、技术、资金等方面予以扶助。

2. 上海人艰苦朴素、敬业爱岗、求真务实、团结协作、力求创新的精神是我们内地干部应该学习的。

上海是一座财富之城，人均GDP5000美元，公务员年工资5万元，按理有足够奢侈的本钱，可他们相当节俭，接待来宾只是清茶一杯，大多数干部仍在使用传呼机，不论大小会议，不统一安排用餐，代表发言、领导发言不印发材料。

上海人敬业爱岗，主要是以严谨认真的态度对待工作，尊重自然形成的分工和合作，安心本职工作，有良好的职业精神。街道没有上下班点名签到的制度，可没有人迟到早退，他们大多数提前半小时或1小时到岗，推迟10~30分钟下班，就是到周末也还有很多人在上班。他们无论干什么事，都十分认真，像拆除违章，就列一个详细的行动计划，工作讲究形象进度等。

上海人求真务实，街道每周一上午开党政班子例会（通气会）和干部施政会议（即汇报上周工作，本周安排），这样长期抓落实也促进干部务实作风的形式。区政府要求减少评比干实事，精简会议讲实话，联系群众谋实利，面向基层求实效。区政府对街道经济、招商引资不考核，只是下指导性任务；对社会治安综合治理每年考核主要以辖区治安案件、各类事故和信访件为主，以老百姓的口碑为准；对纪委考核，以不出事为准。

上海人强调部门、干部、群众之间团结协作，区政府要求各级干部要加强大局意识、团队意识，围绕大局、服从大局，要求大家心往一处想、劲往一处使、话往一处说、事往一处做，形成工作合力。4

月5日，大宁路街道在拆除老沪太路101弄23间违章建筑表现得淋漓尽致：当时派出所负责制止店主的过激行为，交警负责维护道路秩序，供电所负责切除电源市容所、工商所、城管中队负责铲除店面，环卫所负责清理现场，妇联、团委、民政、劳动等部门的女同志负责做女店主的工作，司法科、信访办负责上访接待工作，几个部门通力协作，拧成一股绳，在短短2个小时内就全部拆除并清理干净，老百姓拍手称快。

  上海人鼓励创新，他们把创新的理念贯穿于全部的工作、学习、生活中。办事处刘志敏主任在一次科以上会议说："我们每一项工作人人都在做，按上级要求、布置去做，固然是好的，但未树品牌，没有自己的特色，你的工作就不会引起领导的重视、社会的关注。"像上海国际茶文化节，把"支部建在楼上"、学习型社区、非正规就业组织是上海创新的成果。

  3. 上海是一座规范之城，建立健全了各项思想教育制度、干部管理制度和监督检查制度，研究制定了一些针对性措施，力求以制度促进干部队伍建设。到区、街道以及服务窗口单位，给你第一印象就是《机关文明办公行为规范》，从仪表举止、文明服务、依法行政、好学创新、团结协作、廉洁自律、美化环境等八个方面具体细化，如女同志不化浓妆、不穿短裙，接听电话要先报单位，再说"请讲"等，规定制作细致，针对性强，操作性强。制定了《关于对机关制度建设实施督察的试行办法》，对机关工作制度建设和作风建设开展督察，加大督查力度，有效地预防了"平软懒散"问题的出现。

  4. 上海是一座学习之城，重视学习、处处学习、终身学习的理念已深入人心，推进学习型家庭、学习型楼组、学习型社区扎实有效。最近，在上海、在街道、在每个科室、企业、班组都在学习汪中求的《细节决定成败》、阿尔伯特·哈伯特的《致加西亚的信》，他们倡导把每一件简单的事做好就是不简单，把每一件平凡的事做好就是不平凡，他们倡导的是敬业、勤奋、忠诚的思想观念。上海人的文化素质极高，谈吐文明，大多数都会讲英语，会操作电脑。

5. 上海各级政府精心打造"透明政府、服务政府、责任政府、法治政府"的重大举措是值得学习的。在街道各服务中心，在繁华的居民聚集区，在政府网站，把政府应该公开的信息全部公开，推行和实施"电子政务"办公体系建设，对老百姓的事提出"马上就办"的服务理念，倡导"社区服务无假日，24小时、365天服务"，每项政策出台，实行事前听证，充分尊重民意。在涉及计生、社会治安、信访、拆违等严格依法按程序进行，把政风、行风的评议权交给老百姓。

6. 转变观念，注重政府行为和市场机制的有效结合。大宁路街道管理城市卫生的经验很值得我们借鉴。他们把卫生管理市场化、专业化，同时也在政府的管理指导下运行，既解决了政府投入不足，管理不细不到位的问题，又增加就业岗位，最终使市民和单位得到了低偿、优质服务，使城市管理上了水平。这种政府行为和市场机制的有效结合的事例，在上海是很多的。

政府有极高的信誉，是一笔巨大的无形资产，在市场机制还不十分健全的时候，许多事情不能放任自流，需要政府按市场机制加强管理。把一些政府行为市场化、专业化，也是《行政许可法》对政府提出的新要求。政府应从繁忙的事务中解放出来，向"有限政府"转变。

7. 闸北区优惠统一的招商引资政策，促进了街道税源经济的发展，调动了街道和企业的积极性。上海有这么好的区位优势，是人才、技术、信息、资金聚集地，社会保障体系又很健全，我认为对内资企业不应该有这样的优惠扶持政策。今后政策的出台，应考虑其他地区，树立科学的发展观。

2004 年 6 月

赴湖北参观新农村建设考察报告

为积极借鉴各地新农村建设规划中积极及先进的做法，进一步把握建设新农村伟大战略决策的重要意义和新要求，提升新农村建设的理念和思路，提高抓好新农村建设的实践能力，2009年4月10—16日，经省委党校安排，第24期乡镇（街道）党委书记进修班赴湖北进行"新农村"实地考察。考察团先后考察了武汉市东西湖区石榴红村、宜昌市夷陵区雷家畈村、猇亭区黄龙寺居委会、神农架木鱼镇的生态农业示范小区四个典型的新农村的规划和建设情况，其间听取了湖北省委党校蔡玲教授有关湖北农业大省与现代农业发展研究的讲座，现将有关学习汇报如下：

一、四个新农村点的基本情况

武汉市东西湖区石榴红村：该村房前屋后栽种了石榴、柿子等果树供游人观赏、采摘，故将鸦渡大队改名为石榴红村。该村南临汉水，北依107国道和汉渝铁路，村庄占地2000亩，人口783人。2005年以来，按照市区两级"家园建设行动计划"部署，慈惠街以石榴红村为试点，该村建立了村级陈列馆，将该村自古以来的农具、家具、渔具等——陈列出来，作为一种文化、一种历史供游人参观。将居民的旧房按照"粉壁、黛瓦、马头墙"的徽派建筑风格进行"穿衣戴帽"式的改造，逐步将其打造成古朴与现代交融、大都市与新农村互动的新村湾，取得了明显成效。

宜昌市夷陵区龙泉镇雷家畈村：位于夷陵区西北边际，面积12.37

平方公里，5个村民小组，536户，1819人。按照"三园两村"（即生态田园、现代庄园、生居乐园和争创全国"五好基层党组织先进村、全省新农村建设示范村）的总体思路，启动"猪—沼—果"的模式，进行3000亩无公害生产示范和100亩核心区精品果园，发展柑橘产业，村级集体财产分散到户，每年有29万元收入。2008年实现农村经济总收入2790万元，农民人均纯收入5100元，村组集体累积达78万元，农村基础设施得到全面改造。

宜昌市猇亭区黄龙寺居委会：位于猇亭区的东部山区，是全区海拔最高处，环抱三峡机场，南临长江水道，北靠汉宜高速，立体交通四通八达，全村面积9.784平方公里，农户671户，人口2409人，党员99人，有耕地面积2230亩，林地4336亩，人均绿化面积1.8亩，农民人均收入5268元。按照"村有主导产业，户有致富门路"思路，大力发展柑橘产业，制定黄龙寺休闲生态旅游发展规划，确定以"生态环保、观光休闲"为主题，开发建设社会主义新型的生态农业旅游示范点，2007年12月，该村顺利通过全国农业旅游示范点考评。

神农架木鱼镇：是神农架林区的南大门，省级旅游度假村。全镇国土面积437平方公里，辖7个村，2个居委会，总人口11364人，其中农业人口5293人。该村以旅游产业为主导，鼓励农户因地制宜发展以"果茶、蔬菜、花卉"为主的庭院经济。在木鱼镇建设"青天袍度假村"旅游农庄示范点，建设木鱼龙江坪生态农业示范小区，在松柏镇建设百花坪和新坪"农家乐"休闲观光农业示范小区，在退耕还林地实行林药间作、林草间作、林粮间作等种养模式，在灌木林栽种药材，大力发展林下产业和森林采集业等。截止到2008年，神农架绿色生态家园、旅游农庄达200多家，年接待区内外游客达50万余人次，实现旅游综合收入1.3亿元，财政收入1130万元，农民人均纯收入3015元。景区和城镇周边如雨后春笋般涌现的旅游农庄已成为新的旅游景点、看点和卖点。

二、四个新农村建设点的特点及经验

（一）共性的特点

一是四个新农村建设点都是省、市、县、乡镇（街道）四级联办的共建共创的示范点。二是资金投入都比较大，每个点投入都在200万元以上，都采用政府出大头，群众出小头，社会捐一点的形式筹集资金。三是都在建立一个产业基础之上，使优势产业做大、做强、做优。四是都是用一种创新的理念和思路从不同的角度，打造生态旅游"农家乐"新农村示范点。

（二）不同点及其成功经验

1. 石榴红村

（1）确立了一项目标：大力发展都市型旅游休闲农业，促进农民增收，让农民"住得好，富起来"。

（2）搭建两个平台：搭建市民休闲旅游平台和农民增收平台。紧扣新农村"二十字"方针，将老村湾改造成富裕与繁荣并进、文明与和谐相映、大都市与新农村互动的集生态农业和休闲旅游为一体的新农村。

（3）充分利用3个品牌：打好"汉江"生态牌、"绿色食品A级蔬菜基地"安全牌和"汉江休闲旅游"文化牌，促进"农家乐"的迅速发展。

（4）开辟四条投资渠道：按照街道出大头、农户出小头、政府投一点、社会帮一点的模式，农户出资40%，街道补60%，对民宅的外墙进行改造。

（5）抓好"五个结合"。一是即把群众"住得好"与让群众"富起来"相结合；二是把建设生态农业与发展休闲旅游相结合；三是将农业产业结构调整与"家园建设行动计划"相结合；四是将新农村建设与增强城乡互动，促进城乡和谐发展相结合；五是把"汉楚文化"

与"石榴现代休闲文化"相结合。

（6）积累六种建设经验。一是原址原规划节约型建设模式；二是给建筑赋予文化内涵，形成浓郁乡村特色的民居风格；三是发展休闲服务和勤劳致富为主的休闲经济；四是政府搭台，让群众受益的致富模式；五是融资多元化的建设手段；六是以文明创建推动文明新村建设。

（7）拓展7条致富渠道。农民由原来的单一的种菜拓展为住宿、餐饮、认种菜地、土特产、采摘菜果和打工务农等7条致富渠道，村民誉为"七星高照"致富路。

石榴红村的房前屋后栽种石榴、柿子等果树，供游人观赏、采摘。农家乐内安装了闭路电视、电话、太阳能热水器，2008年度接待市民55万人次，旅游收入达780万元，人均纯收入1.5万元，比2004年翻2番，村民说：房屋变成了"白银庄"，菜地变成了"绿银行"。

2. 雷家畈村

（1）该村典型的产业：柑橘、猕猴桃。

（2）成功经验：村级集体有保障，村集体果业基地4000多亩，由村统一经营，林改时未分到户，每年有29万元收入。

（3）大力推行"猪—沼—果"模式，进行了300亩无公害生产示范和100亩核心精品果园建设，实行了"八个一"即"天上一盏灯、树上一张板、树中一袋虫、树下一株草、地上一张模、田边一口池、施肥一张表、管理一本书"的无公害生产管理格局。2008年安装频探式杀虫灯150盏，挂杀虫黄板25000张，果园释放捕食螨500亩，栽植藿香蓟2000亩，果园反光膜100亩，抗旱水池105池。

（4）在协会基础上组成雷家畈柑橘专业合作社。2008年柑橘出口俄罗斯边贸市场1000多吨。

（5）房屋都是依水而建，未占用农田，各具特色，并不是像我们江西的规定一定30～50户。

3. 黄龙寺居委会

（1）扬优成势，进一步发展优势产业黄龙寺庙文化、柑橘，形成了"东头花木西边果，中间一路农家乐"的社会经济发展格局，集资200多万元改善基础设施建设，努力在"吃、住、行、游、购、娱"上狠下功夫，建成了集"旅游、休闲、观光"为一体的万亩自然生态观光园、千亩花卉观光园、500亩蜜柚观光园等9大景点，建成了3条旅游线路，年接待游客80万人次，创收500多万元，一个城郊农业生态旅游村已初具雏形。

（2）采用"长寿""黄龙"等充满地域特色的标识，推出了柑橘、蜜柚、红薯、山菇等特色旅游商品，极大增加了农副产品的附加值。

（3）宣传力度大，能主动邀请新闻媒体实地采访报道，进行产品介绍，利用黄金周在网络上报道和宣传农业旅游示范点情况，使农业旅游点成为旅游市场大卖点。

4. 木鱼镇

（1）能科学合理搞好村庄规划，保持着原始生态和古朴风貌，打破了"千村一面"传统模式，力求"一村一貌、一处一景"。

（2）重抓旅游主导产业。旅游是该镇的灵魂，围绕"游、住、行、食、娱、购"六大要素，积极发展"农家乐"，推出特色风味食品，提高旅游服务水平。全镇共500家经营旅游商户，各种宾馆、饭店58家，旅游农庄79家，有30%的农民从事旅游业。共组织居民在200余人到外地考察，提高旅游从业人员的综合素质。

（3）重抓特色农业。全镇茶叶面积达8730亩，其中有机茶中心认证的茶叶面积达1888亩，排全省第一。

三、几点启示和建议

1. 要把新农村建设当作一项产业来做。要紧紧围绕中央"二十字"方针，以经济发展为核心，以促进农民增收致富为目的。从湖北省委党校蔡玲教授的讲座来看，湖北发展农业，抓好农村建设，有它的思路，有它的特色，湖北省在一带两圈新格局中的两型农业特征是：一是在城市郊区发展高技术农业、休闲农副业，如武汉东西湖石榴红村，以种植5000亩"田园化"景观蔬菜基地为龙头。二是在集镇周边地区发展设施农业，高效高产农业。三是在山区发展庭院农业。四是在平原湖区发展集约农业。从参观的4个新农村点来看，都是以主导产业为龙头，带动新农村建设，发展休闲新农村、娱乐新农村、度假新农村。石榴红村种植石榴、蔬菜近5000亩，雷家畈、黄龙寺村发展柑橘各4000亩，神农架发展茶叶8000多亩。这4个村都是把传统的产业做大做优做强，形成特色，形成产业，形成品牌。

2. 要把新农村建设当作一个项目来抓。当作一个新的经济增长点来抓。从参观的这4个点来看，投入资金是比较多，每个村投入的资金至少有200万元以上，很显然如果只是上面对每个村16万元左右资金的扶助是不够，这个地区能够集中资金打造亮点，创造特色，他们把新农村建设当作一个旅游项目来抓，为这个新农村建设赋予新的内涵。鸦渡村从旅游角度更名为"石榴红村"，每年接待游客12万人次，该村农民旅游收入达到160万元，人均纯收入7300元。黄龙寺村以黄龙寺庙宗教文化和柑橘基地为特点，打造"东头花木西边果，中间一路农家乐"新景观，每年接待游客8万余人次，创旅游收入达500万元；神农架以神农架原始的森林资源和8000多亩茶叶基地为特点，打造旅游景观和农庄，已成为新的景点、看点和卖点，每年接待游客达50万余人，旅游收入达1.3亿元。

3. 要进一步拓宽新农村建设投资渠道，克服资金短缺的矛盾，加快新农村建设步伐。从参观的湖此4个新农村点，基本上是按照乡镇（街道）出大头，农户出小头；政府投一点，社会帮一点的模式，大体上农户40%，政府60%，而我县这几年投入的新农村资金，基本上是政府的10多万元，农户拆迁还要补偿，剩下投入资金只有几万元，根本解决不了什么问题，农民的积极性和主动性并未真正调动起来，这样"撒胡椒面"，撒了几年，打造出亮点是很少的。没有农民参与的新农村点，是很难建成效的，即使建成了，也管不了长久，发挥不了效益。

4. 要进一步用好用活党的新农村建设政策，打造我县颇具地方特色的新农村的亮点、精品工程。我县历史悠久，气候宜人，资源丰富，风景优美，素有"泸潇理学、琴云文章"之美誉，旅游资源十分丰富。像"一代帝师故里花塘官厅""闪石石城洞""路口阳春、湖塘明清古建筑群""棋盘山湘赣省委驻地""神泉湖景区开发""玉壶山景区""高天崖""寒山"等风景区完全可以打造成新农村建设的精品工程和亮点、看点的。一是要加大对景区的保护力度，对林区全面实施封山育林政策。对历史文化价值的古迹要加以修复、完善，尽量修旧如旧，恢复其历史原貌。二是集中资金加大开发力度，要舍得花钱请专家认证、设计、规划。要舍得投入，要整合涉农资金，要全方位募集资金，要通过招商引资，把新农村点包装成项目去打造；要持之以恒做下去，坚持用5～10年甚至更多的时间来打造，让新农村建设与生态旅游开发相结合、与扶贫开发相结合、与历史文化保护相结合，让新农村建得起来，农民富得起来，老百姓得到实惠，政府得到税收。三是要加大宣传力度，要拓宽宣传的渠道，多角度、全方位进行宣传，要举办一些活动、节日，如桃花节、梨花节、油菜花节、荷花节等辐射面广、带动性强的系列文化活动开展农副产品促销；要加大与全省各大旅行社的沟通联系，把新农村建设与休闲农家乐、生态游、短线游结合起来。要舍得花钱请文化名人、记者来写作，宣传品一律免费，向各大旅店免费赠阅宣传资料、刊物等。

2009年4月

赴南昌市新建区和湖南省茶陵县学习考察县级公立医院综合改革情况汇报

根据《2015年全省深化医药卫生体制改革下步工作要点公立医院综合改革的实施意见》（赣府厅发〔2015〕45号）和《2015年全省深化医药卫生体制改革下步工作要点》（赣府厅字〔2015〕90号）等有关文件精神，我省所有县区公立医院需在2015年11月1日全面启动县级公立医院改革。由于时间紧、任务重，为加快推进我县县级公立医院综合改革的步伐，进一步研究制定我县县级公立医院综合改革的有关政策与措施，2015年10月14—16日，经请示县政府领导同意批准，由县卫计委刘晓林主任带队，联合县发改委、县人社局、县财政局和县医保局等单位分管同志和县医改办工作人员一起赴南昌市新建区和湖南省茶陵县学习考察了先进县级公立医院综合改革工作的先进经验。

通过学习考察，详细了解了2个县区在实行县级公立医院综合改革以来的具体做法，财政补偿机制、社会保障制度、医院运行管理制度情况等，学习考察组认为他们的经验和做法值得我县借鉴。

一、新建区有关情况

（一）基本情况

新建区位于江西省南昌市中心城区西北，全区域面积2197.4平方公里，总人口 68.8 万人，辖 18 个镇（街道）和 1 个省级工业园区。2014 年财政总收入 30.68 亿元，其中地方一般预算收入为 21.71 亿元。2013 年 7 月正式启动公立医院改革试点工作并卓有成效，国家和省市主管部门曾多次推广宣传，取得了较好的社会效益。

（二）主要做法

1. 领导高度重视，完善机制

县领导高度重视，成立了以县长为组长、常务副县长为常务副组长、分管县长为副组长的医改工作领导小组，卫生局局长任领导小组办公室主任，负责具体日常工作，领导小组多次调研并制定了《新建县公立医院综合改革试点工作实施方案》。

2. 立足"四大保障"，全面落实政府办医责任

一是全额保障医务人员的工资收入。在不改变县人民医院和县中医院（妇保院没有纳入试点）两所医院差额拨款单位性质的基础上，将在编在岗人员的基本工资、绩效工资以及住房公积金单位应承担部分等全额列入财政预算，离退休人员工资及遗属补助也纳入财政全额保障，从财力保障上彻底解决"以药补医"的现象。二是保证医院债务全背。为了让医院"轻装上阵"，县政府对新建县县级医院的历史债务进行了审计锁定，然后分类处理，银行利息 500 万元由财政承担，并每年安排 300 万元逐步化解债务，在五年内全部化解相关债务。三是保障医院人员编制逐步到位。公立医院床位数由市级卫计委部门核定，并按照床位与编制 1∶1.3 的比例核定编制数，共增加编制 250 个。四是全力保障公立医院的发展。县财政每年新增安排资金 2300 万元（其中：人员资净增 900 万、政府贴息及建设债务 500 万、设备购买 400 万、基药补助 200 万、急需偿还贷款 300 万）用于两所医院的基本建设和大型设备购置、重点专科发展、承担紧急救治、救灾、支援基层公共卫生服务经费和历史债务化解等方面，以解决医院发展的后顾之忧。

3. 创新"四大改革模式"，着力助推公立医院发展

一是人事制度改革方式。为进一步深化县级医院改革，充分调动工作人员积极性，增强公立医院发展活力。制定了《新建县县级公立医院管理和新运行机制改革方案》（试行）（新府办〔2015〕37号）文件，（1）实行分类设岗。遵循"总量控制、结构调整、精简高效"原则。（2）推行全员聘用制。公开岗位设置，组织岗位聘用，签订聘用合同。（3）建立待岗分流制度。待岗期满，考核合格方可重新聘用。（4）新进人员实行公开招聘。按照"公开、公平、公正"原则，面向社会公开招聘。（5）聘后管理。加强履行岗位职责的考核、评价，考核结果作为调整岗位、晋升职务等级和工资分配的重要依据。二是收入分配改革制度。收入的公平、公正、公开、合理发放，直接关系到广大医务人员的积极性，也关系到公立医院改革的顺利推进。一方面将绩效工资分为基础性和奖励性两部分，对奖励性绩效工资与医疗服务技术水平、质量、数量、成本控制、病人满意度等考核结果挂钩，做到多劳多得，优绩优酬，向临床一线倾斜；另一方面在核定收入、核定补助不变的前提下，医院所得的收益，50%用于事业发展，50%用于第二次奖励性绩效工资发放。在此基础上，两所医院聘请了上海中介公司为医院管理公司进行绩效管理——PC管理模式。从原来单一的工作数量考核转变为工作数量、质量、全成本核算及满意度等综合考核管理。三是支付方式改革制度。两所医院通过按床日付费、单病种付费、临床路径管理等多种付费方式改革，把医疗费用控制在合理范围，建立以成本和质量控制为中心的管理模式。成立了由县政府常务副县长牵头的县人民医院、县中医院理事会和县级公立医院监督评价委员会，实行院长负责制，建立了决策、执行、监督相互分工均衡的医院法人治理结构，充分调动医院管理层改革的积极性。

4. 完善四大机制，保障公立医院改革成果

一是健全财政补偿机制。对县级公立医院的人员基本工资和绩效

工资全额保障，化解历史债务；医院基本建设和大型设备购置、重点专科发展、政策性亏损、承担紧急救治、救灾、支援基层等公共卫生服务经费给予全额保障，全面建立起公立医院维护公益性、调动积极性、保障可持续的运行新机制。二是推进控制医疗费用不合理增长机制。充分发挥医疗保险支付方式对医院的引导、制约和激励作用。积极推行总额预付、按病种、按人头、按床日等付费方式，加强总额控制。建立医保对医疗费用增长的控制机制，提高群众住院实际补偿比，遏制医院耗材推高医疗总费用现象。三是完善绩效分配新机制。通过科学、公平、规范的员工竞争上岗和岗位的动态管理，激励各类人才脱颖而出，提升医院的管理和业务水平；建立科学、公正、公开的绩效考核制度及有效的人力资源激励机制，通过绩效考核来切实调动员工的工作积极性。四是建立现代医院管理新机制。鼓励县级公立医院对具有辐射带动作用的乡镇中心卫生院实行县乡一体化管理服务，形成"全面覆盖，病能就医"的医疗卫生服务三级分工协作服务网络；推动现代化公立医院管理制度建设，切实转变政府职能，落实公立医院经营自主权，完善绩效考核制度，推进信息化建设，充分发挥优质医疗资源的积极作用。

二、茶陵县有关情况

（一）基本情况

茶陵县为我县邻县，全县总面积2500平方公里，总人口62万，辖21个乡镇（街道），2014年财政总收入11.2亿元，医疗卫生与计划生育支出10482万元，2012年12月正式启动公立医院改革试点工作并卓有成效，国家和省市主管部门曾多次推广宣传，相关负责人获得了刘延东副总理亲自接见，并在2015年全国医改工作电视电话会议作典型发言。

(二) 具体做法

1. 政府主导、认真谋划

一是县领导高度重视。成立了以县长为组长、常务副县长为常务副组长、分管县长为副组长的医改工作领导小组，常设医改办（医管办）于卫生局，并给予行政编制6人，以确保机构正常运转。在启动前认真谋划，四套班子主要领导亲自参与调研考察，制定了《茶陵县公立医院综合改革试点工作实施方案》。二是加大了政府投入。该县将公立医院改革费用全部纳入县级财政支出预算（2013年2527.72万元，2014年2284.58万元，2015年2312.12万元），为公立医院改革提供了强有力的财政支持。三是根据近3年的医院经营状况，重新核定了个试点医院的床位和人员编制数（将医院开放病床全部纳入编制以内，人员编制数由2004年的675人增加到1090人，净增415个编制，其中县妇幼保健院55个编制为全额，其余为差额拨款），将在编人员的基本工资、绩效工资和住房公积金等福利全部纳入财政保障。确定了药品取消加成补偿机制（8:1:1模式），取消药品加成80%部分通过医院调整服务价格予以补偿，10%部分由财政予以补偿，10%部分通过医院加强内部管理降低成本予以补偿，及时调整了医疗服务价格。四是加大了宣传力度，向群众大力宣传了医改相关工作，得到群众的支持配合。

2. 创新管理，有序推进

一是统一招标了药品供应商，便于药品供应和管理。二是开展了岗位设置和岗位聘用。引进了医院管理咨询公司进行管理咨询，按照竞聘上岗、按岗聘用、合同管理的原则，重新设置和聘用岗位。三是加大人才培养、引进力度。出台了《茶陵县卫生系统人事编制管理若干规定》和《茶陵县卫生系统高学历、高职称人才待遇的暂行规定》，通过给予安置费和奖励津贴（安置费：研究生每年给予1万元，二本以上本科生每年给予0.5万元，发满10年。奖励津贴：副高以上职称每月根据情况给予 800～1200 元。) 等方式培养和引进人才, 充分提高医务人员积极性。四是全面实现岗位绩效工资。建立绩效考核体系, 调整分配方案, 做到多劳多得、优绩优酬、同工同酬, 向临床一线、关键岗位、业务骨干、突出贡献人员倾斜。五是改革医保支付方式。全面推进惠农"一卡通", 让群众就诊报销实现"一站式"服务。将服务费用提高部分全部纳入医保支付, 并对 80 多个病种实行单病种付费。六是加强重点学科建设。政府出资在每家医院设立一个重点学科, 高薪聘请学科带头人, 并打造成周边地区领先地位。

三、我县公立医院现状

(一) 基本情况

我县现有公立医院三家, 县人民医院、县中医院和县妇幼保健院, 由于历史原因, 我县人民医院和中医院合并经营 (省级公立医院改革药品配套补偿资金按照初步意见是按照 100 万元/家补偿)。

县人民医院 (含中医院) 编制床位数 220 张, 实有床位数 376 张, 编制人员数 250 人, 实有人员数 649 人, 其中编外人员数 338 人; 县人民医院 (含中医院) 2014 年总收入 7227 万元, 医疗收入 3613 万元, 药品收入 3474 万元, 其中加成收入 781.6 万元; 2014 年财政投入 136 万元。

县保健院编制床位数 60 张, 实有床位数 100 张, 编制人员数 40 人, 实有人员数 169 人, 其中编外人员 111 人; 2014 年总收入 1839.63 万元, 医疗收入 783.84 万元, 药品收入 742.2 万元, 其中加成收入 216.8 万元; 2014 年财政投入 36 万元。

(二) 存在的主要问题和困难

1. 编外人员较多, 待遇得不到保障

县级医院的编制核定是 20 世纪 80 年代末的数据, 近 20 年来一直没有增加编制, 而日益增长的群众看病需求使得医院的规模不断在扩大，人员大量增加，导致编外人员占据大部分，而县财政拨付的事业经费均按照实际在编人员差额划拨，编外人员的工资福利均靠单位自行承担，且离退休人员工资和社保金及住房公积金的缴付均由医院自行承担。而卫生事业属于社会公益事业、非营利性机构，各医疗卫生单位均逐步回归到公益性，人员待遇却得不到保障，编制问题使得医院公益性与生存发展形成矛盾。

2. 技术人员匮乏，人才流失严重

我县卫生队伍结构不尽合理，普遍存在医疗骨干人才短缺或断层。一是高技术职称人员少、低技术职称人员多。二是医师少、护士多。三是人才流失严重，特别是中层骨干一级更加严重，近两年全县有20余名技术骨干辞职外出打工，其中有10余名是辞去编制。

3. 负债过高，经济包袱较重

一是负债过高。近些年来，我国经济高速发展，国民就医需求越来越高，倒逼我县医疗事业举债快速发展，建设新大楼、购买高尖端设备等，因为政府投入有限，普遍存在高负债经营现象，完全通过"以药养医"的形式保持医院运作，如实行药品零差价的话，职工工资难以保障，医院难以为继。二是退休人员目前基本工资由社保统一发放，但生活补贴仍由退休单位承担，2014年卫生系统共缴纳社保金765.6万元，社保局共发放退休人员社保金338.8万元，单位还需发放退休人员工资补贴819.5万元，应全额缴纳的社保金765.6万元和离退休人员生活补贴819.5万元共计1585万元应由财政全额保障。

四、当前我县公立医院改革工作急需要做的事

近期，国务院办公厅印发了《关于全面推开县级公立医院综合改革的实施意见》（国办发〔2015〕33号）和《关于城市公立医院综合改革试点的指导意见》（国办发〔2015〕38号），文件明确了公立医

院改革总体要求和具体内容，按照省、市医改领导小组统一部署，我县需在 2015 年 11 月 1 日无条件启动公立医院综合改革，为此，我们要进一步增强紧迫意识，年底要经得起国家、省、市政府的验收。以下为急需做的事：

（一）加强组织领导，建立健全管理体制

一是成立以县长为组长、常务副县长为常务副组长、分管副县长为副组长的莲花县公立医院综合改革领导小组，召开领导小组成员会议，布置相关具体工作。二是成立莲花县公立医院综合改革办公室和莲花县医院管理委员会，办公室设立于卫计委，并给予解决相关人员编制。三是领导小组制定《莲花县公立医院综合改革工作实施方案》并于 10 月 25 日前上报市医改办。

（二）政府主导，加大财政投入

新公立医院综合改革启动后，医疗卫生行业将彻底告别"以药养医"的经营模式，回归到社会公益性和非营利性，是解决群众"看病贵、看病难"难题的重要举措，医院将以政府投入为主要经济来源，以此促进群众对政府的满意度、信任度。需将全县公立医院由差额预算单位改为全额预算单位，将人员工资、津贴全部纳入财政预算；药品零差率销售，县财政按实际销售额给予 20% 的补助，医院大型设备（CT、彩超等）检查费用下调部分由县财政足额补齐；县财政每年列支 100 万元，设立卫生事业人才发展基金，用于引进和培养高学历、高职称优秀人才和奖励突出贡献人员，以此提高我县的医疗服务能力；县财政每年列支 200 万元用于医院基本建设和大型设备维护更新；医院历史债务经审计后统一打包剥离，由政府逐年清还。

（三）加强部门协调，落实工作职责

在 2015 年 11 月 1 日启动前我们要积极协调关部门按照分工完成相关前期工作。一是重新核定县级公立医院床位数和人员编制数，按床位与人员编制 1∶1.3～1.8 的比例核定。县医院（含中医院）设置床位 400 张、县妇保院 104 张。县医院、中医院编制为 520 人，县妇保院 136 人（发改委、人社局、编办等部门）。二是做好基线调查（见附件），科学调整好各项医疗服务价格（发改委、财政局、卫计委等部门）。三是做好医保政策调整，确保群众支付费用只降不升，提高收费标准的服务项目一律医保承担（人社局、卫计委、医保局等部门）。四是建立健全药品供应、质量保证保障体系，全县统一采购药品（卫计委、市场监督管理局等部门）。五是做好人事薪酬制度调整，确保待遇不低于改革前，人员不因改革流失（县人社局、财政局、卫计委）。六是加大宣传工作，正确把握舆论导向，让群众了解改革相关工作，不因提高医疗服务收费产生抵触情绪（宣传部、电视台、卫计委）。

五、下一步工作打算

（一）实行人事分配制度改革

一方面，推行以全员聘用制为核心的人事制度改革。实行院长任期目标责任制，对专业技术人员实行竞争上岗、合同聘用、岗位管理，在定岗定编的基础上，对科室和管理职位进行精简；另一方面，进行分配制度改革，调整分配方案，全额保障基本工资和绩效工资，另外医院全年结余的 50%（结余另外 50% 用于医院发展）进行二次考核发放，做到多劳多得、优绩优酬、同工同酬，向临床一线、关键岗位、业务骨干、突出贡献人员倾斜。

（二）加强品牌科室和学科带头人建设

各县级医院根据自身定位，打造 1 到 2 个在周边地区影响力品牌科室，高薪培养或引进一批德艺双馨的学科带头人。

（三）加强医院综合管理

加强医院在医疗安全、财务管理、成本核算等方面的管理，降低医院运营成本，可考虑引进医院管理咨询公司进行咨询服务。

（四）强化监管措施

一是控制费用，确保群众看病负担得到减轻。可通过实施临床路径管理、按床日付费、按病种付费等方式控制总医疗费用，同时严格控制药占比在40%以内、病人自付费用比例20%以内（医保报销前）。二是加强纪律监督，对违法违纪和不遵守行业制度的人员实行零容忍，发现一起，严肃处理一起。

附件：

莲花县县级公立医院综合改革基线调查报告

县级公立医院综合改革是深化医药卫生体制改革的核心内容之一。为了探索和积累经验，积极稳妥地推进我县公立医院综合改革，完善相关政策提供依据。根据县医改领导小组的意见，县医改办于十月上旬对县人民医院、县中医院、县妇保院开展了医院综合改革基线调查，现将调查情况报告如下：

一、两所医院基本情况

（一）县人民医院、中医院

1. 人员情况：县人民医院创建于1943年，历史近72年。单位人员编制为250人，现有职工649人，其中离退休152人，在职在编311人，本院招聘人员186人，实有在岗人员497人。

2. 编制病床及实际开放病床情况：单位编制病床为220张，实际开放病床为376张（内一科51张、内二科34张、外一科41张、外二科37张、内三科43张、妇产科30张、儿科36张、传染科16张、急诊科13张、血透室15张、骨科48张、五官科6张、手术室6张、ICU4张）。

3. 人员工资支出情况：2014年在岗职工工资总计2762.4万元，离退休人员工资668.4万元，其资金来源于：人员财政补助136万元，离退休人员社保负担62.4万元，县医院负担3232.4万元。

4. 单位收入构成情况：2014年总收入7286.1万元，其中财政补助136万元，社保局拨入离退休人员工资62.4万元，医疗收入3613.7万元，药品收入3474万元（实际加成率22.5%，全年药品实际加成收入781.6万元）。

5. 单位收支结余情况：2014年医院总收入7286.1万元，总支出7868万元，结余－581.9万元（497人未买住房公积金）。

（二）县妇保院

1. 人员情况：县妇保院创建于1952年，建院近63年。单位人员编制为40人，现有职工169人，其中离退休19人，在职在编58人，本院招聘人员111人，实有在岗人员169人。

2. 编制病床及实际开放病床情况：单位编制病床为60张，实际开放病床为100张（妇产科45张、内儿科45张、新生儿科10张）。

3. 人员工资支出情况：2014年在岗职工工资总计856.46万元，其资金来源于：人员财政补助36万元，单位资金820.46万元。

4. 单位收入构成情况：2014年总收入1839.63万元，其中财政补助36万元，医疗收入964.64万元，药品收入742.2万元（实际加成率为29.2%，全年药品实际加成收入216.81万元），其他收入96.79万元。

5. 单位收支结余情况：2014年医院总收入1839.63万元，总支出2003.48万元，结余－163.85万元，15人未缴"五险一金"（养老保险、失业保险、医疗保险、生育保险、工伤保险和住房公积金）。

二、我县县级公立医院综合改革几点建议

经过实地访谈、现场问卷调查、召开座谈会等形式，我们调研组

圆满完成了在我县的公立医院改革试点基线调查工作。目前我县三所县级公立医疗机构的收入主要依靠财政补助、医疗服务收费和药品加成收入三个途径。在财政投入不足的情况下，医院主要靠以药补医和医疗服务收费维持运行，实行创收归己、自行支配的政策，从而直接导致公立医疗机构存在趋利行为和患者负担过重现象。如新医改方案出台后，将取消药品加成收入，以回归公立医院的公益性质。在这种形势下，探索一种可以逐步取消药品加成，同时又能保障公立医院正常运转的办法，已成为政府、公众所关注的热点问题。现就我县县级公立医院综合改革提出如下参考方案：

方案（一）

1. 重新核定床位和编制数，由政府予以全额补助

按照国家"十三五"规划的相关要求，公立医院的床位数按1.8张/千人核定我县的公立医院床位数为504张，按1.3人/张床核定我县公立医院的人员编制数为656人，按4万元/人/年给予补助总额共计2624万元。

2. 在岗人员社保金的保障

县财政应保障县人民医院、县中医院和县妇幼院在岗人员社保金525万元[656人×4万元×0.2=525万元]，负担离退休人员工资645万元，两项合计1170万元。

3. 取消药品加成财政补助

按省医改方案，取消药品加成收入中财政予以补助20%，其中县财政负担20%，应予以补助金额134万元[3350万元×0.2×0.2=134万元]。

4. 优秀人才和优秀院长奖励基金

县财政每年安排100万元优秀人才和优秀院长奖励基金。

5. 重大建设与大型设备采购及重点专科发展专项经费。

县财政为县医院、县中医院和县妇保院重大建设及大型设备的添

置，重点专科发展每年预算100万元的专项经费。

上述五项合计为4128万元，剔除现财政已预算安排136万元，年新增预算资金3992万元。

方案（二）

1. 县医院、中医院和县妇幼院由差额预算改成全额预算单位，县财政全额补助现在岗在编人员工资。

将县医院、中医院和县妇保院由差额预算单位改为全额预算单位，现三所医院共有在岗在编人员369人，财政应全额负担人员工资1660万元[369人×4.5万元/人/年=1660万元]。

2. 在岗人员社保金及住房公积金的保障

县财政应保障县人民医院、县中医院和县妇幼院在编在岗人员社保金332万元[1660万元×0.2=332万元]，负担住房公积金83万元[1660万元×0.05=83万元]，负担离退休人员工资645万元，三项合计1060万元。

3. 取消药品加成财政补助。

按省医改方案，取消药品加成收入中财政予以补助20%，其中县财政负担20%，应予以补助金额134万元[3350万元×0.2×0.2=134万元]。

4. 优秀人才和优秀院长奖励基金

县财政每年安排100万元优秀人才和优秀院长奖励基金。

5. 重大建设与大型设备采购及重点专科发展专项经费

县财政为县医院、县中医院和县妇保院重大建设及大型设备的添置，重点专科发展每年预算100万元的专项经费。

上述五项合计为3054万元，剔除现财政已预算安排136万元，年新增预算资金2918万元。

方案（三）

1. 按县医院、中医院和县妇幼院核定的编制数，由县财政予以全

额补助人员工资

县医院、中医院核定编制数 250 人，妇幼保健院核定编制数 40 人，共计 290 人，财政应负担人员工资 1305 万元 [290 人×4.5 万元/人/年=1305 万元]。

2. 在编人员社保金及住房公积金的保障

县财政应保障县人民医院、县中医院和县妇幼院编制内人员社保金 261 万元 [1305 万元×0.2=261 万元]，负担住房公积金 65 万元 [1305×0.05＝65 万元]，负担离退休人员工资 645 万元，三项合计 971 万元。

3. 取消药品加成财政补助

按省医改方案，取消药品加成收入中财政予以补助 20%，其中县财政负担 20%，应予以补助金额 134 万元 [3350 万元×0.2×0.2=134 万元]。

4. 优秀人才和优秀院长奖励基金

县财政每年安排 100 万元优秀人才和优秀院长奖励基金。

5. 重大建设与大型设备采购及重点专科发展专项经费

县财政为县医院、县中医院和县妇保院重大建设及大型设备的添置，重点专科发展每年预算 100 万元的专项经费。

上述五项合计为 2610 万元，剔除现财政已预算安排 136 万元，年新增预算资金 2474 万元。

方案（四）

1. 按县医院、中医院和县妇幼院核定的编制数，由县财政按差额补助标准补助人员工资

县医院、中医院核定编制数 250 人，妇幼保健院核定编制数 40 人，共计 290 人，财政应负担人员工资 783 万元 [290 人×60%×4.5 万元/人/年=783 万元]。

2. 在编人员社保金及住房公积金的保障

县财政应保障县人民医院、县中医院和县妇幼院编制内人员社保金 157 万元〔783 万元×0.2=157 万元〕，负担住房公积金 65 万元，负担离退休人员工资 645 万元，三项合计 867 万元。

3. 取消药品加成财政补助

按省医改方案，取消药品加成收入中财政予以补助 20%，其中县财政负担 20%，应予以补助金额 134 万元〔3350 万元×0.2×0.2=134 万元〕。

4. 优秀人才和优秀院长奖励基金

县财政每年安排 100 万元优秀人才和优秀院长奖励基金。

5. 重大建设与大型设备采购及重点专科发展专项经费

县财政为县医院、县中医院和县妇保院重大建设及大型设备的添置，重点专科发展每年预算 100 万元的专项经费。

上述五项合计为 1984 万元，剔除现财政已预算安排 136 万元，年新增预算资金 1848 万元。

2015 年 10 月

（注：后根据我县财力和会议研究，我县公立医院采取方案四进行，从 2016 年开始，县财政每年新增预算 879 万用于公立医院改革。在 2016 年全省第二批 26 个县级公立医院改革考评，我县排名第九。）

赴云南省广南县学习联慈医疗扶贫考察报告

2016年中国扶贫开发协会将莲花县列为"联慈医疗扶贫工程示范县",为借鉴云南省广南县的好做法、好经验,2017年4月1—20日,莲花县政府一行4人,赴云南省广南县学习联慈医疗扶贫工程的成功经验和做法。现将考察学习情况汇报如下:

一、广南县基本情况

广南县位于云南省东南部,文山州东北部,是一个集"老、少、边、山、穷"五位一体的国家级贫困县。截至目前广南县有各级、各类医疗卫生计生机构54个,其中:县属8个,民营医院3个,乡镇卫生院21个(中心卫生院6个、一般卫生院15个),社区卫生服务中心2个,个体诊所16个。全县174个村委会均设有村卫生室,在职乡村医生621人,承担着村级医疗和公共卫生服务工作。全县各类医疗卫生机构拥有床位2255张,其中民营110张,占病床数的4.88%;公立医院设病床2145张,每千人口拥有病床2.81张,病床使用率74.84%;拥有专业技术人员1478人(1.85人/千人口),还低于省均4.77床/千人口和4.43人/千人口的水平。

二、主要做法和帮扶效益

(一)主要做法

1.高位推动,保障有力。为进一步保障医疗设备扶贫工作的顺利开展，广南县成立了由县委书记任组长，县长任常务副组长，分管卫生工作的副县长任副组长，县直有关单位为成员的医疗设备扶贫推进领导小组，统一组织实施全县医疗扶贫工作，协调医疗扶贫工作事项。同时，县委、政府每年投入配套资金支持医疗卫生事业发展，全县形成政府调控、扶贫统揽、市场引导、效益推动、多方促进、多元联动的医疗扶贫发展机制。

2. 整合资金，开辟医疗扶贫新渠道。实施医疗政策以来卫生院药品加成取消，卫生院业务收入减少，卫生院自筹支付配套经费（相关设备研发、运费、税费及专家技术费用）存在困难。县人民政府将卫生院事业发展基金的10%进行财政提留后进行统筹，分轻重缓急地用于乡镇卫生院能力建设。每一批次，广南县均按照中心卫生院财政配套补助50%，一般卫生院财政配套补助70%的比例落实补助经费，5个批次县财政共补助卫生和计生系统配套资金1783.2082万元。

3. 调查落实，精准帮扶。为做好医疗设备精准帮扶工作，县卫计局设置有具体股室（项目规划管理股）进行承办。项目规划管理股在充分调查和了解各医疗卫生单位设备需求的基础上，与省医疗扶贫基金会开展设备帮扶具体前期对接事项，力争按照各医疗卫生单位的需求配套符合当地实际品牌（参数）的医疗设备。县卫计局前期与省医疗扶贫基金会对接清楚后，形成正式文件报请县人民政府常务会研究，经同意后实施年度帮扶计划。

（二）帮扶效益

1. 强基层，医疗扶贫基金会帮扶似春雨。2013年实施"医疗扶贫示范县"创建工作之前，随着医改工作的深入推进，全县卫生基础设施项目建设、均等化服务、新型农村合作医疗、"降消"项目及防疫保健工作得到不断加强和完善，但由于基础条件差，从县属医疗卫生单位到乡镇卫生院和村卫生室医疗设备均紧缺。县人民医院作为全县二级综合医院，缺乏核磁共振等大型设备，大量患者转诊转院，给群众看病就医带来诸多不便。全县 21 个乡镇卫生院中，拥有全数字化彩色多普勒 B 型超声诊断仪和 500mA－X 光机的只占 1/4，拥有全自动生化分析仪的仅有 2 家中心乡镇卫生院，大部分卫生院拥有的辅助检查设备极其简陋，且使用年限久远，功能老化，难以维持正常工作运转。作为 80 万的人口大县，急救体系建设也十分薄弱，各乡镇卫生院有救护车 1 辆，远远满足不了急危重症患者的急救需求。

2013 年 3 月，在广南县举行的"医疗扶贫示范县授牌仪式"，确定广南县为云南省首个"医疗扶贫示范县"，这一善举就像"随风潜入夜，润物细无声"的春雨，温暖着老百姓的心。广南县作为云南省首个"医疗扶贫示范县"，得到了省医疗扶贫基金会的大力支持和关心，从 2012 年至 2016 年间分 5 个批次对广南县进行帮扶，共帮扶 1.5T 超导磁共振、DR、彩超、500mA－X 光机、心电监护仪、全自动生化分析仪、全自动血液分析仪等医疗设备共 6553 台（件、套），市场价值 17069.56 万元，全县共支付扶贫款即相关设备研发、运费、税费及专家技术费用等配套经费 5950.2646 万元。其中救护车 12 辆和医疗巡回车 11 辆为无偿捐赠。

2017 年 4 月，广南县妇保院和计划生育服务中心设备帮扶项目申报情况已经完成设备数量、型号、价格等的初步对接，预计配置设备 500 台（件），市场价值 3016 万元，县财政配套 600 万元，下半年完成配置实施。

2. 惠民心，医疗扶贫基金会帮扶全覆盖。大批医疗设备的投入，覆盖了广南县 4 家县级医疗机构、所有乡镇卫生院和部分村卫生室，县医疗机构临床诊疗水平得到明显提高，当地人民群众看病就医更加便捷，公共卫生服务更加完善，极大改善了广南县卫生计生系统特别是乡（镇）卫生院服务条件和服务能力。有了硬件设备的投入，卫生院在加强人员技能培训和村卫生室一体化管理的同时，将住院业务延伸到部分村卫生室（如杨柳井乡海子、石笋、坝美镇董幕、底圩乡石尧等村卫生室），让当地群众看病就医十分方便，有效缓解了群众"看病难"的问题，实现了"小病不出村"的目标，逐步解决了服务群众生病住院"最后一公里"的问题。

三、学习体会及建议

（一）通过学习交流、实地考察，了解云南省广南县自2013年以来共接收联慈医疗扶贫设备市场价值17069.56万元，县配套资金5950万元，覆盖了广南县4家县级医疗机构和所有乡镇卫生院、村卫生室。几年运行下来，广南县卫计局和医护人员一致认为联慈医疗扶贫捐赠的医疗设备价格合理、运行良好，服务有保障，是真正体现了扶贫宗旨。

（二）通过学习考察，我们最大的感受是穷县也能办最好的医疗卫生。广南县作为一个集"老、少、边、山、穷"的国家级贫困县，人口80万，财政收入仅7.4亿元，但该县从2013年开始，县财政分5个批次对乡镇卫生院补助联慈医疗配套资金1783.2082万元，每年补助356.64164万元。这次我们参观的杨柳井乡石笋村卫生室，服务人口5400人，医护人员16人，其中工程师（含中医师）5人、护士6人、其他人员5人，业务用房面积只有200平方米，配有全自动生化分析仪、彩色B超、500mA-X光机、血液分析仪、尿液分析仪等医疗设备，2016年该村卫生室业务收入230万元，其门诊人次、住院人次、义务人员数量和综合实力与我县乡镇卫生院相当。虽然村卫生室业务用房、基础设施还不足（主要缺水），医学流程和院感控制相对较弱，但能把90%以上的就诊人次留在村级，实属奇迹。在这里，终于看到了国家多年来"保基本、强基础、建机制"医改目标之样板，分级诊疗、家庭医生签约的医改在这里得到实现，这种模式对于居住人口分散、道路崎岖的乡村其医疗价值无法估量。我县能否参照云南省广南县做法，根据国家、省、市健康扶贫脱贫攻坚有关要求，县政府每年统筹安排一定数额的专项资金，实施乡村卫生计生服务能力提升工程，支持乡镇卫生院和村卫生计生服务室提升服务能力建设，确保基本的医疗设备到位，确保医疗扶贫配套资金到位。经过3至5年的努力，一定能实现老百姓在家门口享受优质的医疗服务。

（三）通过学习了解，中国扶贫开发协会产业扶贫委员会联合深圳市恩普电子技术有限公司共同开展"联慈医疗扶贫工程"，旨在调动更广范围内的爱心力量，为全国老少边穷地区基层医疗机构提供医疗器械、医疗技术培训等方面的援助，为广大民众提供及时、有效、优惠的医疗卫生服务，切实减轻老百姓的就医负担，努力避免产生更多的"因病致贫、因病返贫"家庭，为我县健康扶贫脱贫攻坚送来了及时雨。这项工程符合国家扶贫政策是项民心工程、惠民工程，又为医疗机构负责人因设备采购避免了廉政风险，节约了成本、节约了时间。我县2011年也参与了中国扶贫开发协会捐赠项目，当时只有路口卫生院、荷塘卫生院参与了彩超捐赠项目，以配套费16.8万元接受捐赠。云南省129个县有31个贫困县参与了此项工程。今年我县参与该工程项目实施，为我县实现全县乡村医疗机构提升工程全覆盖奠定了好的基础。我们认为，莲花县作为老区贫困县，应该珍惜中国扶贫开发协会产业扶贫委员会给我县作为"联慈医疗工程示范县"的机遇，大胆接受联慈医疗科技（北京）有限公司的援助。

（四）通过学习考察，我县能否参照云南省广南县做法，一是成立由县委书记任组长，县长任常务副组长，分管卫生计生工作的副县长任副组长，县卫计委、县财政局、县扶贫办、县发改委、县公共政务局、县人社局、县医保局、县民政局为成员的联慈医疗扶贫工程推进领导小组，统一组织实施全县医疗扶贫工作，协调医疗扶贫工作事项，领导小组下设联慈医疗扶贫工程项目办，由卫计委安排分管领导、具体工作人员专人负责此项工作。二是充分尊重医疗机构的需求、意愿，向省老促会提出设备申请，为做好医疗设备精准帮扶工作，县卫计局设置有具体股室（项目规划管理股）进行承办。项目规划管理股在充分调查和了解各医疗卫生单位设备需求的基础上，与省医疗扶贫基金会开展设备帮扶具体前期对接事项，力争按照各医疗卫生单位的需求配套符合当地实际品牌（参数）的医疗设备。县卫计局前期与省医疗扶贫基金会对接清楚后，形成正式文件报请县人民政府常务会研究，经同意后实施年度帮扶计划。

（五）通过学习考察，县卫计委能否参照广南县卫计局的做法，对乡村实现一体化管理建设作些探索。广南县的乡镇卫生院和村卫生室实现了一体化管理，所有的正式职工全额拨款（包括基本工资和绩效工资、五险一金），退休职工由社保局全额发放。招聘人员由卫计局制定最低工资1200元，其他工资由各乡镇卫生院根据各自贡献大小而发放，这就扩大了医院用人的自主权，调动了院长的积极性，加强对招聘人员的管理。（童道雄　刘晓林）

2017年8期《工作与研究》

关于赴赣州市于都县、会昌县学习考察健康扶贫工作报告

2017年6月21—23日，由县卫计委牵头，会同县人社局、县人财保险公司、县医保局、县民政局等单位一行8人的考察学习组赴赣州市于都县、会昌县学习考察了健康扶贫"一站式"结算及"先诊疗、后付费"工作经验及做法。现将学习考察有关情况汇报如下。

一、于都县、会昌县健康扶贫开展基本情况

（一）于都县农村贫困人口医疗兜底保障工作基本情况

于都县是国家扶贫开发重点县，是赣州第一人口大县，总人口达111.5万，该县抓住国家卫生计生委对口支援优势，全力以赴补短板、凝心聚力促发展，在贫困人口医疗兜底保障方面进行了有效探索和实践，健康扶贫事业取得重大进展。2016年7月5日，该县在甘肃兰州的全国健康扶贫工作会议上作典型发言；2016年"健康中国行"大型纪录片在该县拍摄，《人民日报》《江西日报》《赣南日报》等党报多次刊载我县健康扶贫事迹，《健康报》《中国人口报》《人生》杂志等行业报纸杂志也全面推广该县健康扶贫做法。

1. 主要做法：

（1）基本医疗保障。一是贫困对象在县内定点医疗机构住院的，实行"先住院、后付费"。二是贫困对象住院可报费用不设起付线，直接按补偿标准进行补偿（在乡级定点医疗机构住院，可报费用按90%

的比例补偿；县级定点医疗机构住院，可报费用按80%的比例补偿；县外内定点医疗机构住院，可报费用按60%的比例补偿；县外非定点医疗机构住院，可报费用按45%的比例补偿），年封顶线10万元。属医保补偿范围内的门诊特殊慢性病，按照可报费用的40%进行补偿，年封顶线3000元；2017年补偿比例调整为60%，年封顶线5000元。

（2）大病保险保障。一是每年由医保基金出资为贫困人员购买大病保险，按2016年30元/每人、2017年40元/每人的标准由医保基金划拨，个人无需缴费。二是建档立卡贫困人口报账起付线2016年为7500元（非建档立卡贫困人口为15000元），报账比例提高10%，最高补偿25万元。2017年再度降低起付线至6000元。门诊大病慢性病补偿比例提高10%，封顶线为4000元（非建档立卡贫困人口为3000元）。三是2017年对超出基本医疗保险最高支付限额以上的医疗费用，纳入大病保险补偿，补偿门槛由非建档立卡贫困人口的10万元降为5万元。在统筹地区内住院的补偿90%，转统筹地区外就诊的补偿80%。四是符合基本医疗保险支付范围的未成年意外伤害门诊费用达到50元以上的部分，由大病保险支付80%，年封顶线为3000元。

（3）商业补充保险保障。2016年财政投入1220万元，统一为建档立卡贫困户按90元/人的标准购买商业补充保险，在基本医疗保障和大病医疗保障的基础上，对自付费用进行第三次补偿，不设起付线，按照目录内90%，目录外75%予以报销，最高补偿可达25万元。

（4）民政医疗救助。该县把贫困人口分一般贫困户、低保户、五保户等类别，按照一般贫困户补偿50%，低保贫困户补偿50%～70%，五保贫困户补偿100%的标准予以救助，年封顶线3万元。

（5）暖心工程医疗救助。2016年，在中国人口福利基金会200万元基金的基础上，县财政配套300万元设立"健康暖心"扶贫基金，对经过前四道保障线补偿后剩余个人自付费用的20%给予救助，新农合补偿范围内的门诊慢性病按照剩余个人自付费用的20%给予救助。

2017年该县财政又向健康暖心基金单独注资3000万元,扩大补偿范畴,对贫困群众一般住院疾病兜底报销90%,确保贫困人员住院负担比例不超过10%。

2. 主要成效

(1)扩大商业补充保险受益面。2017年该县继续创新工作举措,除为建档立卡贫困群众按每人120元的标准继续购买商业补充保险以外,还进一步拓宽受益范围,由县财政出资1347万元为全县所有60周岁以上户籍人口购买商业补充保险(每人90元),降低高风险人群因病致贫返贫率。

(2)实施"一站式"即时结算。2016年该县农医局委托江西财大的一家软件公司开发了健康扶贫"一站式"结算系统软件,全面实施贫困人口医疗费用报账"一站式"即时结算,在各医疗机构开通绿色通道,设置报账专用窗口;开发健康扶贫管理系统软件,综合"五道保障"的所有功能,实现所有报账部门数据系统互联互通;在县行政服务中心设立一站式服务窗口,为在省外住院就医的贫困户提供全程代办式报账服务,实现"一站式"报账。2017年5月,开始启用由赣州市人社部门委托厦门市中软公司统一开发的医疗保险报销系统,该软件整合了基本医保、大病保险、商业补充保险、民政医疗救助等功能,贫困人员可在医院窗口实现"一站式"结算报账。

(3)建立医疗兜底保障台账。在县、乡、村建立了贫困人员就医报账台账和重大疾病人员就医报账台账,能够及时掌握和落实贫困人员享受各项医疗保障政策。同时,为确保工作落到实处,该县还成立了健康扶贫工程实施工作领导小组,全面落实责任,加强工作保障,强化调度部署,严格督查考核,确保工作取得有效进展。

(4)提高医疗兜底保障成效。自健康扶贫"五道保障线"实施以来,累计为贫困户直接减轻医疗费用近3000万元,贫困群众患大病住院报账平均可达95%,比实施前提高了30个百分点,全县因病致贫人口由2015年的10699户42234人下降至2016年的7721户29694人，分别下降27.8%和29.7%，工作模式得到了各级领导肯定和社会各界的广泛关注。

3. 存在的困难和问题

（1）医疗水平有待提升。由于该县财力有限，历史欠账较多，医疗基础设施建设还不够完善，"高尖精"专业人才数量偏少，学科建设发展能力有限，难以满足患重大疾病贫困人员的医疗需求。

（2）保障力度有待提高。经过健康扶贫"五道保障线"后，目前绝大多数在省内定点医疗机构住院的贫困户补偿比例已经很高，但是有少部分患特大病在本省无法治疗需前往省外就医的贫困户，由于受"目录内"和医保政策限制等诸多限定条件，报账比例相对较低。

（3）补偿机制有待健全。目前全国范围内的医疗保障异地结算平台未建立，贫困人员医疗保障"一站式"即时结算只能在县、市范围内实施，患者到省级、省外就医需要自己垫付医药费用后回当地报销，贫困患者到外地就医难以筹集到足够资金，个人的医疗负担还比较重。

（二）会昌县贫困人口就医"四条保障线"报账便民服务工作基本情况

2016年4月，该县县委、县政府主要领导亲自深入基层调研，提出贫困对象就医报账便民服务工作目标，要在全省率先探索实施新农合"一站式"服务窗口和农村贫困对象疾病医疗"四项补偿"同步结算模式，实现赣州市委、市政府提出的贫困对象住院费用个人实际负担控制在10%以内的目标。赣州市市委常委刘建平亲临该县专题调研此项工作，赣州市卫计委下文要求各县（市、区）推广该县一站式精准结算工作模式，2016年8月30日全省健康扶贫工作视频会议明确提出将该县新农合"一站式"精准结算便民服务模式列入省政府扶贫工作考核标准。2016年8月23日央视财经频道作了健康扶贫专题报道，《中国日报》、新华社等多家主流媒体组成的"聚集新长征"采访团对此项工作进行了浓度采访报道。

1. 主要做法

（1）成立"一站式"办事窗口。群众少跑腿，干部多辛苦，为方便群众就医报账，该县以深入推进简政放权改革办契机，探索将原县农医中心，人寿公司，财保公司，民政局四个部门分别负责的新农合、大病保险、商业补充保险、民政医疗救助四项补偿工作整合在一起，在县农医中心设立合署办公室，四个部门派工作人员集中办公，实现"一站式"结算服务。群众只需到"一站式"办事窗口，十几分钟就可以办好所有符合条件的医疗费用补偿事项。

（2）建立同步结算系统。2016年原农村居民医保信息系统使用的是由江西先锋软件公司开发的医保报销系统，该系统只能实现基本医疗保险的报销，为了实现"一站式"结算，会昌县财政安排专项资金，由人社局委托赣州市八爪科技公司开发"会昌县农村贫困对象疾病医疗补偿结算报账系统"，整合了各部门的功能，实现数据的互联互通，通过输入费用的方式计算出该参保人员的各道保障线的报销金额，一目了然，参保人员获得感大大提升。这套系统将涉及群众医疗补偿的各部门数据信息实现了互联互通。通过这套系统，原本复杂繁琐的农村贫困户医疗报账变得十分便捷。符合相应补偿条件的参合贫困对象，不再需要提供政府扶贫部门出具的贫困户证明，也不需要再跑其他部门，只需要"一站式"服务窗口工作人员动动鼠标，贫困户各项信息便一目了然，并同步完成各项医疗补偿结算工作。同时，该系统在县内定点医疗机构全面推行，对建档立卡人员实行"先诊疗、后付费"措施，有效解决了贫困人员因凑不齐医疗费用而放弃治疗的情况发生。

（3）纵深推进"一站式同步结算"模式。贫困对象，实际上就是那些家庭经济十分困难的群体，他们一旦因病住院，特别是因重大疾病需要住院治疗,很有可能因一时难以筹集大额医疗费用而放弃医治，尽管有这么多好的医疗扶贫政策也难以享受。为破解这一难题，该县在总结前期新农合"一站式"结算工作经验基础上，于2016年7月底将新农合"一站式同步结算"模式在县内定点医院全面推行，参合患者在县内定点医院住院，不需要事先筹集大额医疗费用就可就医，在办理出院结算时，可同步结算各项医疗费用补偿事项，所需补偿款由诊治医院先行垫付给参合患者，再由各相关部门审核后将先行垫付的补偿款回拨给诊治医院，实现了在县内定点医院住院参保患者新农合各项补偿，由"报账制"变为"核账制""多头跑"变为"不要跑"的便民服务目标，参合患者在县内定点医院新农合就医报账变得更加便捷，也避免了许多贫困群众因凑不齐垫付的医疗费用而放弃治疗的悲剧。

（4）树立"为民服务"理念。再好的机制、再好的系统，要实现好的效果，关键还是在人。为此，该县以开展"两学一做"专题教育为抓手，将加强干部党性教育、推进"三大服务"工程，作为做合格党员的重要载体。一是做到主动服务。针对部分群众对大病保险、商业补充保险、民政医疗救助等补偿政策不太知晓的情况，县农医中心合署办公室做到符合大病保险、商业补充保险、民政医疗救助条件的群众，主动打电话告知，做到应补尽补，补偿政策及时落到实处。二是实行贴心服务。设立咨询台，配置专职工作人员，负责解答参合农民新农合政策咨询、引领参合农民到职能股室办事，主动提供茶水服务。三是提供便捷服务。安排专人负责为参合农民免费复印相关报账材料，免费为参合农民办理补办农医卡手续。

2. 工作成效

（1）程序更优化，工作效率提高。通过"一站式"服务和同步结算系统，贫困群众少了"多个部门跑"的奔波，各相关部门了少了多头开证明的烦琐，不了每项补偿结算都要审查材料的重复劳作，大大减轻了各部门的工作量，也大大缩短了群众就医报账的时间，不管是群众还是干部，都节约了很多办事时间，整体工作效率得到了极大提高。

（2）数据更通畅，工作质量提高。通过同步结算系统，四项补偿数据一目了然，避免了因某项补偿数据缺失或有误，导致群众少补偿或补错，也避免了少数不法分子多头骗实补的违法行为，保证了各项补偿工作的公正性、准确性和合规性。

（3）群众更方便，工作满意度提高。"一站式"服务窗口和同步结算工作的实施，使农村贫困对象就医更加方便快捷，彻底解决了该县农村贫困对象就医报账"多头跑、耗时长、手续繁、效率低"的问题，群众切实感受到了全面深化改革的政策红利。

二、学习考察体会

通过参观学习我省赣州市于都县、会昌县健康扶贫的做法和经验，我们一致感到有以下几项启示和收获：

（一）领导高度重视，投入到位，是推进健康扶贫工作的根本保证。开展健康扶贫工作，是精准扶贫脱贫攻坚的一项重要内容。两县领导高度重视，按照中央、省、市精准扶贫、精准脱贫和健康扶贫有关精神，积极探索整合相关资源，提高农村贫困人口医疗保障水平，着力解决农村人口"因病致贫、因病返贫"问题。两县财政在财力紧张的情况下安排专门资金用于"一站式"结算报账系统开发和商业补充保险，于都县还开展了暖心工程医疗救助，2016年县财政配套300万元设立"健康暖心"扶贫基金，2017年该县财政再加大投入又向健康暖心基金单独注资3000万元，扩大补偿范畴，对贫困群众一般住院疾病兜底报销90%，确保贫困人员住院负担比例不超过10%。

（二）部门配合主动，创新举措，是推进健康扶贫工作的关键环节。健康扶贫是一项系统的社会工程，不是卫生计生部门一家的事情，必须统筹各方面的力量，构建齐抓共管的工作格局，形成强大的工作合力。两县扶贫、人社、民政、医保、财政、残联和各乡镇等单位积极主动配合，创新工作举措，打造了健康扶贫商业补充保险、"一站式"结算及"先诊疗、后付费"工作亮点，有效解决了贫困人员因凑不齐医疗费用而放弃治疗的情况发生。得到了国家、省、市的充分肯定，要求在全国、全省推广。

（三）开展优质服务，人性操作，是推进健康扶贫工作的基础条件。两县"一站式"服务窗口和同步结算工作的实施，使农村贫困对象就医更加方便快捷，彻底解决了我县农村贫困对象就医报账"多头跑、耗时长、手续繁、效率低"的问题，群众切实感受到了全面深化改革的政策红利。工作人员通过多做"打电话、复印材料、解答群众疑惑等"小事，提供免费项目、减少群众报账材料复印支出和办理报账事宜往返旅途支出等贴心服务，换来了群众的高度赞誉和一致好评。

三、关于我县健康扶贫"一站式"结算模式的建议

为切实做好我县健康扶贫工作尤其是"一站式"即时精准结算和"先诊疗、后付费"工作，方便群众就医报账，有效解决群众多头跑腿、报帐程序烦琐重复、政策落实不理想等问题，增强建档立卡贫困对象健康扶贫获得感。我们结合于都县、会昌县工作经验，现就实行健康扶贫"一站式"结算模式有关事项请示如下：

（一）开发健康扶贫"一站式"结算系统软件

由于我县城镇居民的医保系统已经并入了省人社厅统一的"多险合一"系统，实现了全市统筹，而原农村居民使用的是由南昌拓锋公司开发的城乡居民医疗保险系统，全市不统一。考虑我县实际情况，结合赣州会昌的经验，建议单独为建档立卡贫困人员开发健康扶贫软件，请求采用邀标或竞争式谈判的方式确定软件开发商，并解决系统开发费用（具体见附件），此系统整合四道保障线的所有功能，即在医院直补窗口进行基本医疗保险报销后，输入相关费用通过该健康扶

贫软件一次性计算出大病保险、商业补充保险、民政救助及健康扶贫暖心基金各报销多少费用，实现"一站式"即时结算，让我县贫困人口有获得感。

（二）确定"一站式"结算设置范围

为更好地做好"一站式"结算工作，满足贫困对象在各种层面上的就医结算，在县医保局、县医院、县妇保及14个乡镇场设立"一站式"结算窗口，并配备电脑和打印机。

（三）设立健康扶贫托底基金

为确保贫困人员住院负担比例不超过5%，将设立健康扶贫托底基金，根据2016年的统计数据，预计今年需筹集资金1000万元，且每年按一定比例递增，对建档立卡贫困人员发生医疗费用经过前四道保障线补偿比例未达到95%的，按医疗总费用的95%进行兜底。

（四）实行"先诊疗、后付费"的就诊机制

县域内农村贫困人口住院实行"先诊疗、后付费"政策，贫困患者需预缴10%的费用，有效解决贫困患者因筹集不到资金而放弃治疗的问题。根据2017年前5个月县人民医院、县妇保院、各乡镇卫生院的统筹基金补偿情况，县医院平均每月统筹支出200万元，县妇保院平均每月统筹支出50万元，各卫生院平均每月统筹支出5万元。县医保局先预拨两个月的统筹费用给两家县级公立医院和各乡镇卫生院，各承保公司和民政部门也采用先预拨两个月费用，确保"先诊疗、后付费"工作制度顺利实施，更好地方便贫困人口就医。

（五）建立梯度化保障体系

按照保基本、兜底线、可持续的原则，积极推进健康扶贫，为建档立卡贫困人员设立"五道保障线"，并建立梯度化保障体系。（刘晓林　朱小青　朱燕明　刘晓军　刘小芳）

2018年03期《工作与研究》

案头偶成

如刪大祭

实施良策诚招商　广栽梧桐引凤来
莲花县招商引资势头强劲

莲花县招商引资工作势头强劲。1至7月，全县实际进资3256万元，超额完成全年计划。

今年以来，莲花县委、县政府在开展96招商引资年活动中，积极发挥莲花籍台、侨胞，赴沿海地区打工人员和驻外办事处的作用，发展多种引资媒体。1—7月，该县先后在广东、福建等地召开莲花籍同乡联谊会，并多次组团前往深圳、南昌等地参与有关招商引资活动，广交朋友；二是注重把县内资源、劳力、土地优势跑外地的资金、技术、人才优势相衔接，扎实做好招商引资的各项前期工作，推出高质量、高科技含量的项目；三是为外商上项目提供全程服务。既当"参谋"又搞"后勤"，外商一来便将本县通过了可行性研究的项目供其选择，并帮助其物色经济实力强、管理水平高的合作伙伴。项目动工时，为外商征地、招工、通电等提供便捷、优惠的服务，及时组织配套资金，努力创造良好地外部环境，严厉整治到外资企业吃、拿、卡、要的行为。

周到的服务，宽松的环境，吸引了众多的客商前来投资兴业。湖上乡赣浙合资水泥厂在原4.4万吨的基础上，今年2月又投资1200万元扩建了一条年产8.8万吨水泥生产线。下坊乡福莲合资水泥厂，从项目论证、洽谈到工程动工兴建，前后不到两个星期，县里一次性解决配套资金500万元。据统计，今年1至7月，该县引进的11个项目，有9个项目已动工兴建，年底可建成投产。目前，该县正与广东

东莞太岭镇颜屋鸵鸟实验场洽谈，投资 3000 万元兴建鸵鸟养殖基地等，招商引资工作又迈上一个新的台阶。（刘晓林　涧溪）

1996 年 8 月 5 日《萍乡日报》头版头条

设立举报电话　建立处罚制度
莲花县为外来企业创造宽松环境

　　为切实维护外来企业的合法权益，加大优化环境工作力度，积极稳妥地引进县外资金、技术、人才，发展私营经济，促进县域经济快速、稳步、健康发展，莲花县委、县政府决定从五月份起，在县监察局设立外来企业举报中心。举报电话是：7221433。

　　近几年来，莲花县委、县政府在交通、水电、通信、城建等基础设施方面投入了近亿元，在软环境方面也制定了优惠政策，投资环境得到了改善，但也有不少部门、单位或个人从本单位的利益出发，到外来企业乱收、乱检查、乱罚款，使我县的优惠政策得不到很好的贯彻，干扰阻碍外来及私营企业和招商引资工作发展的现象经常发生，群众反映强烈。为此，县委、县政府特别重视，除设立举报中心外并建立了相应的处罚制度，即凡举报某单位或个人如不执行市、县有关招商引资，发展外来及私营企业的文件政策，侵犯外来投资者和私营企业的合法权益，造成退股、撤资、停业等不良影响的，一经查实，第一次给单位主要负责人及当事人亮黄牌警告，第二次年终不评合格公务员，第三次给予党纪、政纪及相应的经济处罚。（刘晓林）

1998 年 5 月 25 日《萍乡日报》三版

转换经营机制　狠抓内部管理

莲花县长运公司效益连年上台阶

　　莲花县长途汽车运输公司大胆转换经营机制，积极深化企业内部改革，严格制度管理，使企业步出困境，公司效益连年上台阶。1994年减亏46万元，1995年扭亏为盈实现税后利润2.8万元，1996年盈利5.5万元，1997年盈利15.5万元，职工月收入分别由1993年的396.21元提高到1997年的567元，去年被评为县纳税先进单位和江西省旅客运输经营资质等级乙类企业，在全县国有企业改革中树起了一面新的旗帜。

　　莲花县长途汽车运输公司原称306，属吉安地区管辖的运输企业，在计划经济的襁褓里，曾一度是县运输行业的"大哥大"。随着改革开放的不断深入，个体运输户的迅速崛起，企业管理墨守成规，加上1992年划归莲花县管辖，公司一下由地办改为县办企业，公司上下认识不一，人心骚动，争相跳槽，到1993年底全公司在岗职工只有60人，企业亏损额达55万元，负债率为90%以上，处于半瘫痪状态。1993年底，公司新领导班子成立后，大胆转换经营机制，采取了一系列措施：一是划小核算单位，把公司所辖的客车队、修理厂、莲动服务站、出租公司4个企业从可分裂出来，实行自主经营、独立核算；二是改变了经营方式，对公司的25部客车采取租赁、合股等方式经营，对修理厂、出租公司实行了股份合作制；三是深挖企业内部管理，对职工实行全员合同上岗，并缴纳上岗保证金，个人收入与任务的完成和本职工作的好坏直接挂钩，彻底打破了长期以来存在的"干与不干一个样、干好干坏一个样"的局面，调动了职工的积极性，提高了他们的主人翁意识，提高了公司的服务质量。如修理厂坚持每天24小时服务，对进、出厂的车辆进行严格的质量检验，做到了车辆随到随修，确保了车辆的完好率，为运输生产奠定了基础。与此同时，该厂还组织员工积极走出去上门服务；四是积极掌握市场信息，不断拓宽经营范围。公司瞄准莲花出租业务空白的优势，购进4部"昌河"面包车，成立了出租汽车分公司，新开辟了莲花至东莞、中山、株洲等跨省级营运线路4条，使公司的营运线由原来的9条增加到13条。根据春运牌有限的矛盾，公司派专人在龙南县设立"春运牌交换站"，这样既解决了春运牌有限的困难，又增加了企业的收入。今年春运创造产值170万元，实现利税22.7万元，创历史最好记录。（刘晓林）

1998年6月1日《萍乡日报》二版

引凤筑巢为乡亲

——记省对外合作系统先进工作者贺莲缘

莲花是个典型的"三不沿"的山区贫困县，1994年底，刚成立不到一年的招商局原局长因工作难度大而辞职下海。1995年初，曾担任乡长、乡党委书记的贺莲缘走马上任县对外经济技术合作办，开始了他的招商之路……

"办法总是人想出来的"

上任伊始，贺莲缘针对全办干部的畏难情绪，鼓励大家说："办法总是人想出来的，要做好招商引资这篇文章，只有立足县情，有的放矢。"于是，他潜心摸清"家底"，调查莲花籍在外务工人员情况。同时，他还积极走出去向兄弟单位学习，借鉴其他地方招商引资的经验，学习同外商打交道的本领，初步形成了自己的招商思路，向县委、县政府提出了一系列切实可行的建议和主张。在他的提议下，莲花县调整和完善了招商引资优惠办法，成立了招商引资领导小组和项目咨询委员会，确定招商引资基本依靠对象，确立"到福建找战友，到广东找大学毕业和打工人员，到浙江找友好（结对）县市，到台属侨胞中找亲戚"的方针，架起同外商联系的桥梁。自此，封闭的山门打开了，莲花形成了一股空前的招商热潮。

"要善抓机遇，更要有吃苦的精神"

贺莲缘常说："在莲花这个落后的山区，搞好招商引资，要善抓机遇，更要有吃苦的精神。"

与贺莲缘工作过的同志都知道，他有一个出差用的包，常常放在办公桌上，一有信息拎包即走。1997年3月18日，深圳汇广源公司准备投资莲花精铅冶炼厂，需他出马洽谈，他一接到电话，赶到吉安。可吉安的列车已开出，他就请朋友派车紧追至赣州上车赶到深圳，促成了一个投资1.5亿元的大项目。1997年9月12日，贺莲缘在上班路上听朋友说，深圳客商袁先生在湖南茶陵考察。他立马赶到茶陵，竭力邀请袁先生到莲花看一看。当袁先生有了初步意向后，他又紧追到深圳与其促膝长谈，终于使玉湖新材料开发有限公司于当年11月21日在莲花县长家坪动工兴建。

　　出差苦，而缺少经费出差更苦。贺莲缘没有因为苦、因为穷而影响工作，仅去年他就出差7次，累计时间长达180多天。而招商引资都是前往一些经济发达地区，开支很大，可财政每次拨给办公室的经费只有1000元，困难可想而知。1996年正月初四，大家都在休息，他却带一班人赴广州召开赴粤同乡联谊会，这本是县政府没有安排的工作，也没有下拨经费。他上班求援，精心筹办，使联谊会圆满成功，在粤莲花籍同乡个个愿为家乡经济建设牵线搭桥，有效地推动了全县招商引资工作的开展。

　　"有事找贺主任"

　　在莲花来投资的客商中，私下流传这样一句话，"有事找贺主任"。这是对贺莲缘的高度信赖。

　　贺莲缘常说："做人应以诚为本。"对来莲花投资的客商，他奉为上宾，竭诚为其服务。1995年6月，赣浙合资水泥厂反映经常停电，他立即向县委、县政府请求在湖上乡建一座变电站。变电站的建成，使席老板亲身感受到莲花县为外商服务的承诺。同年12月，席老板又邀同乡王观成先生投资1200万建起年产8.8万吨水泥的钱江水泥厂。1997年3月，因连日暴雨把神泉公路712路段冲毁，严重影响台属企业毛先生的精铅冶炼厂的生产运输。贺主任知情后，会同交通、公路段的同志连续两天两夜战斗在工地上，把坍塌的路基修筑好，保证了运输的畅通。毛先生深有感触地说："贺主任是咱客商的贴心人"。

他常常说："客商留住了，赚到钱，就是活广告，活招牌。"在他的带动下，全办人员都自觉地把为客商解决困难当作一项重要工作来抓。

莲花县的招商引资工作取得了历史性的突破，三年来共引进项目100个，签约资金4.5亿元，实际到位资金1.2亿元。外来企业的相继落户，解决了农村剩余劳动力和城市下岗职工2000余人就业，外来企业提供的税收占县财政收入的三分之一，招商引资已成为该县新的经济增长点。莲花县对外合作办连续三年被评为省、市招商引资先进单位。贺莲缘同志多次被评为市先进工作者，1997年被评为省对外合作系统"十佳"先进工作者，今年"七一"前夕，又被评为县优秀党员。（刘晓林）

1998年7月2日《萍乡日报》二版头条

莲花县科技人才聚首献策

7月15日下午，莲花县委、县政府邀请了部分莲花籍在外科技人员在县委中会议室举行了座谈会。

国防科大博士生范晓林、中科院研究生颜晓明、哈工大研究生李万春、浙江理工大学的贺治斌，以及从事农业、冶金、化工等研究的科技人员13人参加了座谈。座谈会上，大家一致认为，莲花要大发展，必须走科技兴县之路，一是要立足本县的资源优势，大力发挖石灰石、粉石英、铁矿、瓷土四大资源，形成四大产业优势；二是要提高农产品的科技含量，加快农业产业化进程，形成自己的特色、拳头产品，创立自己的品牌；三是要加强农产品的流通网络建设，利用南北产业差别，开拓北方市场。（刘晓林）

1998年7月31日《萍乡日报》三版

科学规范农村建房　加快新农村建设步伐

近年来，随着农村经济的迅速发展，逐渐富裕起来的农村家庭居住条件日益改善，一幢幢"庄园式、别墅式、豪宅式"的私人住房拔地而起，致使农村土地资源尤其是耕地资源日益锐减。随着新农村建设的深入开展，农村建房问题就成为当前亟须解决的重点、难点问题。

针对这一现状，笔者就莲花县农村建房现状进行了深入调查，个人认为当前农村建房的主要问题及原因有以下几个方面：

国有土地观念淡薄，土地"私有"意识滋长。一些农民对土地联产承包责任制政策理解不深，混淆了土地所有权和土地使用权的区别。不少农民存在着"谁耕种、谁所有"的观念，土地集体所有制观念淡薄，随意改变耕地用途。

土地监管乏力，农村建房管理不够规范。由于长期以来形成的建房习惯，目前农村仍有不少的农民建房处于放任自由的状态，依旧把建房当作是与政府和他人无关的个人行为。一些农户建房不写申请，不经批准擅自动工，或是先建再报批，乱占乱用、多占少报的现象时有发生。

农村建房缺乏统一规划，民房坐落无序、杂乱无章。大多数农村由于建房在选址和建筑规模上存在着很大的随意性，不但造成视觉混乱，影响村容，而且也给新农村建设规划和拆迁增加了难度。

禁止占田建房措施不实。一些农户为了用水和行路方便或受民间"风水"等封建迷信的思想影响，建房往往向村庄外延伸，沿公路两旁而建，占用了不少良田好地，"修建一座楼，损坏一片田"的现象极其普遍。

为了有效解决以上问题，推进农村建房走上规范化、科学化、制度化道路，加快该县新农村建设步伐，笔者认为应该做好以下几个方面的工作：

1.加大土地政策宣传力度，切实提高农民土地国有意识。要使广大农民朋友能认清土地属性，切实增强土地的"国有"意识。

2.加大土地监管力度，规范农村建房行为。有效消除农村建议未批先建、少批多建现象必须从两个方面下大力气做文章：做好做通农民朋友的思想工作，要从病根上下药，改变农民朋友的建房观念，让他们理解建房不单属于个人行为，更需符合政策、履行行政程序；在土地管理上要加大力度。政府要始终保持对土地的绝对控制，任何土地经营行为都应该直接或间接由政府来操控，任何一宗土地的交易和使用都得经过政府的批准，防止因人为因素而造成土地浪费。

3.科学布局，合理规划农村建房。社会主义新农村建设对农村居民住房建造有明确规定，规划农村建房成为了整枝规划和农民改善居住条件的共同需要。遵照科学发展和打破城乡二元结构的要求，当前，政府要把农村整体规划向城市看齐靠拢，并结合各村实情，统筹规划，引导兴建民房集群，确保农村建房鳞次栉比、纵横有序。

4.加强占用耕地建房的查处力度，切实保护耕地资源。近年来，由于政府疏于管理，加上农民种田意识的转变，大量农田被毁建房，农村耕地资源逐年减少，政府和农民都应为这一结果"埋单"。当前，政府应该把严禁占用耕地这一政策落到实处，在加大对违规建房查处的同时，出台更多切实可行的举措来保护现有耕地。

5.大力倡导"一户一宅"模式，促进农村建房合理化。在审批建房申请之前，相关部门应该对申请建房户进行实地调查，如发现有旧房的必须折旧建新，不予新批，对于村内的闲置房、旧房、倒塌房要予以拆除，盘活现有土地资源；要具体规定农民建房面积，对超标房制定相关政策予以处罚，同时引导农民建房使用新型建筑材料，以求农村建房和谐统一；严格实行建房管理"两证一书"制度，加强对农民住房的管理。（刘晓林）

2008年8月2日《萍乡日报》二版

冲破禁锢　砥砺前行
莲花县医药卫生体制改革实现新突破

2015年1—10月业务收入1.1亿元，同比增长19.21%，诊疗42.8万人次，同比增长8.98%，住院床日数为13万余人次，同比增长12.56%，县级医院人均住院费用2200元，同比下降7%，可报费用达75%以上，公共卫生建档19万余份……，这不是一些简单的数据，这是莲花县医疗卫生体制改革结下的累累硕果。

2015年，莲花县委、县政府高度重视医疗卫生事业发展，把医疗卫生体制改革纳入重大民生工程，为解决群众看病难、看病贵的问题投入了大量的人力、物力、财力，形成了强大合力，克服重重困难，推出了一系列改革新举措，取得了新成绩、实现了新突破。让群众真正享受到了改革发展的成果，受到老百姓的欢迎和称赞。

一、围绕一个重点

该县紧紧围绕深化医药卫生体制改革为重点，坚持保基本、强基层、建机制，突出医疗、医保、医药三医联动，上下联动，内外联动，区域联动，统筹推进医药卫生体制改革。

二、完成两大目标

（一）城乡服务一体化初见雏形。该县通过实行城乡服务一体化管理模式，着力推进县级医疗卫生资源向乡村两级延伸。一是从县级医院选派了6名业务骨干到卫生院担任院长，从各医疗机构遴选出16名副院长分批到深圳宝安区学习管理经验和业务知识；二是开展二级以上医院对口支援工作，每年轮流派 15 名中级职称以上医务人员驻卫生院工作，通过技术指导提高卫生院医务人员的技术水平；三是加强村卫生计生室建设，目前产权公有化卫生计生室有 76 家，公有率达 49%，超出省规划的 9 个百分点，其中规范化达标 50 家，达标率 66%，同时所有乡村医生全部纳入卫生院管理，建立了统一人员聘用、统一业务管理、统一药品采购、统一绩效考核"四统一"管理体制。通过服务一体化建设，让莲花群众不出乡就可以享受到县级医院的医疗服务，城乡医疗卫生服务差距不断缩小，保障城乡居民享有同等的医疗卫生服务。

（二）县级公立医院改革初见成效。莲花县在 11 月 1 日零时正式启动县级公立医院综合改革工作。一是实行了药品（中药饮片除外）零差率销售，下调了部分大型设备的收费标准，调整了医疗服务收费价格。二是调整了医保支付方案。调整的收费全部纳入了医保报销，增加的服务收费全部由医保买单。三是开展了高值耗材集中招标采购工作。有效减少中间环节，减少群众就医成本。通过改革，患者就诊费用得到下降，就诊人次明显上升了，县级公立医院告别了"以药养医"的旧盈利模式，回归到了非营利性和公益性，患者满意度也得到了提升，群众得到了实实在在的实惠。

三、破解三大难题

（一）人才流失难题。由于莲花县地处山区，历年来，医疗卫生行业待遇普遍偏低，人员流失严重，尤其是医疗骨干人才多被发达地区高薪挖走，造成该县医疗专业人员匮乏，高职称、高学历人才短缺或断层。2015 年，该县制定出台了引进留住高学历、高职称卫生专业技术人才等相关办法，县财政每年预算 100 万元作为医疗卫生人才引进、奖励资金。一是新招录全日制二本并取得学士学位的应届毕业生每年发放安置费 5000 元，研究生 1 万元，连续发放 10 年；二是副高以上职称的在编在岗人员根据岗位的不同每年给予 9600~14400 元的职称津贴；三是无房人员由县政府给予安置廉租房或经适房，租住费用由各聘用单位承担。

（二）医疗纠纷难题。医疗纠纷问题是医疗卫生系统的老大难问题，是社会热点，容易引起群体性事件。莲花县 2010—2015 年每年都有 20 起以上，还经常引发不同程度的群体性事件，一出现纠纷基本上都是院方出钱收场，法律程序走不通，医院很是被动与无奈，让医务人员在工作当中战战兢兢、如履薄冰，不利于行业发展。针对这一难题，该县严格依法行政，一律按照法律程序解决。一是以司法局牵头成立了医疗纠纷调解委员会，根据《江西省医疗纠纷预防与处理条例》规定，赔偿 2 万元以内的医患双方自行协商，2 万元以上的由委员会调解处理；二是让县乡村三级医疗机构全部缴纳医疗事故责任险，通过缴纳保险，让保险公司作为第三方参与医疗纠纷调解赔偿。该县 2015 年共发生医疗纠纷 18 起，同比下降 30%，共赔付 36 万元，同比下降 68%，有效杜绝了"医闹"行为，同时减少了医疗纠纷导致的群体性事件发生。

（三）社保欠账难题。莲花县医疗卫生系统因为历史原因已缴纳社保 10 多年，但没有列入县财政预算，各单位自行缴纳且比例不一，有的全额缴纳，有的按照最低标准缴纳，有的只缴纳基本工资，导致底数不清，欠账较多。社保局只发放退休人员基本工资，生活补贴仍由退休单位发放，每年光社保一项差额达 500 余万元，加重了医疗单位的经济负担。该县顺应医保政策，全面落实政府责任，自 2016 年开始，将社保列入财政预算，旧欠社保一律予以挂账逐年化解消化。

四、实现四个突破

（一）政府投入有突破。莲花县因为财政吃紧，过去在医疗卫生方面的投入有限，为了让医院能够"轻装上阵"，该县以医改工作为契机，将医疗机构在职在编人员纳入财政，按60%予以保障，新增预算879万元，其中公立医院新增预算在编在职人员工资增加423万元，社保金157万元，住房公积金65万元，药品零差价补助金额134万元，优秀人才引进和优秀院长奖励基金资金100万元。在年财政收入仅7亿元的情况下，拿出财政收入的近5%投入到医疗卫生体制改革中，这在发达地区也极为罕见，实现了新突破。

（二）人事管理有突破。人才是医疗卫生行业最大的生产力，为了盘活医院，激发医务人员活力，莲花县不拘于墨守成规，勇于破旧立新，实现了新突破，打破了原有的"铁饭碗"，让医疗卫生行业不再吃"大锅饭"。一是下放"经营权"，落实法人自主经营权，对医疗卫生单位不过多行政干预，仅进行宏观管理；二是放开"人事权"，加强了单位自主考核权，实行定岗定薪，竞聘上岗，以竞争上岗的模式调整人员，能者上、平者让、庸者下，择优聘用，不管是否在编，根据岗位定工资标准，对于不服从管理违反内部规章制度，单位有权给予处理，三年没有考到资格证的医技人员给予辞退处理，在编不在岗人员一律下编处理；三是下放"分配权"，放手各医疗单位自行改革工资绩效方案，遵循多劳多得的原则，合理拉开差距，将工资向业务骨干倾斜，充分尊重医护人员的劳动价值，调动积极性。

（三）医疗机构设置有突破。有竞争才有进步，为了激活原有医疗市场，形成"鲇鱼效应"，创建竞争倒逼机制，该县引进了2家民营医院，让民营医院享受同等的医保待遇和职称晋升等待遇，今后莲花的医院不再都姓"公"，群众就医也多了选择，原有医疗机构也有危机感和紧迫感，医疗技术和服务态度得到相应提升。

（四）医疗保障实现新突破。为了控制医疗费用不合理增长，提高群众医疗保障水平，该县开展了医疗保险支付方式改革。一是开展了按床日付费，该县医保局以住院天数和规定付费标准给医疗机构结算医疗费用，实现了"要医疗机构控制费用"到"医疗机构要控制费用"的转变，使就医群众更大程度得到实惠，同时确保了医保基金的安全平稳运行；二是开展了大病保险工作，该县从结余新农合基金中拿出 503 万元为全县 21.9 万参合农民购买了大病保险，仅 1—11 月就 200 余名患大病的家庭受益，减少了因病致贫、因病返贫的现象发生。

"路漫漫其修远兮，医疗卫生体制改革之路还很漫长，我们把解决'看病贵、看病难、看病远'问题当政府的课题，以 28 万莲花人'小病不出村，常见病不出乡，大病不出县'为目标而不断的改革探索。"莲花县委常委、副县长陈武这位医改的力行者如是说。这些"医改人"是我们实现全面深化改革的先遣军，我们希望他们抓住历史机遇，不断开创新局面，为实现中华民族伟大复兴的中国梦打下更坚实的基础。

（刘晓林　浩林）

莲花县设驻外联络点提升区域协作水平

江西省莲花县是典型人口流出县，流入广东省深圳市就有1万多人。近年来，莲花县采取在流入地成立流动人口计生区域协作，目前在深圳市成立了区（县）联系点2个，街道（乡镇）联络点4个。2015年，莲花县被省卫生计生委评为"流动人口服务管理先进县"。

莲花县与深圳市宝安区等签订对口帮扶协议（包括人才培训、设备捐赠、信息共享），莲花县有关乡镇与深圳市相关街道签订双向协作协议书，多次召开联席会议。向各乡镇下发《关于设立莲花县驻深圳市流动人口计划生育服务联系点的通知》，明确驻外工作机构职能，选派了18名工作认真、责任心强的流入深圳人员兼职常驻工作机构工作人员，累计投入10万余元工作经费，积极争取流入地政府在办公用房、人员管理等方面的支持。2015年以来先后3次组织县人民医院、县妇幼保健院、乡镇卫生院技术骨干和管理人员赴深圳市参加业务培训和学习，每次8人，每期2个月，有效提升了区域协作业务水平。

莲花县驻外工作机构流动人口基本信息统计、反馈、核查的制度化，实现了流出地与流入地信息对接和资源共享。目前已开展信息核查11次，纠正和补录信息3000余条，两地计生重点服务管理对象信息一致率提升到90%以上。同时，配合做好违法生育调查取证工作，积极开展联合执法工作。提供计生证件全程代办服务，已免费代办《流动人口婚育证明》等3000余份。（刘晓林）

2016年4月26日《中国人口报》头版

四大工程让"健康莲花"美丽绽放

2015年以来,江西省莲花县卫生计生委全力抓好深化医改、计划生育、服务能力建设和卫生计生民生工程四大重点,统筹做好其他各项工作,着力提高群众健康水平,促进人口长期均衡发展,取得较好成绩。该县先后获得2015年度全省流动人口计生服务管理先进县、全省计划生育社会关怀工作示范县等荣誉称号,并获得了第二批公立医院改革排名第9的好成绩。

该县卫生计生委积极稳妥推进公立医院改革,制定出台了县级公立医院综合改革实施方案,实行药品零差价销售,调整了医保支付方案。通过发放资料、电视滚动播放等宣传形式,提高群众对医改内容的知晓率。医改后,该县县级公立医院就诊人次上升了19.2%,患者的就诊费用下降了8%,患者满意度大幅提升,实现零投诉。

该县卫生计生委不断完善全民医保体系,推进卫生计生民生工程建设。提高新农合补助标准,目前全县参合率近100%,基金使用率达85%,住院一次性报账率达到93%。已有300余位患者享受了新农合大病保险补偿,补偿金达206万余元。2016年,该县投入200万元用于自主提高医药报销比例。加强医疗责任险统保工作,全县2个县医疗单位、13个乡镇卫生院、136个村卫生室参加了统保,共投保43.35万元。积极开展人口健康文化村建设,投入资金100万余元建设18个人口健康文化示范村。大力宣传解决省《条例》和全面两孩政策,全面推进网上办事。在严格落实农村部分计生家庭奖励扶助制度等"规定动作"的同时,切实做好精准扶贫,优先将农村贫困计生户纳入精准扶贫对象，并给予每户 2000 元的资金扶助。

　　该县卫生计生委注重卫生计生基础设施建设，提升卫生计生服务能力。完成县人民医院标准化建设，使其达到了二级甲等医院科室设置和技术项目要求；筹建县中医院，在 13 个乡镇卫生院设立中医科、中药房，良坊镇中心卫生院、琴亭镇卫生院集中设置了中医药综合服务区，配备并使用中医诊疗设备；加快村级卫生室建设，建成 78 个村卫生室。此外，莲花县还历时 8 个月编纂完成了《健康莲花在行动——居民健康服务指南》，每户 1 册，共发放了 7 万余册。开通"健康莲花"微信公众号，为群众提供全面两孩政策、最新医改政策以及卫生计生为民服务项目指南。采取"请进来，走出去"的办法，将大医院专家请进来，结成长期卫生帮扶对子，做好对口支援工作，提高农村医疗卫生服务体系的整体效率，逐步形成基层首诊、双向转诊、急慢分治、上下联动的格局。（刘晓林）

2016 年 6 月 17 日《中国人口报》2 版

特区老区心连心　精准扶贫结硕果

——宝安区与莲花县开展卫生计生区域协作纪实

江西省莲花县既是革命老区，也是国家、省级扶贫开发重点县。广东省深圳市宝安区卫生计生局与江西省莲花县卫生计生委于2014年开始开展卫生计生区域协作，宝安区卫生计生局在为莲花县籍流入人口服务、卫生计生人才培训、医疗设备支持等方面给予莲花县大力支持，进一步优化提升了莲花县卫生计生服务能力。

用心：开展流入人口均等服务

莲花县是流入宝安区人口较多的县。截止到2016年6月，该县流入宝安区3000余人。2014年8月以来宝安区卫生计生局与莲花县卫生计生委开展流动人口计划生育服务管理区域协作。宝安区卫生计生局按照统筹解决流动人口问题、维护社会公平、构建和谐社会的总体要求，实行全方位做好流入人口服务管理，切实保障流动人口的基本权利和发展权利。全面开展计划生育政策宣传、生殖健康检查、免费药具发放和孕前优生咨询、免费孕前优生健康检查等工作。对莲花县流入宝安区居住满3个月的0～6周岁流动儿童建立预防接种档案，实施免费疫苗接种。为0～6周岁流动儿童家庭访视、定期健康检查、生长发育监测、喂养与营养指导等儿童保健服务。对确诊高血压和糖尿病患者进行登记管理，定期随访，进行体格检查及用药、饮食、运动、心理等健康指导。

真心：实行卫计人才精准培训

"大手牵小手"，借梯上楼、借势发展。宝安区卫生计生局针对莲花县各医疗卫生计生单位人才匮乏的情况，对该县卫生计生工作人员实行精准培训。自2015年10月以来，莲花县先后分三批次选派县级公立医院中层以上干部、医疗技术骨干和乡镇卫生院院长、副院长以及乡镇计生办主任50余人到宝安区卫生计生局下属医疗卫生单位、各街道计生科免费学习进修，免费提供食宿，跟班学习时间为期1～2个月，学习特区先进的医疗卫生管理经验、诊疗技术和计划生育服务管理先进理念。通过精准培训，提高了该县医疗卫生计生工作人员的管理水平和服务能力。

爱心：全力推进先进技术援助

宝安区卫生计生局积极为莲花县医疗卫生计生机构提供技术援助，支持该县医疗卫生计生事业建设和发展，提高该县医疗卫生服务水平。宝安区各医疗卫生机构与莲花县县级医疗机构、乡镇卫生院签订了对口医疗技术援助协议，实行一对一帮扶。截止到今年6月，宝安区卫生计生局先后派出三批100余名医疗专家到莲花县人民医院、路口卫生院、升坊卫生院等医疗机构开展学术讲座、现场指导医疗技术、坐诊，受到了当地医务人员的一致好评和群众的高度赞扬。（幸思忠　刘晓林）

2016年8月5日《中国人口报》2版

"一村一品"助增收　教育扶贫增后劲　保障健康筑基石
莲花县追逐幸福路上不让贫困户掉队

江西省莲花县将创建幸福家庭活动与脱贫攻坚相结合，采取帮扶乡村、帮扶对象、帮扶内容、帮扶政策、帮扶责任、帮扶目标"六定位"措施，精准扶助贫困家庭发展，确保他们在创建幸福家庭和实现全面小康的路上不掉队。

莲花县每个县直单位每年负责一个乡镇帮扶2~3个村，抓好脱贫攻坚示范点，并将其纳入年度综合目标考核，做实帮扶乡村定位工作。将困难计生家庭成员、留守老人、留守妇女、留守儿童等优先纳入扶持对象范围，组织党员干部和职工实施"1+1"结对帮扶，限期脱贫，做强帮扶对象定位工作。根据入户摸排和需求调查，针对不同家庭的不同需求，坚持民生优先，按需定位，限期落实，做好帮扶内容定位工作。通过产业、保障、安居、教育、健康等五大扶贫措施让全县近万户贫困家庭直接受益，为推进全县幸福家庭创建奠定了坚实的基础。

为促进贫困家庭增收，莲花县按照"一村一品、一乡一业"要求，实施产业扶贫。依托"摇钱树"工程，整合投入资金6800万元，鼓励贫困户种植蜜柚、蜜梨和桂花大苗。按照"龙头企业（合作社）+贫困农户"的模式，带动贫困户合作经营或就业增收，全县发展规模种养专业户354户，发展种植基地297个、优质农产品生产基地160个，建立专业合作社361个，确保每户贫困家庭有1项稳定增收产业，增强了贫困家庭的自我"造血"能力。

莲花县实施保障扶贫，对缺乏劳动力的贫困户特别是困难农村女孩家庭，统筹实施最低生活保障、特困人员供养、医疗救助制度。对农村低保保障标准、医疗救助标准、集中供养对象供养标准逐年提高。推进临时救助工作，落实临时救助资金。县转正安排资金200万元，在实施医疗救助后，再次实施健康扶贫救助。针对重度贫困户，为他们每户购置一份资产，收益用于重度贫困户在原已享受低保、五保待遇的基础上，提高其生活补助标准。建立100万元的专项产业扶贫基金，购买农商银行原始股，确保100户贫困户有稳定的收益，并提高其生活补助发放标准。

为了让贫困村的环境焕然一新，莲花县实施安居扶贫。制定了村庄整治规划，统筹专项扶贫、美丽乡村建设、新农村建设资源，推进贫困村基础设施建设。近两年来，投入村庄整治资金5075万元，投资2000余万元用于全县新农村建设，投资约2亿元建设农村道路和水利设施，完成县、乡、村公路改造200公里，优先安排贫困户进行危旧房改造，有效解决了贫困村群众出行难、灌溉难、饮水难、住房难等问题，其中，对困难计生家庭优先落实保障，增强其幸福感。

为了提升贫困户的致富能力，增强其发展后劲，莲花县实施教育扶贫。对全县贫困家庭学生进行登记造册，实现从幼儿园到大学救助和帮扶全覆盖。2016年，县财政出资400万元，对建档立卡贫困家庭子女试行高中免费就学，对考取全日制本科院校的建档立卡贫困生，由县财政筹资给予每人每学年5000元补助，减轻因学致贫家庭教育支出的压力，保证贫困家庭孩子上得起学，接受有质量的教育。强化职业教育和转移就业技能培训，加强"雨露计划"扶贫培训政策宣传，达到"培训一人、脱贫一户、带动一片"的效果。

莲花县实施健康扶贫，为家庭发展提供健康保障。通过加强疾病预防控制是、提升医疗卫生服务能力、提高医疗保障水平，为群众健康构建多重保障，切实让群众少生病、病有所医、患大病能得到及时救助。对贫困群众实施精准帮扶，大幅降低因病致贫占比。一是降低个人缴费负担，确保贫困人口参合率100%。二是由县本级财政出资为建档立卡贫困户统一购买人均90元的综合医疗保险。三是提高新农合大病保险报销水平，对建档立卡贫困户未脱贫的参合人员，将其大病保险报销起付线降低50%。四是提高17类大病的门诊补偿水平，补偿比例从40%提高到50%，封顶线由每人每年3000元提高到4000元。五是提高重大疾病求治我可不检测论坛，对低保、五保供养对象等贫困人群实施8类大病免费救治，为贫困家庭健康保驾护航。

2016年9月29日《中国人口报》2版头条

莲花县创新药具发放服务管理模式

今年以来,莲花县深化药具工作改革,完善规范药具服务管理。截至8月底,全县使用药具10003人次(其中计划发放人数8109人次,流入人口〔零星〕发放1894人次),避孕药具发放率98%以上,报损率控制在5‰以下,随访率达100%,计划药具使用率达15.28%,与去年同期相比提高1.53个百分点。

加大资金投入,实现药具发放全覆盖。筹集资金14万元,增加避孕药具发放点,购置23台智能型避孕药具自动发放机和安装了290个药具自取箱;加强药具培训,提升药管员服务水平。组织全县药管员参加培训班,县药具站组织开展了基层药管员培训班;注重药具宣传,提高药具知识知晓率。在所有药具发放点等地制作了避孕药具宣传栏。在全县开展计生药具"宣传服务月"活动;严格监督管理,规范药具发放质量。严禁国家免费药具流入市场销售或变相收费。积极推进药具"十进"工作,全部实行电脑化操作。(刘晓林)

2016年10月11日《萍乡日报》3版

莲花县 60 个村卫生计生服务室建设开工

今年以来，莲花县积极争取"赣商爱心基金"支持村卫生计生服务室建设捐资 300 万元，自筹资金 300 万元，在全县建设好 60 个村卫生计生服务室，确保基层公共卫生、计划生育和基本医疗服务得到有效实施。

严把责任关，成立了领导小组，负责村级卫生计生服务室建设项目，列入年终目标考核内容，积极争取上级支持；严把选址关，科学合理编制村卫生计生服务室建设规划，在征求群众意见基础上，由乡镇人民政府、乡镇卫生院和村委会共同确定；严把监督关，各村卫生计生服务室建设由所在乡镇卫生院组织，项目村委会实施，严格按"赣商爱心基金"村卫生计生服务室图纸兴建；严把考核关，严格落实省卫计委等有关部门关于村卫生计生服务室建设标准。目前该县 60 个"赣商爱心基金"村卫生计生服务室建设已经全部动工，11 月底可以全部建成并交付使用。（刘晓林）

2016 年 10 月 25 日《萍乡日报》3 版

莲花夯实农村卫生计生服务基础
实现"小病和计生基本服务不出村"目标

村级卫生计生服务室是农村三级卫生计生服务网络的"网底"。莲花县将村卫生计生服务室标准化建设纳入健康扶贫、脱贫攻坚的重要内容，夯实卫生计生服务基础。自去年9月以来，该县在争取"赣商爱心基金"专项捐款310万元的基础上，又自筹310万元建设了62所标准化卫生计生服务室，实现了"小病和计生基本服务不出村"的目标，大大提高了全县农村卫生计生服务水平。

该县将产权公有和规范化村卫生计生室建设列入精准扶贫工作重要考核内容，与精准扶贫工作同部署、同落实；列入卫生计生服务能力建设重要内容，与县级医疗单位、乡镇卫生院能力建设同安排、同推进。在实施过程中，该县严把责任关、选址关、考核关，统一建设规模，统一建筑风格，统一结构布局，统一外观标志，坚持产权公有，不改建、不扩建、不合建。

在改善基础设施的同时，该县还建立村卫生计生服务室的人、财、物等由乡镇卫生院统一管理的体制，逐步实现乡村卫生统一购买服务、统一收入待遇、统一业务管理、统一药械管理、统一财务管理、统一绩效考核。

2017年2月14日《江西日报》A4版

莲花县启动药具宣传服务月活动

近日,以"推进健康莲花建设,提升药具服务水平"为主题的江西省莲花县"计划生育药具宣传服务月"活动启动。

根据宣传服务月活动方案,莲花县将加大药具宣传服务力度,提升药具服务管理水平,巩固药具"十进"(进乡村、社区、机关、企业、工地、医院药房、商店超市、婚姻登记处、宾馆、车站),拓宽药具发放渠道,让群众尽可能知晓国家免费避孕药具政策,知晓自己适宜的药具种类和方法,知晓领用渠道,建立健全药具基本公共服务体系。

2016年以来,莲花县以满足育龄群众、流动人口的避孕节育、生殖健康需求为出发点,创新药具发放模式,筹集资金14万元,购置了23台智能型药具自动发放机,安装了290个药具自取箱,增加避孕药具发放点,极大地方便了群众领取药具,该县获得了全省药具先进县荣誉称号。(刘晓林)

2017年7月18日《中国人口报》2版

近日,江西赣商联合总会为莲花县村卫生计生服务室捐赠了5台价值近8万元的健康体检一体机,这是继2016年江西赣商联合总会捐赠310万元支持老区莲花县建设了62所村卫生计生服务室后的又一次支持该县医疗卫生事业发展的具体行动。(刘晓林)

2017年7月19日《中国人口报》2版

联慈医疗扶贫工程示范县项目落户莲花县

为让更多的基层医院使用先进的医疗设备，提升基层医疗服务水平，分享先进的精准医疗经验，近日，中国扶贫开发协会产业扶贫委员会"联慈医疗扶贫工程示范县"授牌仪式暨江西省部分县市精准医疗扶贫工作座谈会在莲花县召开。

本次座谈会由中国扶贫开发协会产业扶贫委员会、江西省老区建设促进会主办，联慈医疗扶贫工程办、莲花县政府承办，会议主题为"关爱·牵手·同行"。会上，中国扶贫开发协会产业扶贫委员会"联慈医疗扶贫工程"向莲花县捐赠一批价值120万元的医疗器械设备，援助一批价值1558万元的医疗设备，用于援助该县医疗事业发展。该批医疗设备，在一定程度上解决了该县基层医疗卫生机构医疗设备购置难题，提升了全县医疗卫生服务硬件能力建设，使其更好地服务群众。（刘晓林）

2017年8月7日《江西日报》A4版
2017年8月8日《中国人口报》2版

莲花县给贫困群众送健康希望

为让贫困群众看得起病、看得好病、更好防病，莲花县把健康扶贫工作真正作为打赢脱贫攻坚战，实现农村贫困人口全面脱贫的一项重要内容。

精心部署，标准建设，实现乡村医疗卫生机构改造提升全覆盖。今年，按照我市"八个全覆盖"的要求，该县为每个乡镇投入100万元用于购置彩超等必备医疗设备，积极与江西省老区建设促进会、中国扶贫开发协会产业扶贫委员会对接，获赠了一批价值120万元的医疗器械设备，受援助一批价值1558万元的医疗设备。通过向省、市卫计委争取，为村卫生计生服务室配备了88台健康体检一体机。全力推进公有产权标准化村级卫生计生服务室建设，确保今年底全县144个行政村（除乡镇卫生院所在地）产权公有和规范化村卫生计生服务室全覆盖。

创新特色，保障兜底，打造"4+1"健康扶贫五道保障线新模式报账便民服务。去年，该县由县政府各安排200万元分别用于提高城乡居民大病保险补偿比例、民政大病救助，县医保局为923名建档立卡贫困人口18类门诊大病报销费用30万元，县民政大病救助报销费用10万元，共为建档立卡贫困人口报销40万元。重大疾病商业补充保险全年已赔付案例191例，赔付金额280万元。此外，建档立卡贫困患者在县域内医疗机构住院，均实行"先诊疗、后付费"制度。该县还在省里规定的"四道保障线"的基础上设立第五道保障线——政府兜底保障基金，大大减轻了贫困户的经济负担。

靶向发力，精准施策，打造产行健康全程管理亮点。为解决"因病致贫、因病返贫"对象急需医疗救治的问题，该县为每个贫困家庭发放了《莲花县精准健康扶贫一本通手册》《莲花县健康扶贫五道医疗保障线》，让贫困患者就医更便捷更实惠。在基层医疗卫生机构为贫困家庭建立好健康管理档案、健康管理团队、健康宣传阵地"三到位"贫困人口健康全程管理工作法，建档立卡贫困人口家庭医生服务签约覆盖率达100%，全面掌握贫困对象的健康状况。（童道雄　刘晓林　汤丹）

2017年8月15日《萍乡日报》头版头条
2017年9月5日《中国人口报》2版

莲花县扎实开展生育状况抽样调查工作

江西省莲花县六市乡太沙村、西坑村被抽中为全国生育状况调查样本点。莲花县卫生计生委制定方案，完善措施，组织实施好生育状况抽样调查工作，准确了解群众生育意愿，把握近年生育水平变动趋势，反映生育养育相关公共服务落实情况，为政府科学研判人口发展形势、完善全面两孩政策配套措施、深化计生服务管理改革提供信息支撑和依据。

莲花县卫生计生委成立了抽样调查工作领导小组，由委主要负责人任组长，分管负责人任副组长，明确了各股室在抽样调查工作中的职责分工，选择工作负责、作风忠实、业务能力强、沟通协调能力好的1名县卫生计生委干部和2名乡镇计生干部分别担任本次生育状况抽样调查工作的督导员和调查员，安排工作经费2万元，购置了3部智能手机和2台笔记本电脑，购买了内装有雨伞、沐浴露等礼品的入户宣传包，确保抽样调查工作顺利开展。

莲花县卫生计生委组织调查员和督导员参加上级开展的培训，切实掌握抽样方法及调查技巧，确保高质高效完成任务。举办了生育状况抽样调查工作启动动员会，全面统筹安排抽样调查工作。为抽样调查工作保驾护航，保障人员到位、调查时间到位、村组干部配合到位，全力配合好调查员的各项工作，加大宣传力度，引导群众配合调查。

莲花县生育状况调查工作已圆满完成。（刘晓林）

2017年8月22日《中国人口报》2版

莲花县健康扶贫变"拖贫"为"脱贫"

因病致贫、因病返贫,是拖累贫困户脱贫致富的重要因素。为此,莲花县坚持问题导向,探索创新健康扶贫机制,把五道保障线、"先诊疗后付费"一站式结算、城乡医疗卫生条件建设一体化、签约医生服务等融为一体,掐断了群众因病致贫、返贫的根,让贫困群众实现看得人、看得起病、看得好病,探索了一条具有莲花特色的健康扶贫之路。

看病费用更"少",不让贫困群众多花一分钱。为切实减轻贫困群众看病负担,莲花县为贫困户设立了基本医疗保险、大病保险、重大疾病商业补充保险、民政医疗救助、健康扶贫托底基金"五道医疗保障线"。其中健康扶贫托底基金是莲花县财政出资 1000 余万元、在全省统一规定的基础上,加推的第五道保障线,对建档立卡贫困患者按医疗总费用的 95% 进行兜底。同时为全县建档立卡贫困人口购买了重大疾病商业补充保险和城乡居民基本医疗保险,提高城乡居民大病保险补偿比例及门诊大病补偿标准,建立重大疾病商业补充保险制度,取消了在县、乡级定点医疗机构住院补偿起付线。今年以来,全县共有贫困群众住院 9775 人次,总住院费用 4302.2 万元,贫困群众患者经过五道保障线可报销 4109.3 万元,报销率达 95.52%。

结算速度更"快",不让贫困群众多用一分钟。莲花县对建档立卡贫困人口在县内定点医疗机构就医实行先诊疗后付费,医疗费用由定点医院先行垫付;在县外市内定点医疗机构就医的,先在定点医疗机构结算城乡居民基本医疗保险补偿费用后,将相关就诊资料按规定上交到各乡镇医保所录入"一站式"结算系统进行报销结算；在市外定点医疗机构就医的，医疗费用由个人先行垫付，出院后将相关就诊资料按规定上交到各乡镇医保所录入"一站式"结算系统进行报销结算。从"先付费后诊疗"到"先诊疗后付费"，简化了就医后续，缓解了患者的经济压力，让贫困患者享受到了政策红利。为方便全县建档立卡贫困人口的住院结算工作，该县还将医疗保险信息系统业务软件和网络终端延伸至各乡镇医保所、定点机构，实现定点机构网络全覆盖，真正实现零距离报销。"一站式"结算工作的实施，改变了以往分别到医保经办机构、民政部门、保险公司报销医疗保险、医疗救助和大病保险现状，彻底解决了贫困人口就医报销"多头跑、耗时长、手续繁、效率低"的问题。今年9月12日"一站式"结算工作启动以来，已经成功结算4285人次，报销医疗费用1316万元，报销率达95.55%。

就医地点更"近"，不让贫困群众多跑一步路。按照"强基层、补短板"的原则，全面加强县乡村三级医疗卫生服务机构标准化建设，大力推进城乡医疗卫生条件建设一体化，全力提升基层医疗卫生服务能力，让群众能就近看病。近年来，积极向上争取各类资金，并加大自筹资金力度，投资2000万元完成了县医院急诊大楼扩建，投资6700万元启动建设了中医院、县妇幼保健院医技楼，投资1500万改造升级了13个乡镇卫生院，投资600万元建设了县疾控中心。在江西省老区促进会的帮助下，积极争取中国扶贫开发协会支持，将我县列入"联慈医疗扶贫工程示范县"，援助我县乡镇卫生院市值2000万元医疗设备共计100台（套、件），且政府解决配套483.838万元，免费捐赠县疾控中心价值100万元的恩普G1笔记本四维彩超，免费为县妇幼保健院建设价值60万元雾化中心，免费为良坊中心卫生院捐赠价值70万元的DR系统。积极争取"赣商爱心基金"支持，在全县144个行政村（除乡镇卫生院所在地行政村）建设标准化卫生计生服务室，配备了133台健康体检一体机。通过完善基础设施和大批医疗设备的投入，迅速改善了全县乡（镇）卫生院、村卫生计生服务室服务条件和服务能力，人民群众看病就医更加便捷，公共卫生服务更加完善，为群众提供了更高质量的医疗卫生服务，打通了医疗惠及民生的"最后一公里"。

医患关更"亲"，不让贫困群众多操一点心。将家庭医生签约服务作为全面深化医药卫生体制改革的一项重要内容，与脱贫攻坚工作紧密结合，县乡村三级医生与10259户贫困户签订了零距离服务协议，实现签约率100%，迈出了健康扶贫的又一重大步伐。针对贫困户出生不便的现状，家庭医生还主动每月为贫困户开展一次健康体检，帮助每一个贫困户建立了个人健康档案，实施健康动态管理，家庭医生随时掌握贫困群众的健康状况，做到无病预防、有病早治，最大限度减轻疾病对贫困群众造成的经济负担。同时，每位家庭医生还给贫困户留下了健康联系电话，贫困户在日常生活中有医疗需求，随时与家庭医生联系，家庭医生有求必应。如今，家庭医生的签约，使贫困户都有了一个"健康守门员"，贫困群众更踏实、更幸福。（刘晓林　王建新）

2017年12月27日《江西卫生报》1版、2版

我县为什么会选择联慈医疗扶贫工程项目

——在"联慈医疗扶贫工程示范县"授牌援助仪式暨江西省部分市县精准医疗扶贫工作座谈会上的发言

各位领导，同志们：

承蒙组织的信任和关爱，2015年县卫生局和县人口计生委合并时任命我担任县卫计委主任职务。自担任县卫计委主任以来，我感觉到县卫计委主任这个岗位是个社会关注度大、风险性较高的岗位。医疗卫生最大的风险点之一就是药品、医疗器械、耗材的招标采购。药品、医疗器械、耗材的招标采购一直困扰着我，经常接到莫名其妙的电话骚扰，经常会有不认识的医疗器械经销商慕名来找，经常会有领导或上级部门的工作人员来找，让你答应不是，不答应也不是，左右为难。经纪检部门查处的医疗卫生机构工作人员因药品、耗材的采购"倒下"的比例最高。同时，即使招标了，程序没有错，但价格虚高、质量不好等问题，也招来非议而影响工作。

2016年，中国扶贫开发协会将我县列为"联慈医疗扶贫工程示范县"。2016年11月18日，我县接到中国老区建设促进会、中国产业扶贫协会通知，要求我县分管卫生计生工作的副县长和卫计委主任参加在国家会议中心召开的全国联慈医疗扶贫工作启动会议。2016年12月24—25日，县政府安排我参加了全国联慈医疗扶贫工作启动会议，在会上了解了联慈医疗扶贫工程，听取了云南省广南县的经验介绍。经过学习考察，我了解到中国扶贫开发协会产业扶贫委员会联合深圳市恩普电子技术有限公司共同开展的"联慈医疗扶贫工程"，旨在调动更广范围内的爱心力量，为全国老少边穷地区基层医疗机构提供医疗器械、医疗技术培训等方面的援助，为广大民众提供及时、有效、优惠的医疗卫生服务，切实减轻老百姓的就医负担，努力避免产生更多的"因病致贫、因病返贫"家庭。其主要特点：一是联慈医疗扶贫工程项目是在中国扶贫开发协会产业扶贫委员会领导和参与的扶贫项目。二是国务院扶贫办、民政部、卫计委、中国医学装备协会、中华慈善总会、香港大众慈善总会等单位都参与了该项目的实施。三是得到了人民网、中国健康网、腾讯网、凤凰网等媒体支持。四是有成功的范例，云南省有31个贫困县参与了此项工程。五是联慈医疗扶贫工程项目符合国家卫计委倡导的药品器械采购"两票制"政策，产品直接从厂家通过中国扶贫开发协会和各省老区促进会这个桥梁到医院，产品质量好、价格低、服务好，深受基层医院的喜欢。北京会议之后，我和分管副县长向县委书记、县长做了详细的汇报，召开了13个乡镇卫生院和县直医疗机构负责人会议，充分征求大家意见，因涉及资金量比较大，设备采购比较多，为慎重起见，按照县委、县政府主要领导的指示：到做得比较好、成熟的地方考察学习，借鉴他们的经验。

2017年4月19、20日，我随由副县长童道雄同志带队的一行4人学习考察组，辗转2300公里，赴云南省广南县学习考察联慈医疗扶贫工程成功经验和做法。云南省扶贫开发协会张红花理事长、广南县分管副县长李国宗、县卫计局长李劲松分别介绍了广南联慈医疗扶贫工程的成功经验和做法。广南县位于云南省东南部，文山州东北部，是一个集"老、少、边、山、穷"五位一体的国家级贫困县，该县通过联慈医疗扶贫工程援助，大批医疗设备的投入，覆盖了广南县4家县级医疗机构、所有乡镇卫生院和部分村卫生室，医疗卫生事业实现了跨越式发展，县医疗机构临床诊疗水平得到明显提高，当地人民群众看病就医更加便捷，公共卫生服务更加完善，极大改善了广南县卫生计生系统特别是乡（镇）卫生院服务条件和服务能力，有效缓解了群众"看病难"的问题。一是通过学习交流、实地考察，了解云南省广南县自2013年以来共接收联慈医疗扶贫设备市场价值17069.56万元，县配套资金5950万元，覆盖了广南县4家县级医疗机构和所有乡镇卫生院、村卫生室。几年运行下来，广南县卫计局和医护人员一致认为联慈医疗扶贫捐赠的医疗设备价格合理、运行良好，服务有保障，是真正体现了扶贫宗旨。二是通过学习考察，我们最大的感受是穷县也能办最好的医疗卫生。广南县作为一个集"老、少、边、山、穷"的国家级贫困县，人口80万，财政收入仅7.4亿元，但该县从2013年开始，县财政分5个批次对乡镇卫生院补助联慈医疗配套资金1783.2082万元，每年补助356.64164万元。这次我们参观的杨柳井乡石笋村卫生室，服务人口5400人，医务人员16人，其中医师（含中医师）5人、护士6人、其他人员5人，业务用房面积只有200平方米，配有全自动生化分析仪、彩色B超、500mA-X光机、血液分析仪、尿液分析仪等医疗设备，2016年该村卫生室业务收入230万元，其门诊人次、住院人次、义务人员数量和综合实力与我县乡镇卫生院相当。虽然村卫生室业务用房、基础设施还不足（主要缺水），医学流程和院感控制相对较弱，但能把90%以上的就诊人次留在村级，实属奇迹。在这里，终于看到了国家多年来"保基本、强基础、建机制"医改目标之样板，分级诊疗、家庭医生签约的医改在这里得到实现，这种模式对于居住人口分散、道路崎岖的乡村其医疗价值无法估量。三是通过学习了解，中国扶贫开发协会产业扶贫委员会联合深圳市恩普电子技术有限公司共同开展"联慈医疗扶贫工程"，旨在调动更广范围内的爱心力量，为全国老少边穷地区基层医疗机构提供医疗器械、医疗技术培训等方面的援助，为广大民众提供及时、有效、优惠的医疗卫生服务，切实减轻老百姓的就医负担，努力避免产生更多的"因病致贫、因病返贫"家庭，这项工程符合国家扶贫政策是项民心工程、惠民工程，又为医疗机构负责人因设备采购避免了廉政风险，节约了成本、节约了时间。云南省129个县有31个贫困县参与了此项工程。我县2011年也参与了中国扶贫开发协会捐赠项目，当时只有路口卫生院、荷塘卫生院参与了彩超捐赠项目，以配套费16.8万元接受捐赠，但没有全面实施。

联慈医疗扶贫工程符合国家扶贫政策，是项民心工程、惠民工程。莲花县作为老区贫困县，为避免产生更多的"因病致贫、因病返贫"家庭，全面做好我县健康扶贫脱贫攻坚工作，应该珍惜中国扶贫开发协会产业扶贫委员会给我县作为"联慈医疗工程示范县"的机遇，大胆接受联慈医疗科技（北京）有限公司的援助，提升全县医疗卫生机构服务能力，为全县农村群众提供更高质量的医疗卫生计生服务。在县委、县政府的高度重视下，我县参照云南省广南县做法，成立由县委书记任组长，县长任常务副组长，分管卫生计生工作的副县长任副组长，县卫计委、县财政局、县扶贫办、县发改委、县公共政务局、县人社局、县医保局、县民政局为成员的联慈医疗扶贫工程推进领导小组，统一组织实施全县医疗扶贫工作，协调医疗扶贫工作事项，领导小组下设联慈医疗扶贫工程项目办，由县卫计委安排分管领导、具体工作人员专人负责此项工作。同时，为做好医疗设备精准帮扶工作，县卫计委设置有具体股室（项目规划管理股）进行承办。项目规划管理股在充分调查和了解各医疗卫生单位设备需求的基础上，与省医疗扶贫基金会开展设备帮扶具体前期对接事项，力争按照各医疗卫生单位的需求配套符合当地实际品牌（参数）的医疗设备。2017年3月，江西老促会和中国扶贫开发协会联慈医疗扶贫负责人到我县考察，和我县签订扶贫帮扶协议，签约捐赠市值1448.3万元设备，要求县级配套资金257.4万元。目前，通过联慈医疗扶贫为各乡镇卫生院购置医疗设备共计51台（套、件），捐赠市值1448.3万元医疗设备，县政府解决配套资金257.4万元，为县疾控中心免费捐赠了价值100万元的恩普G1笔记本四维彩超，为县妇幼保健院免费建设价值60万元雾化中心，为良坊中心卫生院免费捐赠了价值70万元的DR系统，解决了我县基层医疗卫生购置医疗设备资金短缺的问题。目前捐赠的设备已全部到位，联慈医疗扶贫工程在我县举办了恩普G71彩超使用培训班，培训之后还专门安排老师逐院上门技术指导，直到教会操作为止。7月20日联慈医疗扶贫工程项目售后主任张运才又逐院进行了回访。大批医疗设备的投入，人民群众看病就医更加便捷，公共卫生服务更加完善，极大改善了乡（镇）卫生院服务条件和服务能力。基层医护人员一致反映联慈医疗扶贫捐赠的医疗设备价格合理，运行良好，服务有保障，是真正体现了扶贫宗旨。现正在争取联慈医疗扶贫工程为各乡镇卫生院采购第二批医疗设备。

衷心感谢中国扶贫开发协会产业扶贫委员会对我县医疗卫生计生事业的大力支持！恳请中国扶贫开发协会产业扶贫委员会一如既往地关心支持医疗卫生计生事业的发展建设，对我们的工作提出宝贵意见！

2018年3月12日

附录：**报刊偶记**

让党旗在山乡飘扬

——记全市优秀党务工作者刘晓林

刘晓林，荷塘乡党委组织委员，从县直机关到基层工作的两年时间内，就受到市、县组织部门的多次表彰，先后被评为县优秀党务工作者，市优秀党员电化教育工作者，连续两年被评为组织工作先进工作者，今年又被评为全市优秀党务工作者。

"干工作，就是要任劳任怨"

1999年元月4日，莲花县委一纸任命书，将而立之年的刘晓林调任荷塘乡党委组织委员。为了抓好组织工作，他刻苦钻研，虚心好学，翻阅了大量的党建资料，对自己的职责和工作内容有了更进一步的认识。他刚来荷塘时，全乡360名党员，只有花名册，党员档案像废旧报纸一样到处都是。企业办的财务科有，乡政府文件堆里有，林管站山林纠纷权限证书里有。为了扭转这一状况，他利用整整3个月时间，学习县档案局档案整理的办法，购买铁皮文件柜。分门别类，统一编号，把零零散散的档案重新管理，对无档案党员，重新到各党支部一一落实予以登记。并制定了一整套农民党员档案管理细则，全乡的党员档案工作从此走上了规范化、制度化、科学化的管理轨道。全乡12个行政村，由于村级经济薄弱，电教设备几乎是一片空白，农村党员几年难得看上一场党员自己的片子。针对这一状况，刘晓林制定了全乡电教播放计划，并且利用晚上、节假日送片下村播放。看着刘晓林为工作日渐消瘦的面容，乡里有的老同志劝他说："刘组委，你这么认真，真是太辛苦，农村支部没有电教设备就算了。以前也是这样的，何必那么认真？"可他说："组织工作是我的职责，干工作，就是要任劳任怨，我不能荒了自己的责任田。"就这样，两年来，他在全多12个行政村党支部送片下村播放120余场，为农民党员送去党的致富政策和致富信息，赢得了农村党员和广大群众的交口赞誉。

在他的努力下，全乡的电教室、档案室、党委办公室得到了全面改造。两年来，全乡共举办党员和入党积极分子培训班6期，共培训党员1283人次，发展党员22名、入党积极分子46名，村级后备干部54名。党费收缴、党刊党报征订、组工信息投送等12项工作均走在全县前列，该乡农村基层组织薄弱的局面得到扭转，农村基础组织建设得到明显加强。

"干工作，就是要脚踏实地"

"组织委员是抓具体工作的，具体工作的生命就在于一个实字，就是要脚踏实地。"这是刘晓林的口头禅。的确，他是这样说的，也是这样做的。

针对党支部办公条件差、在村民家办公的特点，1999年5月，刘晓林在珊溪村搞了一个党支部办公室示范点，从办公室的布置到制度的建立健全等各方面都亲自指导。并利用村党支部书记培训的机会，组织他们前往珊溪村参观取经。在样板示范的带动下，目前，该乡万里村、路边村、双岭村、井下村、院背村等支部办公室得到明显改善，改变了过去支部党员开会打"游击"的状况。

针对部分村反映农村党员干部开会难的问题，刘晓林经常下村参加村里的党员大会。2000年3月24日，他在井下村下村，当时村里书记也在场。他对村支书说："按乡里布置，你们村今晚召开党员大会是吗？"村支书回答说："我已经通知了。"他说："我晚上会来参加。"在乡里吃完晚饭后,刘晓林骑着自行车来到井下村,找到村支书。村支书不好意思地说:"其实,我没通知,也没想到你真的会来开会。"他说:"请把村主任、会计叫来,我们四人分头去通知。"结果不到半个小时,就有十多名党员陆陆续续来了,连六七十岁的老党员也拄着拐杖来了。在会上,刘晓林指出造成农村"会荒"的原因:不是我们党员不愿开会,而是我们村干部懒得开会;不是我们党员思想落后,而是我们村干部忽视发挥党员的主观能动性,即使开会,也是抱着应付的态度。在刘晓林的指导下,井下村党支部不仅制定了党员学习、会议制度,而且解决了党员干部误工补贴等问题,从而彻底改变了该村"会荒"的状况。(特约记者 刘新龙)

2001 年 7 月 13 日《萍乡日报》2 版头条

闪石乡为民惠民力促和谐发展

莲花县闪石乡努力转变干部作风，大办为民惠民之事，经济社会各项事业呈现出和谐发展的良好势头。今年第一季度，该乡财政收入同比增长126.8%，为历史最好水平。

该乡密切干群关系，狠抓干部作风建设，建立起"双联双访双定"机制，每个班子成员和机关干部联系两户贫困户，每月定期下到联系户走访，征求意见，到缺乏劳动力的农户家参加劳动不少于4天，为群众解决实际问题不少于4次，同时还建立了首问责任制、限时办结制等一系列制度，有效地促进了机关干部作风的改进。今年年初，该乡将中央1号文件精神及有关农村农业法律法规印成《闪石乡致全乡农民朋友的一封信》发放到各家各户，并利用宣传车、黑板报等形式，宣传农村的"两免征""三稳定"等政策，让老百姓成为政策的明白人和监督者。

为推动经济的发展，该乡从为民办实事着手，大办惠民之事。今年以来，该乡投入60多万元建立了一个深山移民集中安置区，区内实现通路、通水、通电。目前第一批60多户深山贫困农户在安置区已立户建房。投入30万元完成了江南村和井屋村4000米主渠道的三面水泥衬砌；投入74万元修复了洞背村的东田水库和萝卜冲水库堤坝，大大改善了农业生产条件，提高了农民从事农业生产的积极性。筹资20多万元铺设了闪板桥到田垅里、闪板桥到河家长达15公里的水泥路，使该乡乡村公路水泥硬化率达100%。交通的改善，大大促进了该乡经济的发展。

该乡立足优势资源，大力发展经济，拓宽农民增收渠道。去年以来，该乡共举办农技培训班 40 余场次，并外派农民到省、市、县培训近 800 人次，让农民掌握 1 至 2 门致富技术。同时，加快农业结构调整步伐，引导农村乡土能人建立起农业生产基地。目前，该乡已建立西江村红豆杉基地，太源、洞背等村的西瓜基地，万伍娥的养蜂基地，井屋杨梅基地和闪石洋根基地等 10 多个社会效益和经济效益"双赢"的农业示范基地，为农民增收致富找到了"金钥匙"，去年以来，该乡还引进了鑫丰饮料厂、萍乡市环球碳素有限公司等一批符合乡情的招商引资项目，为山区经济社会的和谐发展奠定了坚实的基础。（忠良　致远　树生　特约记者刘新龙）

2005 年 5 月 3 日《萍乡日报》头版头条

开明开放促边陲山乡发展

神泉乡开放型经济驶上快车道

初秋时节,来到莲花县神泉乡竹湖村千亩农业产业化基地,阳光照耀下的中药材青蒿长势喜人。从今年春天招商引资引进该项目到现在,这里的1000多亩青蒿正进入收获阶段。正在收获的农民告诉记者,开发商开始收购了,干货每公斤8元,每亩干货产量预计在300公斤左右。包括该项目在内,神泉乡今年1至7月已有7家企业落户,5家企业签约,签约资金2.68亿元,实际到位资金4811万元,完成年招商引资任务90％以上。该乡1至7月的财政收入同比增长31.7％。

竹湖青蒿基地的开发商是湖南省的老板冯木清,据冯老板介绍,他正是因为神泉乡良好的环境和口碑才决定到这里承包开发青蒿的。神泉乡党委负责人对记者说,一直以来,人们都认为神泉乡地处江西、湖南两省和莲花、永新、茶陵三县交界处,是边陲山乡,地理位置不是很方便。如今,他们变被动为主动,借莲花县工业园就在附近的优势,通过以勤招商、以情招商、以商招商和以势招商等形式,引来八方客商,使传统边陲山乡走出了一条属于自己的开放型经济发展之路。

乡里今年上半年给每名班子成员安装了招商引资电话,固定引资经费2000元,一有信息即可出动,但是如果没有联系客商则不能使用引资经费。勤联系之后是勤服务,前不久,广东中山正丰投资有限公司客商来莲花考察。为了方便客商,乡里领导凌晨4点赶到萍乡火车站迎接,赶回莲花县城刚好天亮,路上详细向客人介绍莲花情况和神泉乡优势,引起了客商的浓厚兴趣。此后,他们又紧抓不放,再次邀请客人到神泉考察。终于使这家广东企业下决心在神泉乡投资化工和制衣项目。

彭灿明、贺春华、花荣庭3人均是神泉本地知名私营企业家。彭灿明的老母亲在家有病，乡里会上门看望。彭灿明说我在外面朋友多，不为家乡介绍客商我对不住朋友，对不住家乡。经他们努力，台湾、广东、北京等地客商多次到莲花考察，并有几家正在洽谈签约。通过长期在连花做钢架生意的成桂先老板介绍，香港交能有限公司客商黄先生两次到莲花考察，并与该乡签订了兴办港莲生物饲料有限公司的协议。吉安客商周目深与该乡段坊村支部书记是多年的朋友，为朋友的精神感动，周先生投资兴办了一家建筑材料厂。（记者贺水鑫　实习生杲怡）

2006年8月26日《萍乡日报》头版头条

立足实情求特色　因地制宜重实效

神泉乡打造生态新农村

莲花县神泉乡立足乡情，突出特色建设富裕、生态、和谐新农村，全乡呈现和谐发展的良好势头，今年1—10月，该乡财政收入同比增长30%。

该乡党委、政府将促进农民增收、发展工农业生产、建设特色种养基地作为新农村建设的核心内容。每个村通过立足村情，建立了符合本村特色的种养基地。近年来，该乡在竹湖、模背等村建立了真人岩综合种养基地及中药材基地，珊田村的果园基地，桃岭村的养殖基地，棋盘山的蔬菜基地，云塘水库、关司塘水库、桃岭水库等立体种养基地等既符合村情，又带动了群众致富，成为农民增收的"金钥匙"。同时，该乡还整合资源，以优势资源招商。恒信选矿场、万集鳗鱼养殖场、三联发塑胶有限公司等企业的引进有力地拉动了全乡经济的良性发展，为建设社会主义新农村奠定了坚实的基础。

按照"因地制宜、统筹规划"原则，该乡倾力打造生态新农村。依托去年竹湖文明村示范点的辐射效应，重点抓好永坊、段坊、潭坊、五洲等试点自然村的示范点作用，以点带面，全面打造生态新农村。今年以来，该乡着重抓好与农民生产生活直接相关的人居环境和基础设施建设，大力推进改房、改栏、改水、改厕、改灶、改路、改环境和普及沼气、有线电视、电话的"七改三普及"工程。近年来，该乡投入200万元，将瑶口等村的水泥路硬化，今年又投资100万元动工兴建棋盘山水泥路，实现了村村通水泥路的目标。据统计，今年以来，该乡投入"七改三普及"的资金达 27 万元，农村脏、乱、差现象有较大改观。此外，该乡还在农村中积极倡导文明新风，2005 年以来，该乡竹湖村投资近 10 万元，兴建了村级文化活动中心，建设了门球场、篮球场、羽毛球场、阅览室和农民戏院，全乡的农民篮球大赛也经常在此举行，成为全村农户休闲娱乐的乐园。（李炎生　罗建兵　特约记者刘新龙）

2006 年 11 月 28 日《萍乡日报》头版头条

科学规划 整洁村容 文明乡风
神泉乡描绘新农村美丽画卷

走进莲花县神泉乡，映入眼帘的是一栋栋整齐划一的小楼房。花香四溢的前花园，翠竹摇曳的后花园，丰富多彩的文化宣传长廊，典雅的农村活动中心，村民健身场地，村级幼儿园。村级卫生所。每家每户，庭院绿化、窗明几净，卫生间、电视、电话、自来水，样样齐全。这是莲花县神泉乡波澜壮阔的新农村建设画卷中的一个缩影。

神泉乡把科学的设计理念贯彻落实到新农村建设规划中，按照"规划先行，基础设施先行、村规民约先行、村庄整洁先行，绿化、美化、亮化、硬化"的建设方针，铺开新农村建设工作。成立了新农村建设领导小组，并签订目标考核责任状，实施"硬"管理。要求干部们一心扑在工作上、专心用在工作上、细心落实到工作上、诚心体现在工作上。并因势利导，积极抓住有利时机，展开新农村建设工作。印发了《社会主义新农村建设工作方案》等，分发给试点村村民。乡、村干部逐家挨户上门向村民宣传新农村建设的意义，并及时掌握新农村建设的信息，把老百姓的消极情绪化解在萌芽状态。村理事会与村民签订双向承诺书，督促村民按质、按量、按时完成"五改四化"任务，并实施补助和奖励。

在新农村建设试点村建设过程中，该乡始终按照"生产发展、生活宽裕、乡风文明、村容整洁、管理民主"的建设目标，筹集新农村建设资金上百万元。截至目前，神泉乡新农村建设试点工作共投入资金 100 万元，拆迁民房、附属面积 4000 多平方米，改水、改厕 240

多户，建设群众休闲健身场地9000多平方米，修筑水泥路6500多米，整治旧房10000多平方米，群众投工投劳4200多个工日，评选出治安模范家庭、和谐创业家庭、星级文明户300多户，制订了树文明新风尚、做新型农民的村规民约，按上级要求完成了6个试点村的新农村建设工作，一个多村美丽、社会和谐的新神泉雏形，展现在眼前。（李炎生　胡晓华）

2006年12月2日　《萍乡日报》头版头条

一个基地一幅画

——莲花县神泉乡发展"一村一品"现代农业纪实

初夏时节,当记者走进莲花县神泉乡,只觉满眼绿色,处处生机盎然,尤其令记者感受至深的是那一个又一个农业基地犹如一颗颗璀璨的明珠,镶嵌在青山绿水之中。昔日的农业大乡,如今正朝着"一村一品"的现代农业方向发展,现代农业为全民创业推波助澜,成为全乡人民增收致富的"金钥匙"。全乡15个村建立农业基地达20余个,每个村都有自己的农业基地,一个基地便是一幅优美的画卷。

竹湖村:瓜果蔬菜业鼓起农户"钱袋子"

走进竹湖村,只见一辆接一辆满载萝卜的板车从村子里拖出来,村民们的脸上洋溢着丰收的喜悦。

在竹湖村文化活动中心的后山坡,满目绿色,一个偌大的果园点缀在其中,这就是竹湖村的瓜果蔬菜种植基地。这里是村里的李树种植基地,面积达300余亩。2005年,来自广西的李修远老板看中了这一"风水宝地",他投资20余万元承包了李树基地,采用套种的方式栽种西瓜、香瓜、萝卜、黄瓜、马铃薯、辣椒、豆角等瓜果蔬菜。上年,基地里每亩黄瓜收入达1万余元,每亩辣椒收入达3000元。

基地里的丰收不仅让李修远老板发了财,也带动了全村的农户。村里的农户不仅通过在基地里从事农活赚取工资,而且跟着李修远学习了一整套的瓜果蔬菜种植技术。农忙时,在基地里做事的有40余户,

100 余人。在基地的带动下,如今竹湖村里兴起了一股种植热潮。新鲜的瓜果蔬菜源源不断地供应到神泉集镇上乃至县城里,竹湖的瓜果蔬菜如今已是莲花县一个响当当的品牌,鼓起了村民们的"钱袋子"。

棋盘山村:种养业圆了农户致富梦

棋盘山是神泉乡最为偏僻的山区小村,这里耕地十分稀少,原先村民靠山吃山,日子倒也过得有滋有味。前几年,村民们积极响应政府封山育林的号召,村民们的生活来源顿时陷入困境。

让山区农民尽快富起来,这不仅是神泉乡党委、政府的意愿,也是棋盘山村两委的共同决心。

思路决定出路。村支部书记刘全乐决定带领村民依靠丰富的土地资源发展种养业,他率先在荒山荒坡上建起了 150 亩的果园,里面种植了柑橘、杨梅、梨树等果树。接着,他又趁热打铁在果园里搞起了养殖业,年均养殖山地鸡在 500 只以上。

在刘全乐搞种养的带动下,村民刘国荣也建起了面积达 100 亩的柑橘园,果园里养殖山地鸡 1000 多羽。村民宁如保发展养羊业,如今饲养量达 200 余头。

经过几年时间的打造,刘全乐和刘国荣的种养业已发挥出效益,成为全村群众发家致富的"样板田"。在他们的带动下,全村 200 余农户中有一半以上的农户加盟种养业,共圆致富梦。

珊田村:综合开发基地带领农户奔小康

珊田村是全乡赫赫有名的果业村,早在 20 世纪末,村里便有一个规模很大的柑橘园,21 世纪初,村里又在果园里引来了新品种,种植了美国黑李、布朗李,悬挂在枝头上的黑红的果子在风中摇曳,让记者心神荡漾。

陪同记者采访的乡党委书记刘晓林告诉记者,珊田村不仅有果园。

而且还有一个更能带动群众增收致富的农业示范基地。在他的带领下，记者一行驱车直赴玄塘综合开发基地。

峰回路转，一片宽阔的水面呈现在记者的眼前。好一幅水中养鱼、岸边养猪、山坡植果的立体养殖图！据了解，玄塘综合开发基地是刘开贵老板投资 200 万元兴建的，总面积达 400 余亩。基地里投养鱼苗 10 多万尾，养殖三元杂交猪 300 余头，种植杨梅树 60 亩。基地通过采取"公司+基地+农户"的形式。带动了珊田村及邻近几个村的 200 余户村民从事种养业。

记者了解到，为了做好全乡的农业发展工作。乡里制定了果业兴乡五年发展规划，并开展了农业技术培训，仅今年以来，乡里便通过聘请县农技师在农业基地里开展现场培训 6 次，培训人员达 500 余人次。如今，农业基地已成为全乡农民增收致富的"金钥匙"。（特约记者刘新龙　记者欧阳萍）

2007 年 5 月 6 日　《萍乡日报》头版头条

上下联动引项目　内外并举抓项目
神泉乡项目建设促大发展

在 7 月 28 日的萍乡市（珠三角）招商引资洽谈会上，来自广东省东莞市的客商和莲花县神泉乡正式签订了投资 5000 万元成立喜盈门有限公司的协议。迄今为止，该乡今年引进工业项目 6 个，农业项目 6 个，签约资金 2 亿元，实际到位资金 2700 万元。全乡项目建设的突飞猛进有力地促进了经济社会的发展，截至 6 月底，全乡财政总收入完成年任务的 54%，同比增长 42%。

今年以来，该乡改进工作方法，创新工作思路，狠抓项目建设。建立乡政府网络，把莲花县的招商信息以及本乡的工农业项目、旅游项目、资源性项目、待开发的项目制作成项目库及时公布在网上；组织人员走访慰问神泉籍在外创业知名人士，邀请他们参加座谈会，积极向他们询问发展良计，建在外创业人士信息库，构造情感交流平台，促使"雁归"经济在全乡得到了较大发展。该乡每个班子成员都安排了专门的工作经费，负责联系一个项目落户和挂点帮扶一个开工企业。同时充分发挥招商小分队作用，先后组织招商小分队走浙江、广东等沿海发达地区进行实地招商，开成上下联动抓项目，内外并举促项目的合力。2008 年以来，投资 400 万元的金丹桂生态开发有限公司、投资 500 万元的龙翔鞋面加工厂、投资 800 万元的莲花中盛毛织厂等一批发展前景好、带动力强的工农业项目分别落户在县工业园和神泉乡。

该乡还充分挖掘和激发已有开工项目的潜力，积极帮助他们改进技术和扩大规模，提高生产能力。实现效益最大化。鑫盛实业有限公司总投资800万元新环保烧结设备项目，已正式启用。金泰粮油食品有限公司总投资2700万元扩建一条米糠油生产线，正式投入生产，日产油115吨，日产值达12万元，企业效益得到大幅提高。同时，该乡还依托本地资源、传统种植区域优势，积极培育新项目。周屋冲发挥传统种植优势，通过股份合作形式，投资100多万元开辟了200亩果业基地，桃岭遵循山地优势和市场需求，投资200多万元建立了500亩油茶基地；楼梯磴依托绮丽山水，逐步投资3000万元重点开发旅游项目，打造集休闲、娱乐、观光于一体的风景旅游名区。齐头并进的工农业项目为该乡新增就业岗位800多个，年创税收可达100多万元，带动300余农户在家门口创业。（李帅　特约记者刘新龙）

2008年8月14日《萍乡日报》头版头条

附录：报刊偶记

一位村支书的民情笔记

——记神泉乡五洲村党支部书记周武珍

周武珍，莲花县神泉乡的一位村支部书记。自第三批深入学习实践科学发展观活动开展以来，周武珍每天随身带着一本笔记本，到村民家里串串门，与乡亲们聊聊家常，并将村民们反映的困难和问题记在笔记本上。两个月来，他走遍了全村 14 个村民小组，笔记本上的点滴积累汇聚成 2 万多字的民情日记，以此为工作基础，他与其他村干部一道全力解决相关问题。

11 月 24 日，在五洲村委会，记者第一次见到周武珍，便觉得这位憨厚朴实的汉子有点像一位歌手，周武珍却笑着说："我嗓子不好，唱歌不好听，只能与村民唠唠嗑。"在他的办公桌上，放着几本《科学发展观读本》和那本"学习实践科学发展观读书笔记本"。翻开笔记本只见从第三批学习实践科学发展观动员大会，到科学发展观的一些重要观点、重要论述，再到走访调研时村民反映的问题，解决办法，条理清楚，一目了然。周武珍笑着说："因为村里工作太多，太繁杂，用笔记本记录下来，每天翻开笔记本就能看有哪些事情需要去做。如果走访调研笔记没做好，说明民情了解得不够好，工作没到位。"

走访调研：踏遍 14 个村民小组

"五洲村有 89 名党员，2 名预备党员，13 名流动党员。全村共14 个村小组，651 户人家，3310 名村民，耕地 2099 亩 4 分，山场 4381.5

亩……"对这些数字周武珍早已烂熟于胸。用他的话说，村里每一个学龄前的孩子，他都能叫出他们父母的名字。即便如此，周武珍在走访调研中，还是一丝不苟，遍访了全村14个村小组，与村民面对面唠嗑、心贴心交流，了解村民遇到的困难。笔记本里，周武珍将村民反映的问题分为民生问题、"三冬"工作、村级事务中心工作、党的建设、村级经济发展、新农村建设等6个方面16个小项。

今年59岁的低保户刘仔发，自身肢体残疾，儿子智障，父子俩每月仅靠180元低保金支撑，居住的房屋破烂不堪，为全村危房之首。

"刘仔发是重点缺房户，要尽快为其申报危房改造项目。"9月13日，周武珍走访后在笔记本上记下，回到村委会便立即召集村两委班子讨论安排刘仔发到村里做点事，帮他解决一些生活上的困难。10月初，村委会安排刘仔发在村上负责森林防火，每月为他发300余元补贴，并将他从危房搬迁出来，暂时安排租住在村民家里，同时通过村委会向县、乡民政部门申报，将刘仔发的住房列入明年的危房改造项目。

"莲塘村自然小组：热点问题是衬砌沙坡圳道，五洲村林场租赁合同需搞清权属关系，棋盘山林场联营山场情况尽快落实到组。生活困难农户：周竹才、周聪才、周金昌、周伴成、尹云连、周大珍、周晔、周晓光；重点缺房户：周竹才、周聪才……"这些是周武珍笔记本上记录走访调查的部分内容。

对村民反映的问题，村两委承诺在学习实践活动期间要为村民办好三件实事，即改善困难户的生产生活；硬化两条村组干道，以圆满完成村组干道全部硬化、实现全村60%户户通水泥路的目标；衬砌三条约3000米的圳道，确保1000多亩农田用水安全。目前，在周武珍带领下，村两委经多方奔走和协商，联系安排了低保户朱忠年到乡镇集市担任保洁员，使其每月有700多元的收入；双云台、瑶口的两条村组干道的硬化全部竣工。

理论学习：摘写笔记 2 万余字

翻开周武珍的笔记本，第一页右上角工整地写着 2009 年 9 月 11 日，这是他在第三批学习实践活动中理论学习的开始时间。短短两个多月内，周武珍摘写了两万多字的学习笔记，记录着自己的学习心得以及对民情、村情的剖析。

第三批学习实践活动启动以来，周武珍发挥"带头人"作用，提出在学习文件精神和指定读本上下功夫、在提高思想认识上下功夫，围绕"三保一弘扬"目标确保在民生工程落实上下功夫、在为民办实事上下功夫、在知民情解民困抓整改促发展上下功夫，把学习实践活动要求与民情、村情紧密联系，认真落实每一个环节的目标任务，做到学理论不打折、搞调研不偷懒、抓问题不松劲。

平时，周武珍有一个习惯，不外出办事，就在村办公楼里坐班，使群众随时能找到自己办事。学习实践活动开展后，他坐班时又多了一件事，学习《毛泽东邓小平江泽民论科学发展》《科学发展观重要论述摘编》、十七届四中全会精神等有关科学发展的理论文章，并对一些重要观点、论述、涉农政策详细记录。

周武珍还先后建立完善了值班干部学习制度、会前理论学习半小时制度、远程教育学习日制度、农家书屋学习管理制度等，结合党员群众实际，不断改进党员学习教育的方式方法。同时，要求坐班的村干部，把统一发放的学习资料和撰写学习心得作为一项重要任务；对村里 13 名外出务工的党员，指定两委成员进行联络，要求他们主动参与当地党组织参加学习实践科学发展活动，并把相关学习资料送上门，让家属转交党员本人。对年老体弱的党员，安排专人上门送书送学。

"村官"历程：24 载无悔的选择

神泉乡五洲村为国家扶贫重点村，生于斯，长于斯的周武珍，目睹家乡的穷困现状，一心想要改变家乡面貌。1985 年，年仅 18 岁的周武珍从学校毕业后，就跨入了村委会的大门，从民兵连长、团支部书记、副主任、村主任，一直到村支书，一干就是24年。其间，1996年被聘任为乡企业服务站书记，但由于村上的工作成绩不理想，在乡里没干到一年，他又临危受命，再次担任村支部书记。

山区要发展，村民要致富，五洲村发展的道路该怎么样走？这深深牵动着周武珍的心。要致富，先修路，为实现组组通水泥路的目标，周武珍和村两委一班人，身先士卒，带领村民投工投劳，用4年时间，修建了投资近200万元，全长共9公里的水泥路。

五洲村境内有一个水库叫神泉湖，库区景致迷人，环境优雅，是个旅游休闲的胜地，对当地经济的发展有着巨大的潜力。可是，由于没有一条畅达的道路，使神泉湖一直处在深闺无人识。为了修通库区公路，周武珍顶着压力，耐心地做村民的工作，终于使一条6公里长、12米宽的公路通到了库区，不仅让神泉湖的旅游资源得到了开发，而且解决了500多名村民的行路难问题。

采访临近结束时，村里远处一间房屋附近正在冒烟，周武珍第一反应就是担心是不是村民家起火了，于是骑上车赶过去查看。村两委成员说，周武珍平日说得最多的就是："作为党员，一名村干部，要时刻关心群众冷暖，为村民办事是自己的责任，替村民把事办好，让村民满意是村干部工作最大的收获。"（梁永明）

2009年11月26日《萍乡日报》头版头条

附录：报刊偶记

打造"三大"平台　促进和谐发展
神泉乡齐奏项目建设凯歌

神泉乡以深入贯彻落实科学发展观为契机，通过打造工业发展平台、果业发展平台、招商引资发展平台，促进全乡经济社会各项事业又好又快发展。今年1至11月，全乡共完成财政总收入1120万元，占年任务的95%；一般预算收入692万元，占年任务的102.2%。

该乡举全乡之力主攻项目建设，结合乡情编制项目库，加强与上级有关部门的联系，争取一批项目落户，重点落实投资2000多万元的楼梯磴水库除险加固工程和投资1000多万元的小农水项目建设。同时，以招商引资为主抓手，努力在项目建设上求突破，将该乡的区位优势、服务环境、发展项目等情况，制作3000份邀请函，向沿海地区的企业发送，如今已有40多家企业表示投资意向。乡党政主要领导还带领乡招商小分队深入粤、浙、闽等沿海发达地区实地招商，并依托毗邻湖南的区位优势，积极对接长株潭，努力协作一批项目。在今年全市"招商引资百日大会战"中，该乡取得了突出成效，完成签约项目3个，签约资金达3亿元，签订意向性项目2个，投资2亿元的莲花仟度陶瓷项目和6000多万元的金刚钻工具厂项目成功落户县工业园，招商引资工作在年末阶段实现了强势推进。今年以来，该乡新上项目13个，其中农业项目5个，工业项目3个，三产项目5个，实现了一、二、三产项目齐头并进的良好发展势头。

该乡还依托传统果业，加大农业产业化项目的建设力度，先后建立了玄塘杨梅基地、珊田布朗李基地、棋盘山果业基地、太湾综合养殖场等8个规模较大的农业产业化项目,仅果业基地面积就达4000多亩,带动了1000余农户从事农业产业化建设,为农村发展增添了后劲。

  为打造招商引资发展平台,该乡积极配合抓好衡吉茶铁路的建设,全面完成了乡内段铁路和高速公路的征地工作。同时,不断优化发展环境,为每个落户项目派驻一名班子成员跟踪服务,全程参与建设,为企业提供优质服务。三联华塑胶有限公司和金泰粮油食品有限公司二期生产已步入正轨,可提供400余个就业岗位,年创税100余万元。

  (李帅 刘新龙)

2009年12月16日《萍乡日报》头版头条

工业增后劲　农业添活力
神泉乡工农互补促发展

神泉乡以深入贯彻落实科学发展观为契机,通过抓好工业和农业产业化项目建设,做好工农互补文章,促进全乡经济社会各项事业又好又快发展。今年1至9月,全乡共完成财政总收入1320万元,占年任务的81.4%,同比增长49%。

近年来,该乡通过建立乡政府网络,把莲花县的招商信息以及本乡的工农业项目、旅游项目、资源性项目和待开发的项目制作成项目库及时公布在网上,并先后组织招商小分队赴浙江、广东等沿海发达地区进行实地招商,形成上下联动抓项目、内外并举促项目的合力,着力打造招商引资发展平台。同时,该乡不断优化发展环境,为企业提供优质服务。通过将去年以来新引入的金泰粮油、仟度陶瓷、喜盈门、三联华塑胶4个超千万元的项目做大做强,发展其下游配套企业,仟度陶瓷的配套企业纸箱厂和花纸厂、喜盈门的第二条不锈钢生产线等相继筹建,既延伸了产业链,又增添了发展后劲。今年1至8月,该乡开工项目7个,意向协议项目7个,完成内资4090万元,占年任务的65.1%,外资209万美元,占年任务的80.8%,出口创汇240万美元,占年任务的85.7%。

同时,该乡还依托本地资源、传统种植和区域优势,按照"一村一品"的发展思路,积极培育新项目,着力发展现代农业项目。近年来,该乡通过采取建立健全考核和监督机制,进一步加大科技推广力度;加强对农业产业化的技术培训,逐步建立乡、村、园、户四级农业产业化技术推广网络；配备好农业技术员，切实保障每村都有专业人员提供技术支持；进一步加大政策和资金扶持力度等一系列有效措施。如今，该乡建立了玄塘杨梅基地、珊田布朗李基地、棋盘山果业基地、太湾综合养殖场等10多个规模较大的农业产业化项目，果业基地面积达5000多亩，仅此一项就带动了1000余农户从事农业产业化建设，全乡人均增收达120余元。（李帅　刘新龙）

2010年11月17日　《萍乡日报》头版头条

建好队伍　　打好基础
莲花县提升基层医疗服务水平

7月2日,莲花县召开全县卫生和计划生育工作会议,表彰了一批先进个人,六市乡卫生院医师彭铁梅、闪石乡卫生院护士陈兰、南岭乡卫生院护士杨梅华等20位战斗在基层一线的医务人员受到了表彰。这是莲花县致力提升基层医疗水平,努力为群众提供优质、高效、便捷的医疗卫生服务的一个缩影。

为加强基层医务人员队伍建设,该县努力提高医务人员的整体医疗服务水平,组织医务人员参加执业、职称考试,做好卫生专业技术人员技术职务任职资格评审认定。根据上级文件要求,开展机构编制核查和"吃空饷"整治,运用学历教育、远程教育、继续教育等多种形式加强在职人员的培养,有效促进了卫生事业健康快速发展。

为进一步改善就医环境,给患者提供更优质的服务,该县还积极争取上级资金,加快乡镇卫生院扩建,改善医务人员住房和村级卫生室用房条件。目前总投资1000万元的县疾控中心、卫生监督所和琴亭卫生院新建项目已开工建设;升坊卫生院综合楼已建设第二层,南岭、坊楼、良坊、六市、三板桥卫生院医技楼均已开工建设;争取上级项目资金140万元,用于改善乡镇卫生院医务人员住房和18个村级卫生室用房条件。(记者　钱婕)

2015年7月4日《萍乡日报》头版

推进医院改革 完善医保体系
健康莲花大步走来

5月21日,莲花县人民医院候诊室里一个来自南岭乡四桂村的患者对手上的一本叫《健康莲花在行动——居民健康服务指南》的小册子啧啧称赞:"有了这本小册子,就诊方便多了。"这是莲花县卫计委提升服务能力建设的举措之一。2015年以来,该县卫计委全力抓好深化医改、计划生育、服务能力建设和卫生计生民生工程四大重点,统筹做好其他各项工作,着力提高人民健康水平,促进人口长期均衡发展,取得较好成绩。该县先后获得2015年度全省流动人口计划生育服务管理先进县、全省计划生育社会关怀工作示范县、全市社会抚养费征收管理工作先进县等荣誉称号,并获得省公立医院改革排名第九的好成绩。

该县卫计委积极稳妥推进公立医院改革。制定出台了《县级公立医院综合改革实施方案》,并通过发放资料、电视台滚动播放等宣传形式,提高群众对改革内容的知晓率和参与度。2015年11月1日零时,该县正式启动县级公立医院综合改革,实行了药品零差率销售,调整了医保支付方案。医改后,县级公立医院就诊人次上升19.2%,患者的就诊费用下降8%,患者满意度大幅提升,实现零投诉。

该县卫计委不断完善全民医保体系,推进卫生计生民生工程建设。提高新型农村合作医疗补助标准,将财政年人均补助标准提高至380元,参合率近100%,基金使用率达85%,住院一次性报账率达到93%。303位患者享受了新农合大病保险补偿,补偿资金达二百余万元。2016

年，该县在财政特别困难的情况下，投入200万元用于自主提高医药报销比例。并在全市率先加强医疗责任险统保工作，全县2个县直医疗单位、13个乡镇卫生院、136个村卫生室参加了统保，共投保43.35万元。积极开展人口健康文化村建设，投入100余万元资金建设18个人口健康文化示范村。大力宣传解读《江西省人口与计划生育条例》（新条例）和两孩政策，全力推进网上办证。

该县卫计委注重卫生计生基础设施建设，提升卫生计生服务能力。完成县人民医院标准化建设，达到了二级甲等医院科室设置和技术项目要求，筹建县中医院；13个乡镇卫生院设立中医科、中药房，良坊中心卫生院、琴亭卫生院集中设置了中医药综合服务区，配备并使用中医诊疗设备；加快村级卫生室建设，已建成78个公有产权村卫生室；历时8个月，在全省率先编纂《健康莲花在行动——居民健康服务指南》，每户一册，共发放7万余册，开设了"健康莲花"微信平台，为群众提供最新医改政策以及卫计为民服务项目指南。采用"请进来、走出去"的办法，将大医院专家请进来，结成长期化卫生帮扶对子，做好对口支援工作，提高农村医疗卫生服务体系的整体效率，逐步形成基层首诊、双向转诊、急慢分治、上下联动格局。（记者　刘婧）

2016年5月23日《萍乡日报》头版头条

贫困户医疗费报销比例达 90%

莲花构筑"4+1"保障线

　　为有效破解贫困群众看病难问题，今年莲花县推出"4+1"五道保障线举措，在全省统一规定的"四道保障线"即基本医疗保险、大病保险、重大疾病商业补充保险、民政医疗求助的基础上，设立第五道保障线即政府兜底保障基金，按医疗总费用报销比例 90% 以上的标准，为建档立卡贫困人员就医兜底。

　　为让贫困群众"病有所医"，并最大限度减少因病致贫、返贫人口，今年莲花县本着保基本、兜底线、可持续的原则，陆续出台降低大病保险报销起付线、提高城乡居民大病保险补偿比例及门诊大病补偿标准、建立重大疾病商业补充保险制度及设立政府兜底保障基金等举措，助推全县健康扶贫工程。据了解，当前全县建档立卡贫困人口有 38507 人，其中 4975 人次获得就医补偿，补助金额达 1221 万元，患大病的贫困户 58 人次，通过"五道保障线"获得报销补偿达 1438 万元。

　　据介绍，今年以来，该县财政出资近 1000 万元，先后为全县建档立卡贫困人口购买了重大疾病商业补充保险和城乡居民基本医疗保险，取消了在县、乡级定点医疗机构住院补偿起付线；大幅降低大病保险报销起付线，即由去年的 1.67 万元下降至 8350 元，并将常见的高血压、糖尿病、支气管哮喘等慢性病补偿比例与住院补偿一致，年底封顶线由 3000 元提高到 5000 元；对建档立卡贫困人口患肺癌、食道癌等 15 种重大疾病，实行按病种定额救治。（童梦宁）

2017 年 8 月 12 日《江西日报》A 版
2017 年 9 月 15 日《中国人口报》2 版

一次成功的学习借鉴

——莲花县成功引入"联慈医疗扶贫"模式

老少边穷地区如何解决群众"看病贵、看病难"问题？江西省莲花县通过学习借鉴外地经验，结合本县具体实际，创造性予以提高改进，在江西率先成功启动"联慈医疗扶贫"模式，起到了当地群众受益、卫生院所受惠，各级部门满意的效果。

"联慈医疗扶贫"是中国扶贫开发协会产业扶贫委员会联合国内十六家爱心企业开展的一项医疗扶助活动，其主要做法是，优惠向全国老少边穷地区基层医疗机构提供先进医疗器械，免费提供医疗技术培训，帮助国家级贫困县建立起一套及时、有效、优惠的医疗卫生服务网，解决老少边穷群众看病难、看病贵的难题，切实减轻老百姓的就医负担。

其中主要做法是：在全国范围内26个国家级贫困县，作为联慈医疗扶贫工程医疗精准扶贫示范县。扶助内容为免费捐赠1.1亿元的彩超设备，援助价值91850万元的医疗设备以及信息化系统设备，免费捐赠总计价值2860万元的雾化中心，并以优惠价格提供先进实用的医疗检测、治疗设备，免费提供相关医疗技术培训。

莲花县卫生计生委有关人员在参加全国联慈医疗扶贫工作启动会议上，获悉联慈项目内容，并认真听取了会议上云南省广南县的经验介绍，认为比较切合莲花县实际，是一个多快好省提升莲花县医疗技术水平的捷径，会议后立即向县委县政府做了详细的汇报。

莲花县委县政府予以了高度重视，大胆抓住机遇，谨慎跟进，采

取摸着石头过河方式,制定了一个"三步走"的实施计划,其主要做法有:

一是摸清情况,不盲目跟进。因项目涉及资金量比较大,设备采购比较多,为慎重起见,由副县长童道雄率4人学习考察组,赴云南省广南县实地考察联慈医疗扶贫工程的成功经验和做法,拿到第一手资料。

广南县是集"老、少、边、山、穷"五位一体的国家级贫困县,与莲花县基本情况相似。该县通过联慈医疗扶贫工程援助,成功引进大批医疗设备,较短时间改善了该县卫生计生系统特别是乡(镇)卫生院服务条件和服务能力,有效缓解了群众"看病难"的问题。广南县自2013年以来共接收联慈医疗扶贫设备市场价值17069.56万元,县配套资金5950万元,迅速改变了乡、镇一级医疗设备严重缺乏的现状,解决了乡镇群众看病难、看病贵的问题。

云南考察归来,莲花县做出决断,积极主动参与联慈活动项目,通过争取,成为全国联慈医疗扶贫26个示范县之一。

二是谨慎初战,认真抓好试点工作。为了在莲花全县全面铺开联慈模式,即使耳闻目睹了云南的成功典范,也不一哄而上,而是认真选择试点单位,先小范围试行。莲花县召开了13个乡镇卫生院和县直医疗机构负责人会议,充分征求大家意见,并选择了路口卫生院、荷塘卫生院先行开展了试点工作,在试点单位取得成功后,再扩大范围,分步实施。

三是组织严密,责任到人。对莲花这样一个贫困县而言,即使是推行联慈医疗扶贫也是负担不小的工程,容不得半点疏忽和失误。

莲花县参照云南省广南县做法,成立由县委书记任组长,县长任常务副组长,县卫计委、县财政局、县扶贫办、县发改委、县公共政务局、县人社局、县医保局、县民政局为成员的联慈医疗扶贫工程推进领导小组,统一组织实施全县医疗扶贫工作,协调医疗扶贫工作事项，领导小组下设联慈扶贫工程项目办，由县卫计委安排分管领导，具体工作人员专人负责此项工作。同时，为做好医疗设备精准帮扶工作，县卫计委设置有具体股室（项目规划管理股）进行承办。项目规划管理股在充分调查和了解各医疗卫生单位设备需求的基础上，与省医疗扶贫基金会开展设备帮扶具体前期对接事项，力争按照各医疗卫生单位的需求配套符合当地实际品牌（参数）的医疗设备。并由江西老促会和中国扶贫开发协会联慈医疗扶贫负责人牵头，与有关厂家双方签订了扶贫帮扶协议。

经过半年来的项目推进，县财政配套资金257.4万元，为各乡镇卫生院购置医疗设备共计51台（套、件），获得捐赠市值1448.3万元医疗设备，其中免费捐赠县中心100万元笔记本G1四维彩超，免费为县妇幼保健院建设价值60万元雾化中心，免费为良坊中心卫生院捐赠的价值70万元DR，目前捐赠的设备已全部到位。联慈医疗扶贫工程还为莲花县免费举办了恩普G71采超使用培训班，并专门安排人员逐院上门技术指导。

大批医疗设备的投入，迅速改善了莲花乡（镇）卫生院服务条件和服务能力，人民群众看病就医更加便捷，公共卫生服务更加完善。根据半年来的使用，基层普遍反映联慈医疗扶贫捐赠的医疗设备价格合理，运行良好，服务有保障。目前莲花县正在规模采购第二批医疗设备，加快联慈医疗扶贫进度，力争用二年时间，全面提升莲花县医疗卫生水平，从医疗卫生方面从医疗卫生方面，帮助莲花甩掉贫困县帽子。

莲花县推行联慈医疗扶贫项目以来，当地人民群众、当地计生委系统以及有关厂家实现了"三赢"。

首先是莲花县人民群众受益。国家多年来推行的"保基本、强基础、建机制"医改目标，以及分级诊疗、家庭医生签约的医改有望在莲花县得到实现，这对莲花这样一个居住人口分散、道路崎岖的国家级贫困县，其医疗价值无法估量。广大莲花农村患者可以不出村镇，就可以得到先进科学的诊治和医疗，大大减轻了医疗负担，换句话说，也减轻了大中城市医疗部门的负担；二是卫计委有关负责人得到安宁与平安，为医疗机构负责人因设备采购避免了廉政风险。医疗卫生最大的风险点之一就是药品、医疗器械、耗材的招标采购。基层医疗机构有关人员因药品、医疗器械、耗材的招标采购备受困扰，经常接到莫名其妙的电话骚扰，经常会有不认识的医疗器械经销商慕名来找，经常会有领导或上级部门人员牵线搭桥，让你答应不是，不答应也不是，左右为难。据了解，医疗卫生机构有关人员因药品、耗材的采购被纪检部门查处的屡见不鲜，因此"倒下"的比例最高。上午的公开招标大都是走过场，即使招标了，程序没有错，但价格虚高、质量不好等问题，也招来非议而影响工作。

而"联慈医疗扶贫模式"是由中国扶贫开发协会产业扶贫委员会、江西老促会牵头，县委县政府把关，确保了购进的医疗器材价廉物美，还避免了腐败风险。实际上也减轻了基层医疗部门人员的负担与风险。

联慈医疗扶贫工程项目符合国家卫计委倡导的药品器械采购"两票制"政策，产品直接从厂家通过中国扶贫开发协会和各省老区促进会这个桥梁到医院，产品质量好、价格低、服务好，深受基层医院的喜欢。"联慈医疗扶贫"捐赠的医疗设备价格合理、运行良好，服务有保障，是真正体现了扶贫宗旨。

三是受到医疗器材生产厂家的欢迎。尽管国内厂家的生产技术水准、制作质量都达到和超过国外同类产品，但受崇洋媚外思想影响，再加上外国厂家提供的出国考察指标，使民族医疗产品受到不平等待遇。

由于扶贫项目产品可以享受抵冲国税或减免税费的待遇，还能向革命老区人民表示爱心，对厂家也是名利双收的好事，所以厂家也积极参与。

作者：张丰队 《江西老区》责任编辑

《江西老区》2017年第3期

为贫困户撑起"健康保护伞"

——莲花县为3万余名建档立卡贫困人员签约家庭医生 可享受健康体检 疾病咨询 上门随访等一系列服务

幸福的家庭家家相似，不幸的家庭各不相同。对莲花县38697名建档立卡贫困人员来说，虽然致贫原因不尽相同，但近期该县政府在扎实推进家庭医生签约服务工作中，为他们全部签约了家庭医生，享受由家庭医生提供的健康体检、疾病咨询、上门随访、转诊治疗等一系列服务，为他们撑起"健康保护伞"。

近日，记者随行该县六市乡西坑村村医罗付林上门为贫困户体检，深深感受到乡村医生在健康扶贫工作中的努力与奉献。

上门为贫困村民完成体检

此行上门体检的服务对象是六市乡西坑村六组的建档立卡贫困户杨友建，他和老伴袁年娥均已年过七旬。十几年前，他们唯一的儿子因病早逝，儿媳改嫁，留下一对年幼的孙子孙女由二老抚养，一家老少四口被政府列入了建档立卡贫困户。多年来，这个家庭一直是当地政府重点帮扶对象。罗付林带着健康一体机为杨友建完成了体温、血压、血脂、血糖及尿检、心电图等常规健康检查项目，结果显示其状况正常。但罗付林仍不厌其烦地嘱咐两位老人要多注意日常保养，确保他们有个健康的身体照料孙子孙女长大成人。

据了解，杨友建早年患有腿脚疾病，行走不便，家中农活主要由老伴袁年娥完成。而老伴2016年在山上采摘茶子，不慎摔跤而导致脑溢血。所幸罗付林和乡卫生院医生及时赶到，并联系县医院将其送往萍乡市人民医院抢救，才避免了悲剧发生。如今袁年娥的病情已痊愈，在当地政府的扶持下，她的近6万元医疗费报销了95%。面对记者的采访，袁年娥喜极而泣。她说，当时患脑溢血时，如果不是村里和乡里的医生及时救助，她早已瘫痪在床，孙子、孙女的学习和生活都将成为一大难题。医生不仅挽救了她的生命，更是挽救了她全家的命运。

杨友建夫妇及西坑村多名贫困村民表示，其实在县里家庭医生签约服务工作之前，罗付林已在履行家庭医生的职责，即使三更半夜村民遇突发病情，只需一个电话，罗付林就会背着药箱，打着手电筒上门服务。如今家庭医生的签约，让广大贫困户人手一本健康扶贫一本通手册（今家庭医生服务卡），并额外获得一份量身定做的健康档案，为今后治疗提供精确依据，如同撑起一把"健康保护伞"，心里感到踏实、幸福。

多项举措破解难题

罗付林今年60岁，系西坑村土生土长的村民，也是村里唯一的村医，从事村医已40余年。该村有1000余人，其中建档立卡贫困人口52人，他一人需承担全村贫困户、慢性病患者、65岁及以上老人、孕妇、儿童等村民的公共卫生服务工作，还要兼顾日常坐诊，工作强度非常大。不少村组分散在偏僻深山中，他常常要起早摸黑走进深山为村民治病。他一直希望能有个年轻的村医做帮手，共同为基层卫生事业服务。

莲花县六市乡卫生院院长刘春表示，该乡有8个行政村，目前配有10名村医，其中6名年龄超过60岁，他们还面临劳动强度大，且计算机操作技能受限等困惑。为解决这些难题，在县委县政府的大力支持下，今年8个村卫生所全部建有新的专用诊疗场所，并配备了健康一体机，大大简化了诊疗操作环节。此外，就每季、每月针对特殊人群及贫困户开展的健康体检工作,乡卫生院常态化派医务人员下村共同完成,并指导、培训村医提升计算机操作技能。

目前,莲花县家庭医生签约服务团队成员基本上以贫困户所在的乡村(社区)卫生所医生为主。根据该县家庭医生签约服务工作要求,乡镇卫生院配合村卫生所,对建档立卡贫困户须每月开展一次健康体检工作,对于出行不便的贫困户,则上门完成体检。凡贫困户在日常生活中有医疗需求,家庭医生有求必应。据了解,莲花县现有乡村医生177名,其中60岁以上占51人,50~59岁占29人,在岗村医老龄化现象较为突出,其健康管理、营养咨询、心理服务等相关知识、技能较欠缺,为辖区居民实行全面、连续、及时且个性化的医疗保健服务效率还不高。

莲花县卫计委主任刘晓林介绍,目前县政府每年给予每名村医1万余元公共卫生经费补助。为稳定优化乡村医生队伍,从2016年开始,该县实施乡村医生定向培养计划,今年已定向招了22名年轻的乡村医生。此外,还将加大对乡村医生业务培训力度,每年至少集中举办一期乡村医生培训班,增加"健康保护伞"的支撑力,让贫困户及乡村居民足不出户就得到令人满意、放心的健康指导或治疗。(童梦宁)

2017年10月22日《江西日报》B3版

莲花县再推扶贫新举措　所有医疗机构都被设为定点
建档立卡贫困户可"先诊疗后付费"

莲花县神泉乡段坊村女孩周丽萍虽已出嫁，但始终牵挂身患重病的父亲。多年来她外出打工的收入大部分用于父亲治病，手头没啥积蓄。11月初，父亲重病复发，她筹了2万元，心急如焚地将其送往县人民医院。

令周丽萍奇怪的是，她为父亲办理入院时，医院并未收取费用，仅根据父亲的信息，便将其收治。之后她才清楚，莲花县为建档立卡贫困户推出"先诊疗后付费"的新举措，再次减轻了贫困户家庭的压力。她父亲经过8天治疗，出院结算时她仅支付了250余元费用。

不用先缴费　可入院治病

近日，记者在莲花县人民医院采访时了解到，周丽萍的父亲周开宝今年54岁，十多年前患上类风湿性关节炎，多年来全家为其治病已背上了十几万元债务。他不仅失去了基本劳动力，连站立行走都十分困难。近几年，自政府出台建档立卡贫困户报销95%医疗费政策及相关求助政策后，他家的债务压力已大大减轻。

周丽萍告诉记者，父亲需常年服药，严重时还得入院治疗。以前每逢父亲入院，她要先到处借钱，筹足医疗费后再入院求医。待父亲出院后，她再跑到乡镇及医保等多个部门报销医疗费，再逐一还款。

谈起此次借款派不上用场，她情不自禁地流下了眼泪。父亲常年患病，她总向亲朋好友借钱，压力非常大，如今父亲就医再也不用她四处借钱,使她和家人对生活充满了信心。据她介绍,父亲周开宝入院治疗了8天,总费用近5000元,出院结账时,仅支付了250余元。

地方政府将加大新政宣传

记者在莲花县人民医院"医保即时结报"服务窗口看到一条显著的红色宣传语:健康扶贫建档立卡贫困户实行先诊疗后付费,贫困对象凭户口本、身份证、脱贫登记证、医保卡等证件进行诊疗。

县卫计委副主任、该院院长王璟向记者介绍,"先诊疗后付费"的新举措才刚实施不到2个月,医院张贴此标语,就是怕有些贫困户不太清楚新政,且未咨询乡镇卫生院或对结帮扶干部,就急匆匆揣着借款赶来就医。

莲花县卫计委主任刘晓林向记者介绍,9月下旬,该县正式实施"先诊疗后付费"一站式结算服务制度,县域内所有医疗机构即县人民医院、县妇幼保健院及全县19个乡镇卫生院等,都被设为定点医疗机构,针对建档立卡贫困人口住院,不收取其入院预付金,先进行诊疗,之后再按要求结算费用。近两个月,已为贫困户就医治疗成功结算1537人次,其中基本医保379.1万元,大病保险支付起付线28.6万元,大病保险27.4万元,商业补充保险44.1万元,民政救助34.4万元,健康扶贫政府托底基金50.4万元。

此外,患者经"五道保障线"报销率达到95.7%,大大减轻了贫困人口的医疗费用负担,有效解决了患者因病致贫、因病返贫的现象。

(童梦宁)

2017年11月22日《江西日报》C3版

工业担纲，筑起跨越发展脊梁

——莲花县工业经济高质量发展纪实

2019年度全省工业高质量发展考核排名大幅提升，跃升至63位；2020年工业经济营业收入增幅全省第21位（1至6月），工业利润增幅全省第6，翻开莲花发展的历史画卷，莲花县工业实现了从无到有、从弱到强、从强到优的重大跨越。

近年来，在县委、县政府的坚强领导下，莲花县坚持实施"工业强县"战略不动摇，将推进"新兴产业集群化""传统产业信息化""生产性服务业数字化"作为"主引擎"，把工业园区作为"主战场"，力克县域工业基础较差、交通成本较高、招商引资较难等突出问题，逐渐实现全县工业经济总量扩张、质量提升、结构优化、产业链延伸的预期目标。莲花工业犹如一匹腾飞的骏马，向"全国空压机产业集群基地""国内知名新材料产业园"的奋斗目标昂首迈进！

抓龙头，助推产业集群发展

"世界空压机在中国，中国空压机在莲花"。在"年年有变化、三年大变样、五年新跨越"的征程中，莲花县携手空压机产业龙头企业——江西红海力能源科技有限公司，在县工业园打造出全国唯一的空压机产业群，吸引莱利电气、卡帕气体、陛快管道等20多家空压机上下游配套企业聚势而起。国内客户一说空压机必说莲花，所有出厂的产品都标注"Made in Lianhua"；曾经的口号已逐渐成为现实。

在"工业强县"这盘大棋中,莲花县始终坚持"龙头引领,集群发展"的总思路,深入实施以装备制造(空压机)为主导,电子信息、新材料、医药食品等新兴产业为重要组成部分的"1+3+N"产业高质量发展行动计划,并通过构建、完善、延伸产业链条,加快推动产业链转型升级;涌现出华莲欣科技、丝路科技、全康电子、塔罗亚电子、特瑞虹照明、鑫彩晨科技(电子信息产业)、有泽新材料、永特集团、宏科特材、昊泰冶金、科嵘合金、宝海微元(新材料产业)、大地制药(医药食品产业)等一批重点企业,为县域经济高质量跨越式发展提供坚实支撑。目前该县共有空压机产业企业22家,电子信息产业企业18家,新材料产业企业15家,园区首位产业集聚度达64.5%;逐渐形成以红海力新能源、风石空压机为龙头企业的空压机优势产业集群和以4个"5020"(国家级开发区每年至少引进一个投资超50亿元的项目,省级开发区每年至少引进一个投资超20亿元的项目)高端电子生产项目的为主的电子信息产业集群;其中莲花空压机产业还被列为省级重点产业集群。

在传统产业方面,莲花县充分利用先进适用技术和信息技术,进行改造提升,推动建材、制鞋等传统优势产业链从前端向后端、低端向中高端延伸转变,促进产品技术、工艺装备、能效环保等水平全面提升;形成以昌盛水泥为代表,由单一水泥生产向水泥制品生产转变的绿色发展之路和以赛狮实业、东鹏鞋业和森鸿鞋业等企业为主导,集制鞋业研发设计、物流配送、融资服务等配套行业于一体的赣西现代制鞋产业基地,逐步实现传统产业转型升级。

筑凤巢,引得八方项目来栖

"2月签约,4月动工,8月全面投产运营,完成千万订单……"在2020年疫情的巨大压力面前,普凌科技高端智能制造产业园用"莲花速度",上演了一出"逆势上扬"的惊天大戏。而同样事情在凯睿科技、红海力能源科技有限公司等重点项目上也重复上演。据统计，截至今年9月，该县工业增值税入库金额1.32亿元，累计同比增长3.48%，高于全市平均水平27.9%；工业投资同比增长16.1%，比全市平均水平高8.2个百分点，全市增幅排名第2；其中14家装备制造企业实现逆势上扬，创造工业产值7.39亿元，同期增长18.13%。

作为县域经济发展的"主战场"工业园区是促进产业专业化、集群化、集约发展的重要载体。近年来，莲花县大力加强工业园区建设，在基础设施上加大投入，不断提升园区承载能力，为入驻企业提供更加完善的配套基础设施。截至今年9月，园区预计完成基础设施投入2.87亿元，同比增长8.85%；吸纳就业人员5600余人。该县还紧紧围绕"签约项目抓开工，在建企业抓投产，投产企业抓扩规"的思路，进一步落实项目领导牵头负责制，明确项目施工时序、竣工时限，确保每个项目有计划、有步骤地快速推进；工业主管部门及园区管委会对项目逐个进行帮扶，深入项目现场，及时解决企业落地前、建设中存在的难题。全力"两化融合"，完成全县规上企业上云40家，覆盖面达82%，提前一年达到市级主管部门要求。全县5G基站建设稳步推进，89个网络布点已完成71个，预计年底实现城区5G网络全覆盖；明年上半年完成工业园区和部分乡镇的5G网络覆盖。

"栽好梧桐树，引得凤凰来。"过去数月，莲花县工业园共完成新签约项目34个，总金额达206.03亿元；其中亿元以上项目18个，"5020"项目4个，分别为投资37亿元的普凌科技智能产业园、25亿元的全康电子小米生态链、20亿元的有泽5G新材料项目和20亿元的赛纳威智慧旅居项目。

重服务，争当民营企业"娘家人"

"县域工业基础差、交通运输成本高、招商工作进展难，骨干精英留不住……"要让工业担纲，一道道难题摆在眼前。

"没有条件，我们就创造条件。"面对困难，莲花全县上下一条心——以当好民营企业"娘家人"为初心，打出"放管服"改革组合拳，不断优化投资发展环境，推动全县工业经济稳步增长：

营造良好营商环境。 该县率先成立营商办，强化县级领导挂点帮扶机制，帮助企业协调解决难题151个；为帮助企业复工复产，该县工信局狠抓企业疫情物资保障，协调购置防护口罩约18万个，体温枪700支，消毒液50箱，全力助推企业复工复产。实施负面清单管理，以"非禁即入"的工作思路，消除民间资本依法进入相关重点领域的各种隐性壁垒；简化项目审批办理流程，做到"立到立审，速办速决，快通快过"；营商环境排名全省前列。

切实降低企业成本。 该县持续深入开展降成本优环境专项行动，全面落实"省152条""市91条""县27条""应对新冠疫情影响支持中小企业纾困的十条措施"等已出台的各项降成本优环境政策措施，着力帮助企业减轻负担，增强盈利能力。全面落实生产节能措施，鼓励用电大户参与电力市场化直接交易，大力提高电力直接交易比例；根据国家统一部署适时适度降低社保费率、人工成本，并按照规定对困难企业给予延期缴费支持。

加大财政扶持力度。 每年安排产业专项奖励资金，对工业企业在纳税大户、两化融合、专精特新、自主创新、品牌建设、企业入规等方面取得成果进行奖励。加大政府产业基金、科技成果转化基金对制造业项目和重大技术攻关、重大应用项目的支持力度。

强化金融支持保障。 该县设立工业发展基金，积极探索与基金投资有限公司、股权投资管理有限公司合作新模式，做大做强主导产业。鼓励银行按规定开展"投贷联动"试点和供应链融资，协助园区52家企业申报县"财园信贷通""财富贷"资金2.0236亿元，有效缓解中小企业融资难题。

工业兴则百业兴，工业强则百姓富。在"工业强县"的大道上，莲花县将继续加快传统产业优化升级步伐，实施新兴产业倍增计划，不断做大做强工业经济，让其成为县域经济发展的主担纲，筑起莲花县经济高质量发展的脊梁。

2020 年 11 月 2 日《萍乡日报》2 版

莲花县:"空压机之都"的打造实践与探索

近年来,地处全省区域发展边缘的莲花县始终坚持以新发展理念为引领,大力培育战略性新兴产业,重点打造空压机产业集群,朝着"世界空压机看中国,中国空压机看莲花"的宏伟目标一步步迈进。

一、空压机产业的源起

因 20 世纪八九十年代,莲花是全国一百个煤炭县之一,一百个林业县之一,境内拥有众多的煤矿、铁矿、石灰石精粉厂、水泥厂,全县财政收入 80% 以上来自资源型工业企业。随着国家宏观政策调整,环境保护、关井压产、资源枯竭等因素的影响,这些资源型企业基本退出了县域经济舞台,全县工业产业面临转型升级的挑战。

2016 年以来,莲花县委、县政府始终坚持以新发展理念为引领,大力培育战略性新兴产业,将目光重点放在打造空压机产业集群上。经过三年的努力,共引进空压机产业集群项目 26 个,总投资达 82.8 亿元,使莲花"智造"空压机成为莲花走向世界的新名片。

二、发展势头良好产业规模不断提升

坚持六个注重发展。一是注重政策支持。出台了关于《加快推进空压机产业集群发展实施意见》,县财政出资 5 亿元产业引导基金支持空压机行业发展。二是注重规划引领。2019 年 12 月,聘请省内专业机构编制了《莲花县空压机产业集群发展规划》。共腾出 5000 亩土地作为空压机产业集群园区。三是注重园区定位。向省工信厅申请将莲花工业园规划定位为"空压机产业集群园区"。2019年省里明确莲花工业园定位为"空压机产业集群园区"。四是注重平台建设。投资3200万元在园区建设空压机产业服务中心和国内第一个空压机博物馆，成立了江西省空压机技术研究中心。五是注重校企合作。与西安交通大学共建"空压机高端研究院"，在莲花中专开设两个"压缩机专业"特色教学班，为空压机企业每年培养输送100全名专业技术人才。六是注重协会牵引。在园区成立"江西省空气压缩机行业协会"，每年召开一次全省空压机行业协会例会，共商空压机行业发展大计。

空压机产业规模实力不断提升。空压机产业作为该县工业主导产业，从无到有，经过三年多的发展，空压机产业规模占全县工业比重呈逐年上升趋势，发展势头良好。

目前，莲花县空压机产业集群项目共有维特压缩机、风石压缩机、卡帕气体技术、陞快管道、莱利电气、艾威尔压缩机、智奇压缩机等项目26个，总投资82.8亿元，其中已投产21个，在建3个，待营业2个。产业集群初具规模，发展后劲持续增强，尤其是维特压缩机公司打破国外垄断、自主研发的国内首台双螺杆无油主机受到了业内高度关注。

全县空压机产业企业占园区规上工业企业总数的17%，占规上工业企业总数的14.03%，其中规上工业企业8家，分别是：江西风石压缩机有限公司、江西卡帕气体有限公司、江西智奇压缩机有限公司、江西艾威尔压缩机有限公司、江西艾维斯机械有限公司、江西莱利电气有限公司、江西省陞快管道科技有限公司、江西莲雄实业有限公司。2020年空压机重点企业完成工业总产值5.3亿元，同比增长82.1%；营业收入5.02亿元，同比增长101.5%；纳税总额722万元，同比增长97.5%；从业人员693人，同比增长85.2%。

2021年1—4月重点空压机产业工业总产值17230万元，同比增长57.38%；营业收入15265万元，同比增长75.34%；纳税总额160.5万元,同比增长909.43%,目前产业从业人员708余人,同比增长20.82%。

三、发挥特色产业　从量到质不断优化

（一）"从无到有"需要战略眼光。坚持观大势、谋大局、抓大事,善于从战略的高度思考研究问题,保持战略定力、紧扣战略目标、抓好战略执行,实现纲举目张。加快产业转型升级,推动县域经济发展质量和效益不断提升,必须始终坚持新发展理念,抓好产业转移承接。要根据本地资源特点,结合发达地区产业转移,瞄准有技术含量、就业容量、环境质量的节能环保产业,确立本地主导产业、特色优势产业,并积极开展产业链招商,实现"从无到有"。

（二）"从有到优"需要政策支持。政府在产业集群发展过程中,要为企业提供优质服务,在土地优惠、税收减免、融资贷款等方面制定政策引导企业发展经济,敏锐发现国内外市场的变化,主动做出超前的应对安排,在正确引导产业上"到位",在合理配置资源上"有为";在营造产业环境上"到位",在推动企业技术创新上"有为";在导入企业文化上"到位",在城市品牌塑造上"有为"。同时,地方政府在进行产业集群规划时,一定要抓住产业集群发展中的关键问题,有的放矢地制定政策措施,创造环境,放活企业,为产业集群的发展释放活力,促进产业升级,并逐步培育产业群体延伸产业链条,提升产业发展水平,成为区域经济发展的支柱。

（三）"从量到质"需要技术引领。产业集群规划是一项错综复杂的系统工程,因此要实现地方政府、企业和专家"外脑"的良性互动,并且三方要扮演好各自的角色,实现优势互补、合作共赢。要积极搭建产学研平台,鼓励企业与科研院校加强交流合作,推进产业领域公共服务平台建设,建立技术转移孵化中心,促进成果转化。完善柔性人才引进机制。加强创新能力建设,鼓励企业加大研发投入,支持企业创新发展,鼓励企业打造各类科创平台,不断提升产业链核心竞争力。

四、奋力开拓前进　为实现目标不断努力

到 2025 年，全县空压机产业工业总产值力争实现 100 亿，让莲花成为名副其实的"空压机之都"，重点在以下几个方面加力。

一是加速项目推进。围绕空压机制造特色领域，积极对接中国空压机 100 强等行业领军企业，加大招商引资力度，加强"5020"项目引培，提升产业整体层次，大力引进上下游配套项目，加快项目落地、建设、投产，尽快发挥效益。积极推进一批空压机重大项目建设，壮大空压机产业链。

二是聚焦主体培育。围绕空压机制造领域，继续积极扶持风石压缩机、卡帕气体、智奇、莱利电气等一批重点空压机企业，加强政策引导，实施"一企一策"，强化精准帮扶，鼓励企业扩大投资进一步延伸产业链条，支持企业通过靠大联强、兼并重组进一步做大做强。积极争取政策和资金支持，充分运用融资平台作用，为强化空压机产业链提供资金支持。

三是致力平台打造。优化产业布局，结合该县空压机产业基础和特色，以园区为重点承载平台，重点打造空压机产业集群，加快推进产业集聚，推动特色空压机产业链式发展，力争 2025 年产值达到 100 亿元。

四是突出科技创新。积极搭建产学研平台，鼓励空压机企业与科研院校加强交流合作，推进空压机领域公共服务平台建设，建立技术转移孵化中心，促进成果转化。完善柔性人才引进机制。加强创新能力建设，鼓励企业加大研发投入，继续充分运用"财园信贷通"等融资平台，支持企业创新发展，鼓励企业打造各类科创平台，不断提升空压机产业链核心竞争力。

2021 年 6 月 7 日 江西工信公众平台
2021 年 6 月 16 日《萍乡日报》B1 版

后　记

"岁月不居，时节如流"。屈指算来，本人自1987年中师毕业，而今已工作35个年头。牛年喜逢中国共产党建党百年盛典，作为一名基层普通的共产党员，觉得应该为党的生日做点什么才行。

本人乃一凡夫俗子，天生不才。教过8年书，1995年改行从政，在县政府大院招商局、合作办工作3年，其间被单位派驻深圳办事处待过一小段时间，年轻时待在机关"打开水、拖地板、看报纸……"觉得是浪费青春，消磨时光，便向组织申请下基层到最艰苦的乡镇锻炼。谁知，一下子就批准了，而且是提拔为副科级干部下乡镇的。1998年12月起在荷塘乡一晃就是六年，2004年到上海闸北区大宁街道办事处挂职锻炼、2005年在闪石任乡长、2006年在神泉任乡长，2007年任神泉乡党委书记、乡人大主任，2009年参加省委党校第24期乡镇党委书记培训班，在乡镇的那13年先后任县委派驻荷塘乡组织员、常务副乡长、党委副书记、乡长、党委书记等职；2011年5月进县直机关，随后在安监局、煤监局、计生委、卫计委、卫健委、工信局等单位一直担任党政一把手，虽未取得什么卓越成绩，但只要工作过的地方和单位，总是会改变其落后面貌，总会把一个个经济条件差的乡镇、没人去的"烂"部门治理好。深受老百姓和干部的认可！在乡镇、在部门做了不少的实事、好事，解决了许多老百姓的"烦心事、难心事、揪心事"。历年来，所工作的单位均在省市县获得不少的奖项、荣誉，一些老百姓也自发送过多面锦旗。这些成绩的取得当然要归功于上级党委、政府的正确领导。归功于全体干部的共同努力。也得益于本人长期善于研读马克思列宁主义、毛泽东思想、邓小平理论、"三个代表"重要思想、科学发展观、习近平新时代中国特色社会主义思想；善于研读党的系列方针政策，更是长期善于深入基层调研，倾听群众声音，因地制宜，实事求是，敢于担当，勇于实践的结果。

三十多年行与思，苦与乐，践与得！我每到一个新的工作岗位，始终遵循"没有调查就没有发言权"的理念，从不"懵古仔当乡长，脚踏西瓜皮，走到哪里算哪里"。习惯于先做调查研究，然后再拟定工作思路，工作方案，再动员部署，一步步抓落实，直到目标实现。长期坚持下来，不但工作上取得成绩，工作经验性材料也累积了百余篇，这些文字资料大部分刊发在《工作与研究》《萍乡日报》《江西人口》《老区建设》《中国人口报》等报纸杂志上，我还在全省老区贫困县健康扶贫会议、抚州市卫健系统健康扶贫工作会议上作过经验交流。

于是，在工作闲暇之余，我默默地把历年来在基层一线的调研报告、工作随笔、学习体会、以及在一些报纸杂志上发表过的百余篇文章罗列起来，自娱自乐，算是自己多年来的工作成果，也算是一个基层普通共产党员一路走来，践行"不忘初心，牢记使命"入党宣誓的一种承诺吧！

县文联主席刘新龙是热心肠的人，也是我文学写作的引路人。刘主席在文联默默工作15年之久，为莲花文坛作出杰出贡献，他的那种敬业精神也令我敬佩。他的那本散文集《乾坤容我常静》令许多散文爱好者如获至宝。他获知我整理多年来文稿的信息，甚是欢喜，亲自为我的文集命名为《林下晓拾》，把我俩认识、结交、工作的事情写为序言，多次鼓励并督促我快点汇篇成册，这么好的基层工作经验不能独自分享。我诚惶诚恐，在庚子年的一次某一校友饭局上，我向刘建华博士、李水兰老师汇报这一想法。师弟、师妹兴致颇高，索要其稿，阅后分别为《林下晓拾》写序点赞：刘建华博士以《一种乡村社

后记

会治理的"资治通鉴"》为题，2021年1月19日发表在《光明日报》客户端"知识分子的精神家园"栏目中；李水兰老师以《融于工作，与民同行——〈林下晓拾〉阅读札记》为题，2021年2月20日分别发表在百度新闻、凤凰新闻、上游新闻、大江新闻、网易新闻等多家媒体上，真想不到刘建华博士、李水兰文艺评论专家对此书竟有如此高的评价！真不愧为行家里手！站位高！视角广！点评准！著名青年词人陈维东先生是我的挚友，阅后从一个词作家的角度也对此书也高度肯定，我倍感荣幸！在此一并表示衷心感谢！但又觉得很是惭愧，怕是辜负了他们的期望。既然得到多位专家、学者的认可，尤其是两位专家的点评、阅读札记在多家媒体平台转发后，很多的朋友，我的许多散文读者都纷纷打电话或发来微信向我索要此书，我勉为其难，斗胆出版发行，算是了却一桩心事，也作为一名普通党员向党的百年华诞奉上的一份礼物吧。

感谢中国书籍出版社社长王平先生，北京人天书店集团总经理施春生先生的大力支持；感谢总编辑刘向鸿先生等人对文稿的审定；感谢中国著名书画家蔡正雅先生为书名题字；感谢女儿刘熹为书的封面进行了设计，为该书增添了不少美感、动感色彩。《林下晓拾》终于定稿成书，我有一种如释重负之感，像是又一次完成了党组织交付的一项重要任务，倘若能得广大农村基层干部的喜爱，或有所感悟、启发！那将是我莫大的荣幸！由于本人离开教坛多年，长期在基层，水平有限，本书难免存在纰漏，敬请读者批评指正！

作者

记于县城康达寓所

2021年7月1日